생활체육과 스포츠로서의 걷기
science of walking

워킹 바이블
WALKING BIBLE

걷기의 과학과 철학 그리고 실천

임영선 지음

보성군 득량면 예당리–득량만 간척지– 남파랑길 76코스(장선~중수문~금능 구간) 전경. 사진 임영도

힘움

워킹 바이블(WALKING BIBLE)

1판 1쇄 발행 2026년 1월 19일
지은이 임영선

교정 주현강   **편집** 이승빈   **마케팅·지원** 이창민
펴낸곳 (주)하움출판사   **펴낸이** 문현광

이메일 haum1000@naver.com   **홈페이지** haum.kr
블로그 blog.naver.com/haum1000   **인스타** @haum1007

ISBN 979-11-7374-274-3 (03690)

저자 임영선

유년 시절, 저자에게 세상은 온통 '길'이었습니다. 마을과 마을을 잇는 오솔길, 면과 리를 잇는 신작로, 동산과 논두렁을 넘나들던 그 길 위에서 뛰고 걸으며 성장했습니다. 반세기가 지난 지금, 그 길들은 저마다의 이야기를 품은 '둘레길'이 되었습니다. 과거 우리네 삶의 주된 이동 수단이었던 걷기는 이제 건강한 삶을 위한 가장 보편적인 국민 생활체육으로 자리 잡았습니다. 저자는 성균관대학교에서 스포츠사회학을 전공하여 체육학 박사 학위를 취득했습니다. 동 대학교 초빙교수로서 '스포츠 관광론' 등을 강의하며 학문적 깊이를 더했고, 현재는 바른 자세와 바른 걷기를 전파하는 데 힘쓰고 있습니다. 다양한 걷기 운동 강습은 물론, 걷기 대회의 기획과 운영, 스포츠 상해 예방 및 응급처치에 관한 연구와 집필, 강연 활동을 활발히 이어가고 있습니다.

천 리 걷기(400km), 24시간 철야 100km 걷기, 산악 걷기 등 다양한 형태의 장거리 걷기를 직접 계획하고 시행하며 '걷기'의 한계와 가능성을 시험했습니다. 걷기를 통해 인간의 신체와 정신을 가장 극한의 상황까지 밀어붙여 보고, 그 과정에서 얻은 실패와 성공의 데이터를 축적할 수 있었습니다. 이러한 경험과 전문성을 바탕으로 청소년 국토 순례부터 서울 한강, 지리산 둘레길, 신안의 퍼플섬, 자은도, 병풍도에 이르기까지 전국의 아름다운 길을 무대로 대규모 걷기 대회를 기획하고 성공적으로 총괄했습니다.

특히, 코로나19 팬데믹 시기에는 안전한 걷기 운동 실천을 위해 '비대면 400km 걷기 대회'를 국내 최초로 개최하여, 매년 국내외 수많은 걷기 애호가들의 뜨거운 호응을 얻고 있습니다. 이 외에도 '아름다운 걷기 패션 사진 콘테스트', '전국 걷기 좋은 길 지자체 시상' 등을 통해 걷기 문화의 저변을 넓히고, 전국의 광역시·도걷기협회 조직 지원 및 걷기 클럽을 운영하며 걷기 운동 문화의 확장과 스포츠화를 위해 끊임없이 노력하고 있습니다.

| 감사의 글 |

2년여에 걸친 집필을 마치고 돌아보니, 긴 세월만큼 참 많은 길을 걸어왔습니다. 그 길 위에서 제 손을 잡아 주신 분들, 기꺼이 동행을 허락해 주신 모든 분들께 깊이 감사드립니다.

무엇보다 '걷기의 본질과 철학'을 탐구하는 여정에서 학문의 길로 인도하시고, 늘 든든한 길잡이가 되어 주신 지도교수님께 존경과 감사의 마음을 올립니다.

험한 산길과 고단한 천 리 길을 함께 걸어 준 동료들, 척박한 여건에서도 걷기 문화를 확장하기 위해 현장에서 힘써 주신 걷기운동 전문가와 연구자, 그리고 전국의 걷기 지도자 여러분께 감사드립니다.

어린 시절, 산길과 들길을 함께 걸었던 친구들, 그리고 따뜻한 마음으로 제 걸음을 응원하며 지켜봐 주신 선생님과 동네 어르신들께도 감사의 마음을 올립니다.

조부모님과 부모님, 형제, 그리고 아들과 딸, 손자와 손녀까지 이어지는 다섯 세대의 걸음 한가운데 오늘의 제가 서 있습니다. 그 길을 잇게 해 주신 사랑에 깊이 감사드립니다. 이 책이 다음 세대에게도 건강한 삶과 걸음의 가치를 전하는 작은 씨앗이 되기를 바랍니다.

삽화 모델로 참여해 주신 분들께도 진심으로 감사드립니다. 보이지 않는 손길로 언제나 제 길을 비추고 이끌어 주시는 존재께 사랑과 경의를 올립니다.

끝으로, 이 책이 세상에 나오기까지 힘을 모아 주신 하움출판사 대표님과 편집부, 디자인 팀, 마케팅 팀 여러분께 진심으로 감사드립니다.

이 모든 분들의 걸음 위에, 오늘의 『워킹 바이블』이 놓여 있습니다.

현대인에게 '걷기'는 가장 쉽고, 가장 과학적인 건강 솔루션이 되었습니다. 이 책은 바른 자세를 기반으로 걷기 운동을 실천하여 최적의 건강 효과를 얻을 수 있도록 돕는 안내서입니다. 걷기 문화를 선도하고 확장하며, 전문성과 즐거움이 공존하는 지속 가능한 걷기 생태계가 자리 잡도록 하는 것을 목표로 총 6개의 장으로 구성하였습니다.

Chapter I 「걷기의 본질과 가치」

인류와 함께해 온 걷기의 역사, 현대 사회에서 걷기 운동의 의미, 다양한 걷기 방식과 과학적 건강 효과 등을 통해 걷기의 이론적 기초를 다루었습니다.

Chapter II 「내 몸을 살리는 자세와 걸음」

바른 자세와 올바른 걸음이 왜 중요한지, 그리고 이를 몸으로 실천하는 방법을 구체적으로 안내합니다. 걷기 프로그램 구성, 운동 전후 스트레칭과 근력 강화 운동도 함께 제시했습니다.

Chapter III 「걷기의 실천, 그리고 걷기 지도자의 소명」

걷기 지도자의 역할과 자질, 걷기 모임과 이벤트 운영, 지역 걷기 단체의 조직과 관리 노하우 등 현장에서 바로 활용할 수 있는 실무적인 내용을 담았습니다.

Chapter IV 「지속 가능한 걷기를 위한 안전」

장기적으로 걷기를 실천하기 위해 반드시 알아야 할 안전 수칙, 상해 예방과 응급처치 방법을 의학적 근거를 바탕으로 정리했습니다.

Chapter V 「걷기와 뇌 과학」

걷기가 창의적 사고, 정서 안정, 스트레스 완화 등 뇌 기능에 미치는 긍정적 영향을 과학적으로 살펴보았습니다.

Chapter VI 「걷기 운동과 영양」

걷기 전·중·후의 단계별 영양 전략, 에너지 대사, 피로 회복에 도움이 되는 음식과 영양소를 안내했습니다.

모쪼록 이 책이 생활체육으로서의 걷기를 넘어, 전문성과 즐거움을 갖춘 '스포츠로의 걷기'로 도약하는 작은 디딤돌이 되기를 소망합니다. 이 책을 펼친 독자 여러분의 삶에 새로운 활력과 건강의 길이 열리기를 기원합니다.

목차

CHAPTER I
걷기의 본질과 가치

CHAPTER II
내 몸을 살리는 자세와 걸음

CHAPTER III
걷기의 실천, 그리고 걷기 지도자의 소명

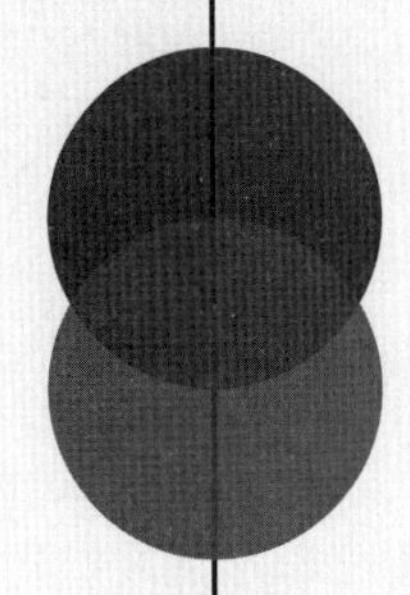

CHAPTER IV
지속 가능한 걷기를 위한 안전

CHAPTER V
걷기와 뇌 과학

CHAPTER VI
걷기 운동과 영양

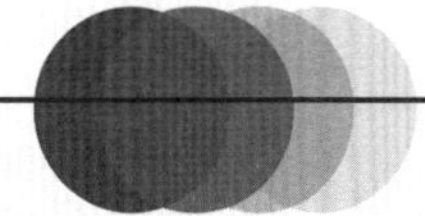

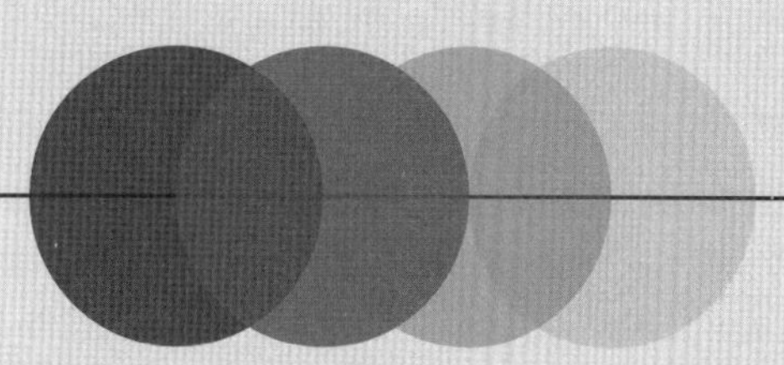

CHAPTER I
걷기의 본질과 가치

—

걷는다는 것은 반드시 목적을 가져야 하는 행위가 아니다.
걷는 그 자체로 충분하다.
Walking does not always need a purpose.
Walking itself is enough.

1. 걷기의 본질

나는 오늘도 걷는다. 한 걸음 한 걸음이 더해질 때 마음은 고요해지고 몸은 단단해진다. 걸음 속에서 기도하며 안식과 평안에 이른다. 다치고 지친 마음은 치유되고 회복된다. 그리하여 다시 앞으로 나아갈 힘을 얻는다.

걷기는 인류가 가진 가장 오래된 기술이자, 가장 본질적인 운동이다. 두 발로 선 순간부터 인간은 도구를 만들었고, 생각하기 시작했으며, 세상과 세상을 연결했다. 오늘날의 걷기는 더 이상 단순한 이동 수단이 아니다. 그것은 신체와 정신의 건강을 지키는 생활체육이자, 문화와 관광·교육과 공동체·경제와 산업을 아우르는 총체적 신체 활동이다. 세계보건기구(WHO) 역시 걷기를 남녀노소 모든 연령이 쉽게 실천할 수 있는 가장 안전하고 효과적인 신체 활동으로 권장하고 있으며, 전 세계적 건강 증진 캠페인의 핵심 수단으로 삼고 있다[1].

1) 걷기의 역사

(1) 종교에서 걷기

걷기는 신이 인간에게 준 큰 축복 중 하나로 태초(太初)에 이미 존재했다. 하느님이 천지를 창조한 뒤 저녁 산들바람 속에 동산을 거니셨고, 아담과 하와도 에덴동산을 걷고 뛰어놀았다. 예수는 헤로데를 피해 이집트로 피신하고 다시 나사렛으로 돌아오는 전 생애적 여정에서 걸음으로 선교의 길을 열었다. 성경의 인물 중 가장 건강했던 모세는 120세에도 눈이 흐리지 않고 기력이 쇠하지 않았다고 기록된다. 모세는 해발 2,285m의 시나이산을 4차례 오르며 십계명을 받았고, 80세 이후부터 40여 년 동안 광야를 걷고 또 걸었다. 이를 다음과 같이 노래한다. "광야의 험난한 길 사십 년을 걸어갔네(카톨릭 성가 177, Dea Ton곡, 김광남 역)."

불교에서도 걷기는 깨달음의 행위 그 자체였다. 기원전 563년 북인도에 태어난 석가모니(고타마 싯다르타, Gotama Siddhartha)는 생로병사(生老病死)의 고통을 넘어 해탈을 구하고자 왕자의 지위를 내려놓은 이후 순례와 설법의 여정을 평생 걸음으로 이어 갔다. '순례자'는 곧 발로 걷는 사람이며 나그네다. 특히 선(禪)불교에서는'경행(經行, Kinhin)'이라 하여, 앉아서 하는 좌선(坐禪)과 더불어 천천히 걸으며 자신의 몸과 마음을 관찰하는 걷기 명상을 중요한 수행법으로 여긴다[2].

당대의 시대정신 속에서 걷기는 수행과 구원의 길이었다. 이슬람교에서도 매년 수백만 명의 무슬림(Muslim)과 순례자들이 사우디아라비아의 메카(Mecca)를 향해 걷는 성지 순례 하지(Hajj)를 행한다. 이는 걷기가 지닌 종교적 힘과 공동체적 의미를 상징적으로 보여 준다[3].

(2) 진화론에서 걷기

약 600만 년 전, 인류의 조상은 두 발로 일어섰고 걸었다. 직립 보행은 인간 진화의 분수령이며 인간 지성의 출발점이었다고 해도 과언은 아니다. 영장류 중 사람만이 완전한 두 발 보행을 수행하며, 그 결과 시야는 확장되었고 손은 자유로워졌다. 이는 섬세한 도구 사용을 가능하게 하였고, 뇌는 발달하여 계획과 언어, 사회성에 있어 더 큰 역할을 맡았다. 이러한 진화는 'S' 자 형태의 척추, 넓고 짧은 골반, 몸의 중심을 향해 기울어진 대퇴골 등 우리 몸의 구조적 변화를 통해 완성되었다[4].

미국의 인류학자 마빈 해리스(Marvin Harris)는 원인류(猿人類)인 오스트랄로피테쿠스(Australopithecus)에서 현생 인류가 된 호모 사피엔스(Homo sapiens)로 진화할 수 있었던 동력으로 직립 보행을 강조했다. 직립 보행은 두 발로 걷는 인간과 네 개의 지체(Limb), 즉 사지(四肢)로 걷는 유인원을 구분하는 해부학적 특징이 되었다. 또한 직립 보행은 보행의 효율을 획기적으로 증가시켰다. 미국 하버드대학교의 진화생물학자 대니얼 리버먼(Daniel Lieberman) 교수에 의하면, 직립 보행은 같은 거리를 이동할 때 네 발 보행에 비해 약 75%의 에너지를 절약할 수 있어 생존에 압도적으로 유리했다[5]. 보행의 효율 증가는 넓은 활동권과 장거리 이주를 가능케 했고, 작은 집단들이 대규모 사회로 확장되는 토대를 제공했다. 직립 보행을 시작한 호모 에렉투스(Homo erectus)를 거쳐 지능의 발달과 언어의 창조, 도구를 개발하고 생각할 수 있는 존재인 호모 사피엔스로의 진화를 가능하게 하였고 오늘날과 같은 현생 인류의 문명과 삶의 방식으로 변모시켰다.

걷기는 사회성의 코어(Core)로, 아프리카 속담 "빨리 가고 싶으면 혼자 가라, 멀리 가고 싶으면 함께 가라."라는 인간의 동행(同行)과 협력의 가치를 응축하고 있다. 인류는 유구한 세월 동안 걸으며 수많은 길을 만들고, 이야기를 나누며, 공동체를 구성해 왔다. 걷기는 단순한 이동이 아니라 사람과 사람, 서로를 잇는 행위이자 사유와 공존의 원형적 형식이었다. 인간은 걸어서 세계를 확장하고 문명을 일구었다. 몇 명에서부터 십수 명에 이르는 작은 무리를 이루어 길을 떠난 이들이 또다시 모여 수백 또는 수천의 더 큰 공동체를 형성하며 인간의 세력을 확장하였고 문화와 역사를 만들어 온 것이다. 걷는다는 것은 곧 인간이 세상과 관계를 맺는 가장 오래된 방식이자, 함께 살아가는 존재로 진화해 온 증거이다. 앞으로도 인간은 무한한 세월을 걸어갈 것이다. 그 길 위에서 서로의 존재를 확인하고, 상처를 치유하며, 다시 살아가는 법을 배워 갈 것이다. 걷는다는 것은 이렇듯 함께 살아가는 인간의 방식이며, 사회적 삶의 본질이다.

(3) 역사에서의 걷기

걷기는 인류 문명과 사유의 궤적을 따라 흐르는 가장 오래된 인간의 행위이다. 동서양의 역사와 고전에서 알 수 있듯이 걷기는 단순한 이동이 아니라, 치유와 사유, 신앙과 철학의 원형적 행위였다. 걸음은 인간이 세계를 탐색하고 서로를 잇는 가장 근원적인 방식이었으며, 그 걸음과 길 위에서 문명은 발전하고, 사상은 태어났다. 동서양의 역사와 고전은 모두 걷기를 통해 인간이 몸과 마음, 세계와 조화를 이루는 길을 찾아 왔음을 보여 준다.

가. 서양의 역사에서 걷기

고대 그리스에서 걷기는 사유의 행위로 인식되었다. 플라톤의 제자 아리스토텔레스는 아테네의 리케이온(Lykeion) 정원을 거닐며 제자들과 토론하고 강의를 이어 갔는데, 이로 인해 그의 학파는 '소요학파(逍遙學派, Peripatetic School)'라 불렸다. 그에게 있어 걷기는 단순한 이동이 아니라, 몸과 사유(思惟)가 함께 움직이고 성장하는 학문의 방식이었다. 철학은 머리에서가 아니라 발끝에서 시작된다는 말이 이 시기부터 비롯되었다.

로마 시대에 들어서 걷기는 문명과 공동체의 상징이 되었다. 로마의 도로, 즉 '비아(Via)'는 단순한 교통망이 아니라, 걷는 시민의 길이었다. 군인과 상인, 철학자와 순례자, 시인과 예술가들이 그 길 위를 걸으며 지식을 전하고 문화를 교류했다. 제국의 도로는 인간의 발걸음으로 이어진 세계의 네트워크였다. 이처럼 걷기는 서양 고전 속에서도 진리의 탐구와 연결, 지식과 문화의 교류와 통합의 상징이었다.

나. 한국의 역사에서 걷기

한국의 역사에서 걷기는 단순한 이동이 아니라 삶의 리듬이자 정신의 표현이었다. 고대부터 근대에 이르기까지 백성의 일상은 길 위에 있었고, 그 발걸음은 신분과 역할, 시대의 목적에 따라 다양한 의미를 품었다. 걷기는 통치의 도구이자 생존의 수단이었으며, 때로는 인간적 사유의 공간이자 여가의 즐거움이기도 했다.

가) 애민의 걷기―영조와 어사 박문수의 현장 순행

조선의 21대 왕 영조(1694~1776)는 백성의 삶을 직접 살피기 위해 여러 차례 잠행(潛行)을 했다. 『승정원일기』와 『영조실록』에는 "변복하고 궁궐을 나서 백성의 사정을 살폈다."라는 기록이 남아 있다. 이는 백성의 사정을 헤아리려는 애민의 걸음이었다. 조선 왕들의 평균 향년이 46세 정도였던 반면 영조는 82세에 사망하여 조선 왕 중 최장수 군주로 평가되고 있다. 영조의 신임을 받은 박문수(朴文秀, 1691~1756) 또한 전국 각지에 파견된 어사로서 민생을 직접 조사하였다. 그는 말을 타기보다 걸어서 지역을 둘러보고 백성의 목소리를 들었다는 일화로 전해지며, 훗날 암행어사 박문수의 상징이 되었다. 이들의 걷기는 권력의 시선이 아니라, 백성을 향한 통치 철학의 실천적 행위였다.

나) 충의의 걷기―이순신의 백의종군 길

1597년 정유재란이 발발하던 해, 이순신 장군은 파직되어 옥에 갇혔다가 풀려난 뒤 백의종군(白衣從軍)의 길을 걸었다. 『난중일기』와 관련 연구에 따르면 그는 4월 1일 한양을 떠나 충청·전라·경남 초계에 이르기까지 약 120일간의 여정을 이어 갔다. 관직과 명예를 잃은 장수가 다시 나라를 위해 나아간 그 길은 충성과 책임의 걸음이었다. 실제로 "젖은 옷을 바람에 말리고 다음 날 길을 떠났다."라는 일기 구절이 전해지며, 이는 장군이 도보로 각지를 이동하며 심신을 다잡았음을 짐작하게 한다. 그의 걷기는 단순한 행군이 아니라, 국가와 민족을 향한 의지의 여정, 즉 고난을 딛고 일어선 인간적 결단의 상징이었다.

다) 연암 박지원―『열하일기(熱河日記)』를 통한 사유의 대장정

『열하일기』는 조선 후기의 대표적 실학자이자 문장가인 연암 박지원(朴趾源, 1737~1805)이 1780년(정조 4년), 청나라 건륭제의 만수절(萬壽節, 칠순 잔치) 축하 사절로 중국의 북경(당시의 연경)과 열하(허베이성 청더)를 방문하면서 치열하게 보고, 듣고, 기록으로 남긴 26권 10책으로 구성된 견문기이다. 그는 이 책을 통해 조선 지식인의 '길 위의 경험'을 생생하게 기록하였다. 조선 후기, 걷기는 단순한 이동을 넘어 '세계를 만나는 통로'였고 그 정점에 연암 박지원

걷기의 본질과 가치

이 있었다. 사신단의 일원으로 압록강을 건너 북경, 그리고 황제가 머물던 열하까지 이어진 2,000여 리의 여정에서, 비록 말과 수레를 이용하는 구간도 있었으나 연암은 상당 부분 스스로 걷기를 자청하며 길을 나섰다.

그는 여행 중 겪은 사유의 확장을 다음과 같은 취지로 기록하였다.

사행의 길은 천 리(千里)의 학문이다. 수레를 타는 날보다 걸을 때가 많았다. 길은 험하고 먼데, 한 걸음을 옮길 때마다 새로운 생각이 떠올랐다(박지원, 『열하일기』 중 「일신수필(日新隨筆)」의 내용 바탕 재구성).

또한 그는 백성의 삶을 관찰하는 방식에 대해 다음과 같이 통찰하기도 했다.

백성을 알려면 그들이 걷는 길을 보아야 한다. 날마다 마을을 지나며 백성들이 다니는 좁은 길을 보았다. 삶의 어려움은 그 길의 굽이와 진창(泥濘) 속에 모두 드러나 있었다(박지원, 『열하일기』 중 「성경잡지(盛京雜志)」의 내용 바탕 재구성).

이와 같이 연암의 발걸음은 단순한 이동만이 아니었다. 『열하일기』 곳곳에서 확인되듯, 그는 걷기를 통해 세상을 관찰하고 백성을 이해하며, 새로운 사유를 길 위에서 길어 올렸다. 그의 걷기는 조선 지성인의 실천적 인문학이었고, 사유의 가장 원초적인 방식이었다. 오늘날 우리에게 걷기가 건강을 위한 운동이라면, 18세기 연암에게 걷기는 시대를 앞서가는 지성인의 가장 치열한 탐구 방식이자 세상을 온몸으로 읽어 내는 독서였다. 또한 연암의 여행 길은 조선 후기 국제적 이동성과 길 문화의 확장을 보여 주는 대표적 사례라 할 수 있다.

라) 생존의 걷기—과거 길과 보부상의 길

조선 사회에서 걷기는 단순한 이동이 아니라 생존을 위한 발걸음이었다. 과거 시험을 보기 위해 지방의 유생들은 한양까지 수백 리의 길을 걸어 올라왔다. 학문과 무예로 자신을 세우고(立身), 가문의 이름을 드높이려는(揚名) 꿈을 품은 이들의 발걸음은 당대의 기록과 지명 속에 '과거 길(科擧路)'로 남았으며, 순천의 과거 관문 길, 죽령, 추풍령, 문경새재 과거 길은 수많은 젊은 선비들과 무인들의 열망과 고난, 부모와 스승의 기대가 켜켜이 쌓여 만들어진 길이었다.

한편, 생존의 걷기는 장터에서도 이어졌다. 보부상들은 전국의 오일장을 연결하며 조선 상업 네트워크의 혈관 역할을 했다. 영남대로, 삼남대로, 십이령 옛길 등 주요 교역로는 이들이 짊어진 짐과 함께 사람이 모이고 흘러가는 왕성한 교류의 무대가 되었고, 울진과 봉화를 잇는 십이령길에는 지금도 '보부상 주막터'와 '행상 불망비'가 남아 당시의 흔적을 전한다. 이들에게 걷기는 배움과 생계, 그리고 가족의 삶을 지키기 위한 유일한 이동 수단이자 생존의 전략이었다.

마) 여가의 걷기—마실과 산보의 문화

평범한 백성들에게 걷기는 때때로 고단한 이동의 수단이었지만, 한편으로는 여가와 교류의 수단이었으며 일상을 풍요롭게 만드는 생활 문화였다. 마을을 한 바퀴 돌며 이웃의 안부를 묻고, 소소한 이야기를 나누고, 때로는 따끈한 음식과 술 한 잔을 함께 나누는 '마실'은 공동체가 유지되는 방식이었다. 마실은 담장 하나, 길 하나를 사이에 두고 살아가던 이웃이 서로를 돌보는 사회적 안전망이기도 했고, 마을 소식과 정보를 교환하는 장(場)이기도 했다.

일터에서의 긴 하루를 마친 후 들길이나 강변을 거니는 '산보(散步)'는 마음을 달래고 생각을 정리하는 시간이었으며, 자연과 잠시 이어지는 쉼이었다. 걷는 속도만큼 생각도 천천히 깊어졌고, 발걸음의 리듬은 일상의 피로를 풀어 주었다. 백성들은 소박한 산보 속에서 계절의 변화를 느끼고, 자연을 벗 삼아 삶의 무게를 덜어 냈다.

오늘날 도시공원, 둘레길, 생태 하천 산책로와 같은 보행 친화적 공간이 확대되고, 가로등을 비롯한 야간 조명이 정비되면서 마실과 산보는 도시 산책 문화로 재탄생하였다. 현대의 산책 문화는 갑자기 생겨난 유행이 아니라, 한국인의 삶 속에서 오랫동안 이어져 온 생활형 걷기 문화의 현대적 계승이라 할 수 있다. 길 위에서 사람은 연결되고, 마음은 정리되고, 몸은 회복되었다. 소박한 걸음 속에서 일상의 지혜가 쌓였고, 이웃과 공동체가 유지되었다. 마실과 산보는 걷기가 단지 운동이 아니라, 삶을 풍요롭게 하는 문화적 행위임을 보여 주는 한국적인 사례이다.

바) 건강을 위한 걷기—자연 치유의 양생법

조선 후기 허준(許浚, 1539~1615)이 지은 『동의보감(東醫寶鑑)』은 일상 속 습관 관리와 절제를 건강의 핵심으로 삼았다. 허준은 걷기를 인간의 생명력을 지키는 가장 기본적 방법으로 보았으며, 약보다 음식, 음식보다 몸의 움직임을 우선시했다. 그는 약보(藥補)보다 식보(食補),

걷기의 본질과 가치

식보보다 행보(行補)라 하여, 일상의 꾸준한 걸음이 곧 질병을 예방하고 몸을 보존하는 최고의 양생법임을 강조했다. 이는 오늘날 생활 속에서 걷기 운동을 실천해야 한다는 현대 의학·보건학의 관점과도 일치한다.

이처럼 한국의 역사에서 걷기는 단순한 이동의 수단을 넘어, 정치와 의학, 생존과 여가를 관통하는 문화적 언어였다. 왕은 백성을 이해하기 위해 걸었고, 장수는 충의를 다지며 걸었으며, 상인과 선비는 생존과 희망을 안고 걸었다. 평범한 사람들은 마을 길을 걸으며 서로의 삶을 나누었고, 자연 속을 거닐며 심신을 치유했다. 걷기는 곧 살아 있다는 증거였으며, 모든 시대의 인간이 세상을 만나고 자신을 성찰하는 가장 오래된 방식이었다.

(4) 철학에서의 걷기

철학에서도 걷기는 사유의 촉매제였다. 철학자와 사상가 등 시대를 초월한 사유의 거장들은 저마다 걷는 순례자이자 나그네, 그리고 산책자였다. 걷기는 단순한 이동이 아니라 생각하는 몸의 행위였다. 걷는다는 것은 세상을 탐구하는 인식의 여정이자, 사유가 육화되는 과정이었다. 정지된 자리에서 머리로만 사유하는 것이 아니라, 움직임 속에서 세계와 자신을 동시에 체험하는 철학적 실천이 바로 걷기였다. 따라서 걷기는 인간의 진화적 본능을 넘어, 존재를 성찰하고 세계를 이해하는 철학적 행위로 자리매김하였다. 걸음은 인간이 세상과 관계 맺는 가장 오래된 방식이며, 철학이 태어난 최초의 몸짓이었다. 그러기에 인간은 오래전부터 걸음을 통해 세계를 탐색하고, 사유의 길을 열어 왔다.

고대 그리스의 철학자 아리스토텔레스는 제자들과 함께 아테네의 리케이온 나무 그늘을 거닐며 토론하고 강의했는데, 이로 인해 그의 학파는 '소요학파(逍遙學派, Peripatetic School)'라 불렸다[6]. 그의 철학은 머리로만 하는 논증이 아니라, 걷는 행위 속에서 몸과 언어, 사유가 하나로 엮이는 경험의 철학이었다. 시대를 초월한 많은 철학자와 사상가, 문학가들 역시 걷는 순례자이자 사유의 여행자였다.

루소에게 걷기는 자유와 만남의 예술이었다. 루소는 『고독한 산책자의 몽상』에서 "걷는 동안 나는 자유롭고, 생각은 나를 앞서 나아간다."라고 말하며, 걷기를 자유와 만남의 예술로 보았다. 몽테뉴는 "앉아 있으면 생각이 잠든다."라고 했으며, 걷기를 살아 있는 사고의 조건으로 여겼다.

칸트는 "걷기 없는 철학은 공허하다."라고 여겨 매일 같은 시간에 같은 길을 걷는 일상적 산책을 통해 사유의 질서를 다듬었고, 소로우는 월든 호숫가의 새벽 산책을 삶의 성찰과 자연의 일체화로 여겼다. 『월든』과 『워킹』에서 새벽 산책을 자연과의 대화이자 삶의 축복으로 기록했다. 고대 의학자이자 의성으로 불리는 히포크라테스는 "걷기는 사람에게 가장 좋은 약이다."라 하였고, 니체는 "모든 위대한 생각은 걷는 동안 태어난다. 발로 쓴 것만이 가치가 있다."라고 고백했다[7].

이처럼 철학에서의 걷기는 단순한 이동이 아니라 생각하는 몸의 행위였다. 걷는다는 것은 세상을 탐구하는 인식의 여정이자, 사유가 육화되는 과정이었다. 정지된 자리에서 머리로만 사유하는 것이 아니라, 움직임 속에서 세계와 자신을 동시에 체험하는 철학적 실천이 바로 걷기였다. 따라서 걷기는 인간의 진화적 본능을 넘어, 존재를 성찰하고 세계를 이해하는 철학적 행위로 자리매김하였다.

(5) 문학에서의 걷기

걷기는 문학 속에서 단순한 이동의 수단이 아니라, 사유와 서정의 원천이었다. 많은 시인과 작가들은 걸음을 통해 세상을 보고, 마음을 정돈하며, 존재의 의미를 새롭게 발견했다. 이들에게 걷기는 곧 문학의 리듬이었고, 생각의 호흡이었다.

가. 서양 문학에서의 걷기

영국의 시인 윌리엄 워즈워스(Wordsworth)는 평생을 걷는 시인으로 살았다. 그는 「틴턴 수도원의 유적 위에서 쓴 시」와 『서정민요집』에서 자연 속을 거닐며 인간의 감정과 기억을 노래했다. 워즈워스에게 걷기는 단순한 풍경 감상이 아니라 인간과 자연이 조화롭게 호흡하는 순간의 체험이었다. "나는 들판을 걸으며 내 마음이 자연과 함께 박동하는 것을 느낀다."라는 그의 말처럼, 걷기는 마음의 평온과 시적 영감이 동시에 솟아나는 행위였다. "나는 구름처럼 홀로 방랑했네(Wandered Lonely as a Cloud, 1807)."

찰스 디킨스(Charles Dickens)도 걷는 작가였다. 그는 런던의 밤거리를 하루 30km를 넘게 걸으며 『위대한 유산』과 『두 도시 이야기』 속 인물들의 삶을 구상했다. 디킨스에게 걷기는 창작의 동력이자 관찰의 방법이었다. 도시의 골목을 걸으며 빈곤자, 노동자, 방랑자들의 숨결을 느꼈고, 그들의 이야기를 문학으로 옮겼다. 그의 발걸음은 곧 도시를 읽는 문학의 눈이자, 사회를 향한 연민의 리듬이었다.

나. 동양 문학에서의 걷기

동양에서도 걷기는 시인의 내면을 비추는 사색의 형식이었다. 중국의 시인 도연명(陶淵明)은 「귀거래사(歸去來辭)」에서 벼슬을 버리고 고향으로 돌아가는 길을 걸으며, 자연 속에서 다시 삶의 본질을 찾았다. 그에게 걷기는 세속의 욕망을 떠나 자연과 더불어 사는 평화로운 자유의 길이었다. "돌아가자. 밭이 황폐해지려 하니, 어찌 돌아가지 않겠는가." 세속을 벗어나 자기 삶으로 복귀하고자 하는 결단, 그의 시구에는 인간의 본성으로 돌아가려는 결심과 걷는 자만이 느낄 수 있는 해방과 자유의 숨결이 담겨 있다.

조선 후기의 방랑 시인 김삿갓, 본명 김병연(1807~1863)은 평생을 떠돌며 세속의 권력과 명예를 비웃고 자유를 노래한 시인이었다. 그의 호 '난고(蘭皐)'는 '난초 피는 언덕'이라는 뜻으로, 속세를 벗어나 자연 속에서 향기를 지키겠다는 그의 삶의 태도를 상징한다. 그의 시 「난고평생(蘭皐平生)」은 김삿갓의 생애와 사상을 가장 잘 드러내는 작품이다. "짚신 신고 지팡이 짚고 천 리 길을 걸으며 물 같이 흐르고 구름같이 흩어져 사방을 집으로 삼았다." 이 시구는 그가 세속을 떠나 길 위에서 자신을 찾고, 자연과 더불어 사는 존재로서의 자유를 실천했음을 보여 준다. 김삿갓에게 걷는다는 것은 단순한 방랑이 아니라 존재의 방식이자 시적 수행이었다. 길 위의 걸음은 사회의 부조리를 비웃는 풍자였고, 동시에 세속을 초월하려는 내면의 여행이었다. 그에게 걷기는 세속의 굴레를 벗어나기 위한 행위이자, 진정한 자신으로 돌아가는 길이었다. 연암 박지원은 강원도와 함경도를 걷고 기록한 『열하일기』에 여행길 풍경과 백성들의 삶을 그려 냈으며, 다산 정약용은 포천과 남양주 일대를 걷고 자연과 백성의 문제를 사유한 글을 남겼다. 이들에게 걷기는 단순한 유람이 아니라 세상을 배우고, 자연 속에서 마음을 단련하는 인문적 실천이었다.

이렇듯 문학에서 걷기는 사유의 촉매이자 서정의 원천이었다. 워즈워스가 자연 속에서 인간의 감정을 발견했고, 디킨스가 도시의 거리에서 사회의 맥박을 읽었다. 또한 도연명이 귀향의 걸음에서 평화를 찾았고, 김병연이 방랑의 길에서 존재를 증명했다. 걷는 자는 언제나 생각하는 자이자 노래하는 자였다. 걸음은 마음의 리듬이 되고 문학이 되고, 문학은 그 걸음을 기록함으로써 인간의 사유와 감정의 궤적을 남겼다. 결국 걷는다는 것은 세계를 이해하고 자신을 발견하는 문학적 행위였다.

2) 걷기의 정의

걷기는 인종과 국적, 종교, 성별, 연령 등을 초월하여 직립 보행을 하는 인류(人類)의 기본적이고 공통적인 행위이다. 달리기보다는 느리게 양발을 교대로 내디뎌 신체의 무게 중심을 연속적으로 전진시키는 유산소적 전신 활동이다. 양발 중 어느 한 발은 항상 지면에 닿아 있는 '양발 지지기(Double Support Phase)' 구간이 있다는 점에서, 양발이 어느 순간 지면에서 모두 떨어지는 '공중기(Flight Phase)'가 있는 달리기와 명확히 구분된다[8].

걷기는 몸 전체를 한 지점에서 다른 지점으로 옮겨 가는 이동 수단이다. 걷기 위해서는 허벅지의 앞뒤, 종아리 같은 하지 근육은 물론, 척추 기립근과 복근 등 몸의 중심을 잡는 코어 근육까지 600여 개에 이르는 인체 대부분의 근육, 200여 개의 뼈와 관절 그리고 피질-소뇌-척수 네트워크가 리듬과 균형을 이루는 신경근 협응까지 정상적으로 작동하여야 가능한 동작이다. 평균 한 걸음은 0.5초 내외의 시간에 이루어지며 운동 역학적으로 보행 주기(Gait Cycle)는 입각기(Stance Phase, 약 60%)와 유각기(Swing Phase, 40%)로 형성된다. 보행 1보마다 체중의 약 1.2배에서 1.5배 수준의 충격이 지면 반력으로 작용하며 족궁, 발목, 무릎, 고관절, 체간의 연쇄적 흡수, 전달이 이어진다[9]. 걷는 동작에 필요한 에너지를 절약하는 전략으로 골반의 상하, 좌우의 미세한 운동, 무릎의 굴신, 발이 뒤꿈치에서 발끝으로 굴러가듯 하중을 전이시키는 과정인 '발목 롤오버(Ankle Rollover)'가 작용한다.

현대에서의 걷기는 단순한 이동의 수단을 넘어 심신의 건강 증진과 유지 등에 효율적인 운동의 한 방법이다. 걷기는 생활체육의 한 종목으로 전 세계의 남녀노소 모두가 즐길 수 있는 유산소 운동이다. 특정한 장소와 시간, 복장 등에 구애받지 않고 누구나 언제 어디서든 쉽게 시행할 수 있다. 타 운동 종목에 비해 신체에 부담을 적게 주며 상해를 입을 가능성이 거의 없어 매우 안전하면서도 다양하고 충분한 건강 효과로 청소년, 중장년, 노인, 병약자, 장애인 등 누구에게든 적합한 운동이다.

3) 걷기와 유사한 활동

걷기와 유사한 활동으로 하이킹, 트레킹, 등산, 달리기 등이 있다. 이 활동들은 두 발을 주 이동 수단으로 삼는다는 공통점이 있으나, 목적과 환경, 강도에서 차이를 보인다. 최근에는 상체 운동 효과를 극대화하기 위해 폴(Pole)을 사용하는 노르딕워킹(Nordic Walking)과 무거운 배낭을 메고 걷는 러킹(Rucking) 또한 국내외에서 각광을 받고 있다[10].

(1) 하이킹(Hiking)

하이킹(Hiking)은 자연환경 속에서 보행을 통해 이동하는 신체 활동으로, 일반적인 걷기(Walking)보다 긴 시간과 거리, 다양한 지형(산지, 숲, 계곡 등)에서 시행한다. 중등도 이상의 유산소 지구성 운동으로 분류되며 생활체육 및 여가 활동 차원에서 시행된다. 하이킹의 유형으로 '데이 하이킹(Day Hiking)'은 하루 정도로 도시 근교의 산책로, 둘레길 등 짧은 코스에서 진행한다. '롱 하이킹(Long Hiking)'은 1일 이상에 걸쳐 장거리 걷기를 하며 필요시 숙박을 포함하는 경우가 있다.

(2) 트레킹(Trekking)

트레킹은 수일 이상, 장거리, 험지(고산, 오지, 국립공원 등)를 도보로 이동하는 활동을 말한다. 트레킹은 하이킹의 확장된 형태 또는 등반과 하이킹의 중간 형태로 심폐 지구력과 적응 능력을 높이는 고강도 유산소 운동이다. 비교적 장거리·장기간·험지 등의 환경에서 시행하며 때로는 문화적·탐험적 의미까지 포함한다. 산의 정상에 오르려고 하지 않고 산길을 따라 자연 풍광을 즐기고 자연에 동화하며 비교적 오래 걷는 것으로 히말라야의 산기슭을 걷는 히말라야 트레킹이 대표적이다. 미국에서는 트레일(Trail)이라고 하고, 뉴질랜드에서는 트램핑(Tramping), 독일에서는 방랑한다는 의미로 반데른(Wandern)이라고도 한다. 한국에서는 일반적으로 행해지는 둘레길 걷기도 '트레킹'이라고 표현하고 있다.

(3) 등산(Mountaineering)

등산은 산을 오르는 활동으로 기본적으로 산의 정상에 도달하는 것을 지향한다. 자연 속에서의 신체 활동을 통하여 건강을 증진하고, 정신적 휴식과 성취감을 얻는 것을 목적으로 한다. 등산은 평지에서의 일반적인 걷기와 달리 고도 변화와 다양한 지형을 포함하므로 체력과 기술이 요구된다. 등산은 단순히 산을 오르는 활동을 넘어, 신체적 건강·정신적 안녕·사회적 교류를 동시에 충족하는 대표적인 야외 활동이다. 생활체육 차원에서도 쉽게 접근할 수 있어 많은 동호회와 사람들이 참여하고 있으며 스포츠 클라이밍이나 고산 등반으로 발전하기도 한다.

(4) 달리기(Running)

달리기는 걷기보다 빠른 속도로 두 발이 번갈아 지면을 박차며 나아가는 운동을 말한다. 걷기와 달리기의 가장 큰 차이는 달리기는 걷기와 달리 한 순간 두 발이 모두 지면에서 떨어지는 순간이 있다는 점이다. 달리기는 직립 보행을 하는 인간을 비롯하여 사족 보행(Quadrupedalism)을 하는 동물이 이동의 속도를 걷기보다 더 빠르게 수행하기 위해서 진화된 동작이다. 달리기는 가장 단순하면서도 효과적인 생활체육 운동으로 현대에서는 건강 증진과 유지를 위한 대표적 유산소 운동(Aerobic Exercise)이다. 조깅(Jogging), 중·장거리 달리기(마라톤), 단거리 달리기, 인터벌 달리기 등의 다양한 유형이 있어 신체 건강은 물론 정신적 활력을 주며, 걷기보다 강도가 높아 체력 향상 효과가 크다.

2. Sports for All과 생활체육

Sports for all과 생활체육, 두 개념 모두 스포츠와 신체 활동의 대중화, 즉 일상에서 누구든지 참여할 수 있게 하자는 공통된 방향을 가지고 있다. 건강 증진 및 여가 활용이라는 목적을 공유하고 있으며, 전문·엘리트 스포츠 중심이 아닌 참여 중심이라는 점에서 닮아 있다.

개념적 범위에서 보면, Sports for All이 보다 글로벌·보편적인 개념으로서 장애·연령·성별·능력 차이를 초월하여 '모두'를 대상으로 삼고 있다는 점이 강조된다. 반면 생활체육은 한국 맥락에서 '국민 누구나'의 참여를 강조하나, 제도나 현실에서 특정 계층·지역에서의 참여 제약이 더 많은 한계가 존재한다.

정책적 접근 방식에서 생활체육은 법률 기반 및 정부 주도형 인프라 확충(체육 시설, 지도자 배치 등)에 집중해 온 반면, Sports for All은 국제 기구·지역 커뮤니티 중심의 참여 활성화와 접근성·포용성 문제에 더 초점을 두는 경향이 있다.

1) Sports for All

'스포츠 포 올(Sports for All)'은 말 그대로 모두를 위한 스포츠라는 개념이다. 이는 소수의 선수나 엘리트 중심의 스포츠가 아니라, 남녀노소 누구나 접근하고 참여할 수 있어야 한다는 취지를 담고 있다. 유럽회의(Council of Europe)는 이 개념을 '이미 활발히 활동하는 사람들만이 아니라, 다양한 형태의 신체 활동을 운동 능력, 건강 상태, 체력 수준과 상관없이 누구나 참여할 수 있도록 보장하는 것'이라 정의한다(Council of Europe, European Sports Charter). 이러한 관점에서 Sports for All은 건강 증진, 사회 통합, 삶의 질 향상, 여가 활성화 등의 측면에서 중요한 정책적 가치로 다뤄지고 있다.

또한 Sports for All의 특징은 기록, 승패, 경쟁보다 참여 그 자체에 의미를 두는 비(非)엘리트적 관점과 장애, 연령, 성별, 사회·경제적 지위와 관계없이 접근성을 보장하는 포용성에 있다. 전통적인 경기 종목뿐만 아니라 걷기, 산책, 지역 커뮤니티 프로그램, 생활체육 등 다양한 신체 활동을 포괄하는 폭넓은 개념이기도 하다.

이 개념은 국제적으로도 강조되고 있으며, 세계보건기구(WHO, World Health Organization) 역시 "모든 사람이 연령·능력에 관계없이 스포츠와 신체 활동을 배우고 즐길 기회를 가져야 한다."라고 명시하고 있다(WHO, Global Action Plan on Physical Activity, 2018). 다만 현실적으로는 '모두에게 완전히 열린 스포츠 환경'이 바로 구현되기 어렵고, 접근 가능한 시설, 비용, 프로그램 정보, 지도자 확보, 교통·안전 인프라 등 여러 장벽이 존재한다는 점도 함께 지적된다.

2) 생활체육

가. 체육

체육(體育)은 문자 그대로 신체(身體)와 교육(敎育)의 합성어이다. 「국민체육진흥법」에서는 체육을 '운동경기 또는 야외운동 등의 신체 활동을 통하여 건전한 신체와 정신을 기르고 여가를 선용하는 것'으로 정의한다. 이는 체육이 단순한 신체 훈련이 아니라, 육체적 발달·건강 증진·체력 향상을 포괄하는 개념임을 보여 준다.

현대적 체육의 개념과 법적 변화를 살펴보면 과거 체육은 '신체를 통한 교육'이라는 협의적 의미로 사용되었으나, 현대에 들어서는 스포츠·레저·여가 활동까지 포함하는 광의적 개념으로 확장되었다. 「국민체육진흥법」은 체육을 스포츠 및 여가 활동까지 포괄하는 생활 개념으로 규정하고 있으며, 「스포츠기본법(2022. 6. 16)」은 기존의 '체육' 용어를 '스포츠'로 대체하고, 전문스포츠·생활스포츠·장애인스포츠·학교스포츠·스포츠산업·스포츠클럽으로 구분하고 있다. 즉, 오늘날 체육은 단순히 교육이나 경기 차원을 넘어서, 사회·문화·산업적 의미까지 포함하는 다차원적 개념으로 보고 있다.

나. 생활체육

한국의 생활체육은 「국민체육진흥법」 제2조 제3항에서 '건강과 체력 증진을 위하여 행하는 자발적이고 일상적인 체육활동'으로 정의하고 있다. 즉, 일반 국민들이 일상생활에서 틈

틈이 참여하는 체육 활동을 말하며, 전문·엘리트 스포츠가 아닌 일상의 운동·체육에 초점이 맞춰져 있다. 목적 측면에서는 건강 증진, 체력 향상, 여가 활용, 삶의 질 제고가 주요 키워드이다. 최근에는 '스포츠권(스포츠 참여권)', '체육 복지' 등의 개념과 결합되어 생활체육이 단순히 운동하는 것이 아니라 복지·삶의 질·공공성 측면에서도 중요하게 여겨지고 있다.

따라서 '스포츠 포 올'은 특정 계층이나 전문 선수만을 위한 활동이 아니라, 연령·성별·체력 수준과 관계없이 모두가 일상 속에서 신체 활동에 참여할 수 있도록 하는 포용적 개념이며, 이러한 점에서 한국의 '생활체육'과 본질적으로 동일한 방향성을 지닌다.

3. 스포츠(Sports)

스포츠 참여는 자기 정체성을 확립하고 스트레스와 긴장의 해소, 심신의 건강을 증진하고 유지함으로써 인간 삶의 질적 향상을 이끌어 낼 수 있다. 나아가 스포츠는 개인의 차원을 넘어 사회적 교류와 공동체 의식 형성에도 기여하며, 현대 사회에서 중요한 문화적 자산으로 자리매김하였다. 네덜란드의 문화사학자 요한 하위징아(Johan Huizinga)는 저서 『호모 루덴스』에서 인간을 '놀이하는 존재'로 규정했다. 자발적 놀이(Play)가 규칙과 경쟁을 만나 게임(Game)이 되고, 이것이 고도로 제도화되고 신체적 기량을 겨루는 형태로 발전한 것이 '스포츠'라고 할 수 있다[11].

스포츠의 정의는 관련 법률, 학자, 단체마다 조금씩 다르지만, 일반적으로 스포츠는 조직과 규칙이 있으며 신체 활동을 수반하고 경쟁성을 갖춘 활동으로 이해된다. 「스포츠기본법」과 「스포츠산업진흥법」에서는 스포츠를 '건강한 신체를 기르고 건전한 정신을 함양하며 질 높은 삶을 위하여 자발적으로 행하는 신체 활동을 기반으로 하는 사회문화적 행태'로 규정한다. 국제스포츠체육협의회(ICSSPE, 1964)는 스포츠를 '놀이 성격의 신체 활동이나 자기 힘의 한계를 시험하는 활동으로서 다른 사람과 경쟁하는 형태의 활동'으로 정의하였다. Coakley(2013)는 '내·외적 보상에 의해 동기화되고 공식적으로 관리 감독되는 경쟁적 신체 활동'이라고 규정하였다. 국내 학자 김범식(2012)은 스포츠를 정의할 때 반드시 신체 활동을 포함해야 하며, 그 활동이 공식적이고 조직적인 조건에서 제도화된 경쟁적 활동이어야 한다고 강조하면서 스포츠를 '제도화된 경쟁적 신체 활동'으로 명료하게 설명하였다.

스포츠는 시대와 패러다임, 그리고 학문적 접근에 따라 다양한 정의를 지니지만, 공통적으로 신체활동·경쟁성·제도화라는 요소를 중심축으로 삼는다. 또한 스포츠는 오늘날 그 어떤 제도나 문화적 실천보다 더 많은 사람들에게 공통의 경험을 제공하며, 인류 사회의 화합과 평화를 이끄는 중요한 매개 역할을 하고 있다. 나아가 현대 사회에서 스포츠는 전 세계가 참여하는 국제적 규모로 성장하여 올림픽, 월드컵, 세계선수권대회와 같은 대형 이벤트로 외연을 확장했으며, 이는 정치·경제·사회·문화 전반에 걸쳐 지대한 영향을 미치는 글로벌 현상으로 자리 잡았다.

따라서 스포츠는 단순한 경쟁적 신체활동을 넘어 교육적·사회적·문화적 기능을 수행하는 총체적 활동이자 복합적 사회현상임을 분명히 보여 준다. 비록 '체육'이라는 전통적 용어가 여전히 사용되고 있으나, 현대 사회에서는 '스포츠'라는 개념이 더욱 광범위하게 쓰이며, 국민의 삶의 질 향상과 사회적 통합을 이끄는 핵심적 수단으로 자리하고 있다.

4. 대한체육회, 종목단체, 광역시·도체육회

1) 대한체육회

현재의 대한체육회(Korean Sport & Olympic Committee, KSOC)는 「국민체육진흥법」 제33조에 의해 설립된 구 대한체육회와 「생활체육진흥법」 제7조에 의해 설립된 (구)국민생활체육회가 2016년에 통합되면서 탄생한 조직이다. 이 통합은 엘리트 체육과 생활체육을 분리하여 운영하던 체제를 일원화함으로써, 체육 행정의 효율성과 국민 체육 발전을 동시에 추구하기 위한 중요한 변화였다.

대한체육회는 문화체육관광부 소관의 기관으로서, 체육 운동을 범국민적으로 확산시켜 국민의 건강과 체력을 증진하고, 여가를 선용하며 복지를 향상하는 것을 목적으로 한다. 동시에 우수한 경기자를 양성하여 국제 대회에서 국위를 선양하고, 국제올림픽위원회(IOC)와 독점적 교섭권을 갖는 대한민국의 유일한 대표 단체로 기능한다. 즉, 대한체육회는 국내 체육 행정과 국제 스포츠 외교 양 측면에서 중추적인 역할을 수행하는 것이다.

대한체육회의 정관 제3조에서도 이 목적과 지위를 명확히 밝히고 있다. 체육회는 학교 체육과 생활체육 진흥을 위한 다양한 활동을 전개하여 국민 건강과 체력 증진, 여가와 복지 향상에 기여하며, 우수한 경기자를 양성하여 국위를 선양하는 것을 그 목적으로 한다. 또한 올림픽 운동을 보호·증진·발전시키고 올림피즘의 원칙과 가치를 확산하여, 스포츠를 통한 국제 친선과 세계 평화에 이바지하는 것도 중요한 역할로 규정되어 있다. 나아가 대한체육회는 IOC, 국가올림픽위원회연합회(ANOC), 아시아올림픽평의회(OCA) 등 국제 체육 기구에서 대한민국을 대표한다.

2) 종목단체

대한체육회에는 전국 단위의 종목단체가 회원으로 가입되어 있다. 종목단체는 특정 종목을 대표하는 유일한 단체가 되기 위해 대한체육회의 가입 요건을 충족해야 하며, 대한체육회의 회원으로 승인되어야 한다. 회원종목단체는 정회원, 준회원, 인정단체로 구분된다. 2025년 기준으로 대한체육회에는 정회원 종목단체 64개, 준회원 단체 4개, 인정단체 10개 등 총 78개의 회원종목단체가 소속되어 있다. 이들 회원종목단체는 「대한체육회 회원종목단체 규정」에 따라 해당 종목을 국민에게 널리 보급하고, 국민 체력을 향상시키며, 여가 선용과 건전한 기풍 조성에 기여한다. 동시에 운동선수와 단체를 지원·육성하여 우수 선수를 배출함으로써 국위를 선양하는 것을 목적으로 한다. 아울러 국제경기연맹(IF) 등 해당 종목을 관할하는 국제체육기구에 대해서는 독점적 교섭권을 갖는 대한민국 대표 단체의 지위를 가진다.

3) 광역시 · 도체육회

한편, 대한체육회에는 종목단체 외에도 지역 사회 체육 진흥을 목적으로 하는 광역시·도체육회(이하 시·도체육회)가 회원으로 가입되어 있다. 현재 서울특별시체육회를 비롯하여 17개 시·도체육회가 활동 중이며, 이들은 지역 주민의 건강과 체력 증진, 여가와 복지 향상에 기여하고 있다. 또한 체육인의 인권과 권익을 보호하고, 우수 선수 양성을 통해 시·도 및 국가를 대표할 수 있도록 하는 역할을 수행한다. 시·도체육회는 지역사회 체육 발전의 중심이자 생활체육과 전문 체육을 잇는 가교로서 중요한 기능을 한다.

종합적으로 볼 때, 대한체육회는 국가 체육의 최고 대표 기관으로서 종목단체와 시·도체육회를 아우르며, 국민 체육 전반을 관리·지원하는 핵심적 조직이다. 이를 통해 국민 모두가 체육 활동에 참여할 수 있는 기반을 조성하고, 동시에 국제 무대에서 대한민국 스포츠의 위상을 높이는 이중적 역할을 담당하고 있다.

5. 생활체육으로서 걷기, 스포츠로의 걷기(Walking as Sport for All, and Toward Sportification)

걷기의 본질과 가치

한국에서의 걷기 종목은 이중적 위상과 방향성을 가지고 있다. '로서'와 '로의'는 표면적으로 한 글자 차이에 불과하지만, 의미적 방향은 크게 다르다. 전자는 현재의 지위(Status)를, 후자는 미래적 지향(Transition)을 나타낸다. 한국의 걷기 운동은 이미 국민의 일상 속에서 확고한 생활체육으로 자리 잡았으나, 동시에 스포츠로의 제도적 발전이라는 과제를 안고 있다. 다시 말해, 걷기는 '가장 많이 참여하는 운동'이면서도 '아직 제도권에서 종목으로 인정받지 못한 운동'이라는 이중적 위상에 놓여 있다.

이에 걷기의 생활체육적 의미와 스포츠적 가능성을 함께 살펴보고, 향후 제도화와 발전 방향을 모색한다. 이를 통해 '생활체육으로서 걷기'가 현재의 현실이라면, 스포츠로의 걷기는 미래의 비전이자 정책적 목표임을 분명히 하고자 한다.

1) 생활체육으로서 걷기

걷기는 인류의 가장 오래된 신체 활동이자, 전 세계인 남녀노소 누구나 실천할 수 있는 가장 보편적 생활체육이다. 현대 사회에서 걷기는 단순한 이동 수단을 넘어, 건강 유지·체력 향상·정신적 안정·사회적 교류 등 다면적 가치를 지닌 신체 활동으로 발전하였다.

문화체육관광부의 '2024 국민생활체육조사'에 따르면, 주 1회 이상 생활체육에 참여하는 국민 비율은 60.7%에 달하며, 그중 걷기 참여율은 41.9%로 전체 1위를 기록하였다. 주요 참여 동기는 건강 유지(77.6%), 체중 조절(44.5%), 스트레스 해소(43.4%) 순으로 나타났다[12]. 이러한 수치는 걷기가 이미 국민의 일상적 운동 문화로 정착했음을 보여 준다. 또한 세계보건기구(WHO)는 '신체 활동 및 좌식 행동 가이드라인(2020)'에서 걷기를 '모든 연령대가 실천 가능한 가장 기본적이고 권장되는 신체 활동'으로 제시하고 있다. 걷기는 장비나 공간의 제약이 거의 없고, 부상 위험이 낮아 고령층에게도 이상적인 운동이다. 심폐 지구력 향상, 근골격계 강화, 대사 질환 예방, 정신적 회복 등 과학적으로 입증된 효과는 걷기를 가장 지속 가능한 국민 생활체육의 대표 모델로 자리매김하게 하였다.

현대 사회에서 만성 질환 증가, 좌식 생활의 확산은 걷기를 사회적 필수 운동으로 부상시키고 있다. 특히, 고령화 사회로 진입하면서 만성 질환 예방과 관리가 중요해짐에 따라, 걷기는 부상 위험이 적고 접근이 수월하여 중장년 및 노년층에게 가장 이상적인 건강 관리 수단으로 주목받고 있다[13]. 걷기 운동은 의료비 절감, 사회적 관계 증진, 삶의 질 향상에 기여하며, 국민 건강 정책과 도시 보건 환경 개선의 핵심적 실천 수단으로 기능한다. 따라서 걷기는 이미 누구도 부정할 수 없는 '생활 속의 체육'이자 '사회적 건강 문화'로 발전한 완성형 국민 생활체육이라 할 수 있다.

2) 스포츠로의 걷기

걷기는 신체 활동에 기반한 운동으로서, 경기 규칙과 평가 체계를 도입하면 충분히 스포츠화(Sportification)가 가능한 영역이다. 김범식(2012)은 스포츠를 '제도화된 경쟁적 신체 활동'으로 정의했는데, 이 정의에 비추어 볼 때 걷기는 이미 그 요건을 충족하고 있으며 언제든 스포츠화할 수 있는 잠재력을 지니고 있다.

국내에서도 걷기를 스포츠화한 대회가 다양하게 이루어지고 있다. '피겨워킹(Figure Walking) 대회'는 보행 자세, 리듬, 균형, 미적 표현 등을 평가하는 무대 경기형 걷기이며, 청소년과 일반인을 대상으로 여러 차례 대회가 개최되었다. 또한 24시간 철야 '100km 걷기 대회', 9박 10일에 걸쳐 경쟁하는 '400km 걷기 대회', 특별한 자세가 요구되는 '노르딕워킹 페스티벌', '트레일워킹 챌린지' 등은 체력·기술·인내 등 총체적 기량을 겨루는 경기적 성격의 행사로 시행되고 있다.

국외의 경우, 100년 이상 이어진 영국 '센추리온(Centurion) 100마일 대회'는 극한의 지구력과 기술을 겨루는 전통 스포츠로 자리 잡았다[14]. 최근 젊은 세대 사이에서 인기를 끄는 '러킹(Rucking)'은 무게를 지고 걷는 활동으로, 군사 훈련의 요소와 피트니스 트렌드를 결합한 새로운 형태의 스포츠로 확산 중이다.

또한 경보(競步, Race Walking)는 이미 올림픽 정식 종목으로서 걷기의 스포츠적 속성을 완벽히 구현하고 있다. 이처럼 걷기는 단순한 건강 운동을 넘어 기록, 기술, 경쟁, 미학을 포괄하는 스포츠 종목으로 발전하고 있으며, 이는 '스포츠로의 걷기'가 단순한 가능성을 넘어 실질적 현실로 이행하고 있음을 보여 준다.

3) 걷기 종목 제도화의 과제

걷기가 생활체육과 스포츠로 발전하기 위해서는 제도적 기반 확립이 필수적이다. 현재 걷기는 국민 참여율에 비해 대한체육회 정식 종목으로 인정받지 못하고 있다. 이는 제도적 미비와 정책 구조의 한계에서 비롯된 결과이다.

(1) 정책 · 제도 정비

걷기가 생활체육형 종목으로 제도권 내에 안정적으로 자리 잡기 위해서는, 먼저 생활체육형 종목도 대한체육회의 정식 회원 종목으로 인정할 수 있는 제도적 기반이 마련되어야 한다. 이를 위해 문화체육관광부, 대한체육회, 지방자치단체, 걷기 관련 단체 간의 협력 거버넌스 체계를 구축해야 한다. 나아가 걷기의 정책적 위상을 높이고 지속 가능한 발전을 도모하기 위해, 중장기적 육성 및 발전 계획을 수립하는 것이 필요하다.

(2) 조직 · 인적 인프라 통합

현재 국내에는 다양한 형태와 규모의 걷기 관련 단체가 산재해 있어, 전국 단위에서 걷기 운동을 총괄할 수 있는 대표성과 일관성이 부족하다. 이는 정책 추진력을 떨어뜨리고 대한체육회에 종목단체로 가입하는 데 장애가 되는 주요 요인으로 지적된다. 따라서 과거 국민생활체육전국걷기연합회의 경험과 국내 주요 걷기 단체들이 축적한 전통과 전문성을 기반으로 단일 통합 종목단체를 재구성할 필요가 있다. 나아가 걷기 지도자의 자격 제도와 교육 과정을 표준화하여, 지도 인력의 전문성과 질적 수준을 제고해야 한다.

(3) 경기 체계의 표준화

걷기가 생활체육을 넘어 스포츠로 발전하기 위해서는 경기 규칙과 평가 체계의 표준화가 필수적이다. 현재 걷기 관련 대회는 주최 기관마다 경기 방식과 채점 기준이 상이하여, 종목으로서의 일관성과 공정성이 충분히 확보되지 못한 실정이다. 따라서 피겨워킹, 파워워킹, 노르딕워킹, 러킹, 장거리워킹 등 다양한 형태의 세부 종목화를 통해 공정하고 객관성이 있는 경기 규칙, 채점 방식, 기록 관리 체계를 명확히 정립하고, 이에 부합하는 공인 심판을 양성해야 한다. 이러한 표준화와 심판 제도의 정착은 걷기 대회의 신뢰성과 전문성을 높이며, 나아가 국내 대회 운영의 체계화를 넘어 국제 대회 유치와 국제 규칙 제정의 기반을 마련할 수 있다.

(4) 행정 · 재정 지원 체계 확장

걷기 종목의 제도화를 위해서는 무엇보다 대한체육회 회원종목단체로의 등록이 선행되어야 한다. 체육회에 회원으로 가입하려는 단체는 먼저 '인정단체'로 등록해야 하며, 이후 3년 경과 시 승격 심의를 거쳐 '준회원단체'로, 다시 3년 후 최종적으로 '정회원단체'로 승격되는 절차를 따른다. 올림픽 및 아시안게임 종목의 경우에는 예외적으로 '준회원단체'로 직접 가입이 가능하다.

이 과정은 당장의 정부 예산 지원으로 직결되지는 않지만, 걷기가 제도권 스포츠 체계에 편입되는 첫 관문이자 재정적, 행정적 기반이 된다. 인정단체 등록은 향후 정부의 재정 지원, 공공체육시설 우선 활용, 지도자 자격 관리, 전국대회 개최 승인 등 다양한 행정 지원의 전제가 된다. 또한 종목의 지속 가능성을 높이기 위해서는 민간 후원과 기업 스폰서십 제도의 활성화가 필수적이다. 공공체육시설의 공동 활용, 지역사회와의 협력 프로그램 운영, 민간 기업의 사회공헌 연계 등은 걷기종목이 자생적 재정 구조를 확보하는 중요한 수단이 된다. 결국 이러한 행정·재정 지원체계의 확립이 걷기의 스포츠화를 실질적으로 추진하는 동력이 될 것이다.

(5) 국제화 전략

걷기 종목이 대한체육회의 준회원 또는 정회원 종목단체로 승격되기 위해서는, 국제올림픽위원회(IOC) 또는 아시아올림픽평의회(OCA)가 승인한 국제경기연맹(IF)이나 아시아경기연맹(AF) 산하 종목으로 인정받아야 한다. 다만 종목의 특성과 발전 단계에 따라 일부 예외가 허용될 수 있다.

현재 국내 걷기 단체는 이미 해외 27개 지회를 결성하여 국제적 네트워크의 기반을 확보하고 있으며, 2021년경에는 '세계걷기연맹(World Walking Association, WWA)' 창립을 준비한 바 있다. 이러한 국제화 시도는 대한민국이 걷기 스포츠의 중심 국가로 도약하기 위한 중요한 발판이라 할 수 있다. 향후 이 국제 네트워크를 기반으로 국제 규칙 제정과 세계 걷기 대회 개최를 추진한다면, 한국형 걷기 스포츠 모델을 세계로 확산시키고, 나아가 한국 스포츠의 외교적 위상과 브랜드 가치를 높이는 데 크게 기여할 것이다. 나아가 국제적 표준화 활동과 교류 프로그램을 통해, 한국이 걷기 스포츠의 선도 국가(Leading Nation)로 자리매김할 수 있다. 이러한 국제화 전략은 단순한 종목 확산을 넘어, 스포츠 외교와 국가 브랜드 가치 제고라는 측면에서도 큰 의미를 지닌다.

4) 스포츠로서 걷기의 비전

걷기의 스포츠화는 단순한 외형적 확대가 아니라, 걷기를 매개로 한 건강·복지·산업·외교의 융합적 국가 프로젝트로 이해되어야 한다. 걷기의 스포츠화는 새로운 스포츠 종목을 하나 늘리는 차원이 아니라, 국민의 삶의 질과 국가 경쟁력을 높이는 총체적 사회 전략이라 할 수 있다.

(1) 건강 복지 향상

경기 체계의 도입은 참여의 지속성과 동기 부여를 높이며, 국민의 신체 활동 수준을 질적으로 향상시킨다. 이를 통해 만성 질환 예방, 정신 건강 증진, 건강 수명 연장 등 국가적 차원의 건강 복지 향상에 기여할 수 있다.

영국의 '파크런(Parkrun)' 프로그램은 매주 토요일 무료로 운영되는 시민 주도형 걷기·달리기 이벤트로, 참여자의 88%가 "건강 상태가 개선되었다."라고 응답했고, 삶의 만족도가 높아졌다는 연구 결과(BMC Public Health, 2021)가 보고되었다. 이와 같이 경기로 체계화된 걷기 프로그램은 건강 복지 차원의 실질적 효과를 입증하고 있다.

(2) 사회적 연대 강화

국가 및 지역, 다양한 단체의 걷기 대회, 직장·학교·걷기 동호회·걷기 지도자와 지역 활동가 등의 활성화는 세대 간 교류를 촉진하고, 공동체 회복과 사회적 통합을 이끄는 매개가 된다.

2005년 미국 오하이오주의 심장내과 전문의 데이비드 새빈(David Sabgir, M.D.)이 시작한 'Walk with a Doc' 프로그램은 의사가 시민들과 함께 걸으며 건강 정보를 나누는 형태의 공공 건강 캠페인이다. 이 프로그램은 다양한 연령과 배경을 가진 사람들이 걷기를 통해 대화하고 소통할 수 있는 장을 마련함으로써 지역사회 내 유대감과 공동체적 연대를 강화하는 데 기여해 왔다. 나아가 'Walk with a Doc'은 단순한 건강 증진 프로그램을 넘어 지역사회를 연결하고 세대 간 신뢰를 높이는 사회적 건강 모델(Social Health Model)로 발전하였다.

(3) 산업 및 지역 경제 활성화

걷기 축제와 걷기 길 조성 사업은 지속 가능한 녹색 관광과 연계되어 지역 경제를 활성화한다. 국내에서는 제주올레걷기축제가 대표적이다. 참가자들이 코스를 완주하며 지역의 자연 경관과 문화 콘텐츠를 체험하는 과정에서, 숙박·식음료·문화 산업 매출이 동반 상승하는 효과를 보였다. 또한 신안군의 '퍼플섬' 프로젝트나 철원의 주상절리 잔도 길 조성 사업처럼, 걷기 길을 중심으로 지역의 자연환경과 고유의 색채를 살린 관광 정책은 지방 경제의 지속 가능한 모델로 평가받고 있다.

한편 한국문화관광연구원(2023)의 보고에 따르면, 국내 스포츠 관광 시장 규모는 연평균 8% 이상 성장하고 있으며, 이 중 걷기형 콘텐츠가 차지하는 비율이 꾸준히 증가하고 있다. 이는 걷기가 단순한 운동을 넘어 도시 브랜드와 산업 생태계를 이끄는 전략 산업이 될 수 있음을 보여 준다.

(4) 국가 스포츠 외교 및 국제 위상 제고

걷기 스포츠화를 통해 한국이 주도하는 새로운 종목 체계를 구축한다면, 태권도처럼 한국형 스포츠의 글로벌 확산이 가능하다.

태권도는 세계 210여 국가가 가입한 세계태권도연맹(WT)의 체계를 통해 올림픽 정식종목으로 자리 잡았으며, 이는 스포츠가 국가 외교·문화 교류 수단으로 기능할 수 있음을 입증한다. 걷기 또한 이러한 모델을 적용할 수 있다. 예컨대 '걷기 월드컵(Walking World Cup)'이나 '국제 트레일 챔피언십(International Trail Championship)'과 같은 세계적 대회가 창설된다면, 한국형 생활체육 모델의 국제 표준화를 실현하고, 스포츠 외교 및 문화 외교의 새로운 장을 열 수 있을 것이다.

걷기가 스포츠로 자리 잡는다는 것은 단순히 경기 규칙을 만들고 대회를 운영하는 기술적 문제를 넘어선다. 이는 국민 누구나 참여할 수 있는 일상 기반의 생활체육이 하나의 문화로 성장하는 과정이며, 더 나아가 건강·교육·관광·산업을 아우르는 사회적 자산으로 확장되는 일이다. 진정한 걷기의 힘은 사람들이 모여 길을 만들고 문화를 일구는 데서 시작된다. 스포츠 걷기 역시 사람들의 마음과 실천이 모일 때 비로소 한 종목의 생활체육과 스포츠로 자리 잡을 수 있다. 이 길의 미래는 결국 우리가 얼마나 함께 걷고, 함께 길을 넓혀 가는가에 달려 있다.

"희망이란 본래 있다고도 할 수 없고, 없다고도 할 수 없다.
그것은 마치 땅 위의 길과 같은 것이다.
본래 땅 위에는 길이 없었다.
걸어가는 사람이 많아지면 그것이 곧 길이 되는 것이다."
루쉰(魯迅), 『고향(故鄕)』

1) 명언 · 명구

* 걷기는 사람에게 가장 좋은 약이다. (히포크라테스)
* 나에게는 두 의사가 있다. 왼발과 오른발이다. (G. M. Trevelyan)
* 하루를 걷고 나면 모든 것이 평소의 두 배로 변한다. (G. M. Trevelyan)
* 걸을 때 몸은 피곤할지 모르지만 마음은 휴식 시간이다. (배우 하정우)
* 걷는 것만으로도 위대한 생각을 할 수 있다. (프리드리히 니체)
* 우울하면 걸어라. 그래도 우울하면 더 걸어라. (히포크라테스)
* 걷기는 의지와 겸손의 정확한 균형이다. (게리 스나이더)
* 하루를 축복 속에 보내고 싶다면 아침에 일어나 걸어라. (헨리 D. 소로우)
* 나는 걸을 때 명상할 수 있고 걸음이 멈추면 생각도 멈춘다. (루소)
* 사람은 걸을 수 있는 만큼만 존재한다. (장 폴 사르트르)
* 진정으로 위대한 생각은 걷기로부터 나온다. (프리드리히 니체)
* 난 홀로 걸을 때만큼 그렇게 많은 생각을 하고 충만하게 존재하고 경험하며 제대로 나다
  웠던 적은 한 번도 없었다. (다비드 르 브르통)
* 아침 산책은 생각을 일깨워 주고 선명하게 만들며 확장시킨다. 걸으면서 하는 대화는 이
  해력을 높이고 사고를 명료하게 만드는 반면 저녁 산책은 마음을 진정시킨다[15].
* 걸어서 행복해져라. 우리들의 나날들을 연장시키는, 즉 오래 사는 최선의 방법은 끊임없
  이 그리고 목적을 갖고 걷는 것이다. (찰스 디킨스)
* 걸으면 앉아 있을 때보다 더 좋은 생각이 떠오른다. 나 자신과 대화하는 시간이고, 책으
  로도 얻지 못하는 무언가를 가득 채워 주며 버릴 것은 버리게 해 준다. (임마누엘 칸트)
* 아름다운 자세를 갖고 싶으면 결코 너 혼자 걷고 있지 않음을 명심해서 걸어라. (오드리 헵번)
* 걸어서 여행하는 방법보다 매력적인 방법은 없는 것 같다. (빅토르 위고)
* 창조적인 아이디어를 찾는다면 나가서 걸어라. (레이먼드 인먼)

2) 캠페인(Campaign)

가. 스포츠 7330 캠페인

스포츠 7330 캠페인은 문화체육관광부와 대한체육회가 2006년부터 국민 건강 증진을 위해 전개한 대표적인 운동 공익 캠페인이다. '7330'이라는 숫자는 "일주일(7일)에 세 번(3일) 이상, 한 번에 30분(30) 이상 중강도 수준의 운동을 하자."라는 의미를 담고 있다. 이 캠페인은 단순한 구호가 아니라, 스포츠 생리학적 근거에 기반하고 있다. 운동 처방의 기본 원리인 FITT(Frequency: 빈도, Intensity: 강도, Time: 시간, Type: 종류) 원칙에 비추어 볼 때, '7330'은 빈도와 시간을 명확히 제시한 것이다[16].

인체는 운동 자극에 의해 생리적 변화가 일어나고 그 효과가 약 48시간(2일) 정도 지속된다. 따라서 효과적인 건강 유지와 체력 향상을 위해서는 주 3회 이상의 운동이 필요하다. 또한 운동 효과를 충분히 얻기 위해서는 한 번에 30분 이상 지속해야 하는데, 이는 에너지원의 사용 원리와 관련이 있다. 운동 초기에는 주로 탄수화물이 사용되지만, 약 30분이 지나면서부터는 지방이 주요 연료로 활용되기 시작한다. 이 시점부터 체지방 감소 효과가 본격적으로 나타나며, 심폐 지구력 향상과 근력 증가에도 긍정적 영향을 준다.

따라서 스포츠 7330 캠페인은 단순한 생활체육 실천 지침을 넘어, 운동 생리학적 타당성을 바탕으로 한 과학적 캠페인이라 할 수 있다. 규칙적인 운동 참여를 강조함으로써 성인병 예방, 비만 관리, 스트레스 해소 등 국민 건강 향상에 크게 기여하였다. 나아가 직장인, 청소년, 노년층까지 누구나 쉽게 기억하고 실천할 수 있는 메시지라는 점에서 생활체육 확산의 촉진제 역할을 하였다. 이후 캠페인은 '스포츠 7330 생활체육' 등으로 발전하면서 다양한 홍보 활동과 프로그램으로 이어졌고, 오늘날에도 생활체육 정책의 기본 방향을 제시하는 슬로건으로 자리 잡고 있다.

나. 1주일 150분 운동

세계보건기구(WHO)는 전 세계 성인 인구의 건강 증진을 위하여 명확한 신체 활동 가이드라인을 제시하고 있다. WHO에 따르면 18세 이상 성인의 경우 건강상의 이점을 얻기 위해서는 주당 150분 이상 300분 이내의 중강도 신체 활동을 실시하는 것이 바람직하다. 이는 하루 30분씩, 일주일에 5일 정도의 운동량에 해당한다. 또한 더 높은 운동 효과를 원하거나 시간 효율성을 추구한다면 고강도 유산소 활동을 주당 75분 이상 150분 이내로 실천하는 것도 권장된다.

이와 더불어 WHO는 유산소 활동만큼이나 '좌식 행동 줄이기(Reducing Sedentary Behavior)'의 중요성을 강조한다. 즉, 총운동 시간을 채우는 것과 별개로, 장시간 앉아 있는 생활 습관을 버리고 주기적으로 일어나 움직이는 것 자체가 건강에 매우 중요하다고 밝히고 있다. 여기서 중강도 활동이란 숨이 약간 차지만 대화가 가능한 정도의 운동으로, 빠르게 걷기, 가벼운 조깅, 자전거 타기, 수영, 댄스 운동 등이 해당한다. 반면 고강도 활동은 숨이 많이 차고 대화가 어려울 정도의 운동 강도를 의미하며, 전력 달리기, 인터벌 트레이닝, 격렬한 구기 종목 활동 등이 이에 속한다.

WHO는 단순히 운동 시간을 채우는 것에 그치지 않고, 성인들이 주당 최소 2회 이상 근력 강화 운동(예: 근력 기구 운동, 맨몸 근력 운동, 저항 밴드 활용 운동)을 병행할 것을 권장하고 있다. 이는 노화에 따른 근육량 감소를 방지하고, 신체 기능을 유지하며, 낙상 예방에도 중요한 역할을 한다. '주당 150분 운동' 가이드라인은 단순히 숫자 이상의 의미를 갖는다. 이는 만성 질환 예방(심혈관 질환, 당뇨병, 비만 등), 정신 건강 개선(우울·불안 감소, 스트레스 완화), 삶의 질 향상과 직결되는 중요한 기준으로, 생활체육 차원에서도 국민 건강 증진의 표준 지침으로 활용되고 있다. 따라서 개인의 일상 속에서 걷기, 자전거 타기, 가벼운 구기 활동 등 접근 가능한 운동을 꾸준히 실천하는 것이 무엇보다 중요하다.

다. 운출생운(運出生運)

운출생운(運出生運)은 2011년 구 국민생활체육회(현 대한체육회와 통합)와 국립중앙의료원이 공동으로 전개한 운동 실천 캠페인이다. 이 표어는 "운동화를 신고 출퇴근하면서 일상생활 속에서 운동을 실천하자."라는 의미를 담고 있으며, 각 단어의 첫 글자를 따서 간결하게 표현되었다. 2020년 대한체육회를 방문했던 당시 건물 내 복도에도 해당 표어가 붙어 있었던 것으로 기억되는데, 이는 생활 속에서 자연스럽게 운동을 접목시키려는 정책적 의도를 잘 보여 준다. 운출생운 캠페인은 단순한 슬로건이 아니라, 운동을 일상화·생활화하는 새로운 접근 방식을 제시했다는 점에서 의의가 있다. 즉, 별도의 운동 시간을 내기 어려운 직장인이나 바쁜 현대인들에게 출퇴근길 자체를 운동의 기회로 전환하도록 권장한 것이다. 이는 코펜하겐의 자전거 도로, 파리의 보행자 친화 구역처럼 도시 정책을 통해 시민의 신체 활동을 장려하는 세계적인 '활동적인 교통(Active Transport)' 흐름과도 맥을 같이 한다[17]. 특히 지하철역과 회사 사이, 버스 정류장에서 집까지의 도보 구간을 적극 활용하거나 자동차 대신 대중교통과 걷기를 병행하는 습관을 장려하였다.

이 캠페인에서 강조하는 운동은 무엇보다 걷기(Walking)다. 걷기는 특별한 장비나 시설이 필요하지 않고, 운동화만 있으면 언제 어디서나 가능하다. 또한 부상의 위험이 상대적으로 낮고, 연령과 체력 수준에 상관없이 누구나 실천할 수 있어 생활체육으로서 가장 보편적이고 효율적인 종목이라 할 수 있다. 더불어 출퇴근길 걷기는 규칙적인 운동 습관을 형성할 수 있는 기회를 제공하며, 교통비 절감 및 환경 보호 측면에서도 긍정적인 효과를 기대할 수 있다. 운출생운의 대표적 사례가 『걷는 사람, 하정우』의 저자이며 걸어서 출퇴근하는 배우 하정우다. 그에게 걷기란 '두 발로 하는 간절한 기도, 자신만의 호흡과 보폭을 잊지 않겠다는 다짐, 아무리 힘들어도 끝내 일으켜 계속해 보는 것'이라고 하였다(문학동네, 『걷는 사람, 하정우』).

결국 운출생운은 "운동은 특별한 시간이 아니라 생활 속에서 시작된다."라는 메시지를 국민에게 전달하려는 생활체육 캠페인으로서 걷기를 중심으로 한 생활 속 운동 실천은 국민 건강 증진뿐 아니라, 활기찬 일상과 사회적 건강 문화 확산에도 중요한 의미를 지닌다.

7. 걷기 운동의 시작과 가치

1) 걷기 운동의 시작

프랑스의 작가 장 지오노(Jean Giono)는 '인간은 본래 편안함과 비만을 추구하도록 만들어진 존재가 아니라, 끊임없이 걷도록 만들어진 존재'라고 말했다. 이 말처럼 걷기는 인류 역사 전반에 걸쳐 본질적이고 중요한 활동으로 자리 잡아 왔다.

초기 인류에게 걷기는 생존을 위한 필수 수단이었다. 사냥과 채집을 위해 광활한 초원을 이동해야 했고, 먹을 것을 찾아 끊임없이 발걸음을 옮겨야 했다. 이러한 생존의 필요에서 시작된 걷기는 시간이 흐르면서 단순한 이동을 넘어 인간 사회의 중요한 문화적·사회적 행위로 발전했다.

중세와 근대에 들어서 걷기는 생존의 수단에서 벗어나, 사회적 활동과 일상적 여가의 한 부분으로 자리매김하였다. 17~18세기 유럽 상류층 자제들 사이에서는 교육의 마지막 단계로 프랑스와 이탈리아 등을 도보로 여행하는 그랜드 투어(Grand Tour)가 유행했는데, 이는 걷기가 고도의 지적·문화적 활동으로 인식되었음을 보여 준다[18]. 유럽의 도시들에서는 걷기가 단순한 이동을 넘어 시민들의 교류와 공동체 형성을 촉진하는 생활 양식으로 발전하였다. 공원과 산책로의 조성은 도시인의 생활 속에서 걷기를 일상화시키는 계기가 되었으며, 이는 지역 사회의 결속력 강화에도 기여했다.

19세기 중반, 근대 사회에서는 걷기가 운동의 한 형태로 특별히 주목받기 시작하였다. 특히 영국과 미국에서는 장거리 걷기 경주인 보행주의(Pedestrianism)가 최고의 인기를 누리는 프로 스포츠로 각광받았다[19].

산업혁명 이후 도시화와 기계화가 진전되면서, 사람들의 일상적 신체 활동이 줄어들었고 이에 따라 건강에 대한 우려가 높아졌다. 이러한 시대적 배경 속에서 의료계와 학계는 걷기가 심폐 건강과 근골격계 강화뿐만 아니라 정신적 안정에도 긍정적 효과를 준다는 연구 결과를 발표하였다. 이는 걷기를 단순한 이동 수단이 아닌, 건강을 지키는 생활체육으로 자리 매김하게 한 중요한 계기였다.

현대에 들어서는 걷기 운동이 더욱 사회적으로 확산되었다. 독일의 앙겔라 메르켈 총리처럼 걷기를 생활 속에서 적극적으로 실천하는 유명 인사들의 사례는 대중에게 큰 영향을 주었고, 애플의 창업자 스티브 잡스가 창의적인 논의를 위해 '걷기 회의(Walking Meeting)'를 즐겨 했던 일화는 걷기가 비즈니스와 혁신의 촉매제가 될 수 있음을 보여 주었다[20]. 또한 세계보건기구(WHO)와 각국 보건 당국은 걷기를 가장 쉽고 효과적인 생활운동으로 권장하고 있으며, 이는 건강한 도시, 건강한 국민을 만드는 핵심적인 생활체육 정책으로 이어지고 있다.

결국 걷기는 인류의 생존 수단에서 출발하여, 사회적 교류의 매개, 건강을 지키는 생활체육, 나아가 문화와 정책의 중요한 영역으로까지 발전하였다. 오늘날 걷기 운동은 단순한 이동이나 여가 활동을 넘어, 심신의 건강 증진과 삶의 질 향상을 위한 보편적이고 지속 가능한 활동으로 자리매김하고 있다.

2) 걷기 운동의 가치

국민생활체육조사에 따르면 사람들은 건강 증진과 유지, 여가 활동, 체중 관리를 주요 목적으로 운동에 참여한다. 과거에는 여유 있는 시간과 경제적 기반 속에서 선택적으로 행해지던 생활체육이나 스포츠 활동이, 현대 사회에서는 일상 속 필수적 활동으로 인식이 전환되었다. 현대인은 행복한 삶을 추구하면서도 동시에 운동 부족, 비만, 생활 습관병과 같은 문제에 직면해 있다. 과학 기술의 발달은 생활을 편리하게 만들었지만, 신체 활동의 기회를 줄임으로써 순환기·호흡기·소화기 질환, 당뇨병, 고혈압, 심장병 등 성인병을 증가시키고 있다. 이러한 문제 해결을 위해 유산소성 생활체육, 특히 걷기 운동은 개인 건강을 넘어 사회적 복지 실현을 위한 중요한 수단으로 주목받는다.

걷기는 단순히 체력을 단련하는 것을 넘어 몸과 마음의 균형을 유지하고 삶의 질을 높이는 활동이다. 출퇴근길이나 점심시간처럼 일상 속에서 특별한 시간을 내지 않고도 실천할 수

걷기의 본질과 가치

있다는 점에서 현대인에게 가장 적합한 생활체육이다. 실제로 걷기는 유산소 운동으로서 심폐 기능 향상, 체지방 감소, 기초 대사량 증가, 콜레스테롤 조절 등 다양한 건강 효과를 제공하며, 이는 여러 의학 연구에서 과학적으로 검증되었다. 또한 걷기 운동은 안전성과 경제성이 높다. 특별한 장비나 기술이 필요 없고, 남녀노소 및 장애 유무와 관계없이 누구나 쉽게 참여할 수 있다. 충돌이나 급격한 방향 전환이 없는 저강도 운동으로서 부상 위험이 낮아, 임상적으로도 면역력 강화와 질병 저항력 향상이 확인되었다. 특히 관절이 약한 사람, 요통 환자, 성인병 환자에게 걷기는 안전하게 권장될 수 있는 대표적인 운동이다.

그럼에도 불구하고 질병관리청의 2022년 국민건강통계에 따르면 한국 성인의 걷기 실천율(최근 1주일 동안 걷기를 1회 10분 이상, 1일 총 30분 이상, 주 5일 이상 실천)은 47.9%에 불과해, 절반 이상이 충분히 걷지 않고 있다[21]. 이는 도시 설계와 생활환경이 오히려 신체 활동을 제한하는 방향으로 변화했기 때문이기도 하다. 예를 들어, 지하철 출구와 백화점 입구의 직접 연결, 좁아지는 보행 공간, 자동차 중심의 도시 구조는 현대인의 걷기 부족을 심화시키고 있다. 그러나 역설적으로 이러한 환경적 제약 속에서 걷기의 필요성은 더욱 커지고 있으며, 학계와 의학계에서는 걷기의 심리적·사회적·생리적·경제적 효과를 연구하고 검증함으로써 걷기 운동의 중요성을 강조하고 있다. 걷기의 가치는 단순히 신체적 차원에 머물지 않는다. 사회학적 관점에서 걷기는 실용과 보편성, 자연환경, 사회 통합, 교육, 정치·경제·문화, 신체·안전의 영역에서 다음과 같은 의미를 가진다.

(1) 실용 보편의 가치

걷기가 지닌 여러 장점 중 다른 운동 종목과 가장 차별화되는 지점은 바로 '실용 보편성'에 있다. 이는 투입되는 비용과 노력 대비 얻을 수 있는 건강상의 이익이 가장 크다는 것을 의미한다.

첫째, 실용성(Practicality)의 측면에서 걷기는 진입 장벽이 가장 낮은 운동이다. 수영, 골프, 테니스 등 대부분의 스포츠는 전용 시설, 값비싼 장비, 그리고 레슨비와 같은 경제적 비용을 수반한다. 또한 정해진 장소로 이동해야 하는 시간적 기회비용도 발생한다. 그러나 걷기는 특별한 복장이나 장비 없이, 자신이 지금 있는 그 자리에서 즉시 시작할 수 있다. 시간, 장소, 비용의 제약이 없는 '이상적인 접근성'은 걷기만이 가진 최고의 실용적 자산이다.

둘째, 보편성(Universality)의 측면에서 걷기는 누구에게나 평등하게 열려 있다. 체력이나 운동 신경이 부족하거나, 신체 능력이 다소 떨어지는 사람, 남녀노소 누구라도 다른 사람과 경쟁하지 않고 자신의 페이스에 맞춰 걸을 수 있다. 고도의 기술이나 파트너가 필요 없기에, 걷기는 인간이 생애 주기 전반에 걸쳐 수행할 수 있는 가장 기초적이면서도 필수적인 활동이다.

(2) 자연 환경적 가치

자연환경(自然環境)은 인간의 생활에 영향을 미치는 자연의 여러 조건들로서 개발과 활용에 지속 가능(Sustainable)하여야 한다. 걷기는 별도의 인공 시설을 요구하지 않고, 있는 자연을 그대로 활용하는 친환경적 운동이다. 특히 숲이나 공원 등 녹지 공간에서 걷는 '그린 엑서사이즈(Green Exercise)'는 실내 운동에 비해 시각적 다양성과 나뭇잎, 바람, 새, 벌레 소리 등의 자연 음 등이 복합적으로 작용하여 스트레스 감소와 심리적 안정감을 높이는 효과가 더 크다는 연구 결과가 다수 보고되었다[22]. 이는 지속 가능한 생활체육으로서 환경 보존에 기여한다.

(3) 사회 통합적 가치

사회는 공동생활을 하는 인간의 집단을 의미하며 사회통합(社會統合)은 다양한 집단의 조화로운 관계나 안정된 관계의 형성 과정이다. 걷기 이벤트와 동호회 활동을 통해 지역 주민, 직장 동료, 가족, 나아가 전 세계인이 함께 참여할 수 있다. 전 세계 100여 개 도시에서 매년 열리는 '제인스 워크(Jane's Walk)'는 주민이 직접 가이드가 되어 자기 동네를 소개하는 걷기 축제로, 걷기가 어떻게 지역 공동체의 이야기를 공유하고 사회적 자본을 형성하는지를 보여 주는 대표적 사례다[23]. 장애인과 비장애인이, 심지어 반려동물과도 함께할 수 있는 통합과 포용적 활동이다.

(4) 교육적 가치

청소년기에 어떤 경험을 하면서 성장하는가에 따라 성숙 또는 미성숙한 성인으로 성장하게 된다. 청소년기의 잘못된 경험 또는 잘못 형성된 관념이나 가치관은 성장해서도 개인의 삶이나 사회에 바람직하지 않은 영향을 미치기도 한다. 특히 타인에 대한 배려나 공감 같은 것은 청소년기에 많은 영향을 받게 된다. '청소년 걷기 국토 순례'와 같은 프로그램은 책임감과 리더십, 인내심, 공감 능력, 효(孝) 사상 등 인성 교육적 효과를 보여 준다. 이는 교실을 벗어나 몸으로 직접 체험하고 부딪히며 배우는 교육의 장으로서 기능하며, 또래들과 공동체를 이루며 걷는 걸음은 청소년의 올바른 성장에 기여한다.

(5) 정치 · 경제 · 문화적 가치

제주 올레길, 지리산 둘레길, 코리아 둘레길 등 전국의 유명 걷기 길은 지역 경제 활성화와 스포츠 관광 자원으로 각광받고 있다. 스페인의 '산티아고 순례길(Camino de Santiago)'이 매년 수십만 명의 도보 여행객을 유치하며 지역 경제에 막대한 영향을 미치는 것처럼, 잘 조성된 걷기 길은 그 자체가 강력한 관광 상품이 된다[24]. '걷기 관광'은 공정 여행과 녹색 관광의 대표 사례가 되며, 지역 신뢰와 지속 가능한 발전에도 기여한다.

이 외에도 성공적인 걷기 길을 예로 든다면 강원도 철원군 한탄강에 조성된 주상절리 잔도길은 협곡과 다채로운 바위로 가득한 순담계곡에서 절벽을 따라 절벽과 허공 사이를 걸으며 아찔한 스릴과 아름다운 풍경을 동시에 경험할 수 있고, 전라남도 신안군 퍼플섬은 박지도와 반월도를 연결한 목교와 버들마편초 등 보라색으로 섬 전체를 물들임으로써 성공적인 관광 상품으로 자리 잡았다. 이러한 성공적인 걷기 길은 지역 경제에 긍정적인 영향을 미치며 지자체의 신뢰를 향상시키는 데에도 기여할 수 있다.

이렇듯 전국의 걷기 좋은 길은 국가적, 지자체 차원에서 주목하는 스포츠 관광 자원이다. 현대의 관광 트렌드(Trend)가 유명 관광지나 맛집 등을 찾아가서 우연히 주변의 길이 좋아서 걸었다면 이제는 걷기 좋은 길을 검색하여 찾아가서 걷고 지역에서 소비를 하는 걷기가 주가 되는 관광으로 변화되었고 나아가 걷기 관광이 여가를 선용하기 위한 대안으로서 문화가 되고 있다. 이는 걷기 길이 잘 조성된 지역에서 걷고 해당 지역 내에서 필요한 소비를 유도하는 지속 가능한 공정 여행(公正旅行)이며 녹색 관광 상품이다.

(6) 신체적 가치

올바른 걷기 자세는 근골격계 질환 예방, 호르몬 조절, 기분 개선, 자신감 향상 등에 효과적이다. 1주일 150분 이상 빠른 걷기는 뇌졸중, 심장병 위험을 줄이고 인지 기능과 정신 건강을 향상시킨다는 연구 결과가 있다.

중강도 수준(4~5km/h)의 걷기 운동을 했을 때 얻을 수 있는 건강 효과는 다양하다. 체중 70kg인 사람이 1시간 동안 빠르게 걸으면 약 300kcal 내외의 에너지를 소모하여 건강 체중을 만들고 유지하는 데 도움이 되며 심신의 다양한 건강 효과를 얻을 수 있다. 물론 걷기만이 이러한 건강 효과가 있다는 것은 아니다. 다른 종목도 유사하거나 더 많은 건강 효과가 있을 수 있다. 다만 다른 종목보다는 비교적 작은 비용이 들고 쉽게 접근할 수 있고 당장 실행할 수 있는 운동이라는 점에서 그 가치는 높다고 할 것이다.

(7) 안전적 가치

다른 생활체육 종목과 달리 걷기는 부상 위험이 적고 참여 장벽이 낮아, 전 연령층과 장애인까지 함께할 수 있는 가장 보편적인 운동이다. 스포츠안전사고 실태종합 보고서에 따르면 스포츠 활동 중 부상 경험이 있는지에 대한 질문에 대하여 조사 대상자의 절반이 넘는 64.3%가 부상을 당했다고 응답하였다. 걷기 운동이 타 종목에 비해 많은 국민들이 참여하고 있는 이유 중 하나는 타 종목에 비해 충돌, 급격한 방향 전환, 급격한 체력의 소모 등이 없어 상해의 위험도가 낮고 안전하다는 것이다. 따라서 어린이, 청소년, 중년, 노년 등 다양한 연령층과 남녀의 제한이 없이 시행할 수 있으며 장애인도 수행이 가능한 운동이다.

걷기의 본질과 가치

8. 걷기 운동의 건강 효과

1) 건강을 위한 적정한 걸음 수

걷기 운동은 누구나 쉽게 접근할 수 있고, 신체적 건강은 물론 정신적 안정에도 기여하는 대표적 생활체육이다. 일상 속에서 꾸준히 실천할 수 있다는 점이 가장 큰 장점이며, '하루에 몇 걸음을 목표로 할 것인가'는 많은 사람들의 관심사다.

걷기 운동을 시행하는 대다수의 사람들과 걸음 수를 나타내 주는 대부분의 걷기 관련 애플리케이션(Application)이나 피트니스 트래커(Fitness Tracker)들은 1일 1만 보 걷기를 '글로벌 스탠더드'로 받아들이고 있다. 널리 알려진 '하루 1만 보' 목표는 과학적 임계치라기보다, 1960년대 일본에서 출시된 만보계의 마케팅 표어에서 비롯했다는 설명이 일반적이다. 일만 만(萬)의 약자인 '万' 자가 사람이 걷는 모습과 비슷하다는 점에 착안한 기기명에 기억하기 쉬운 1만이라는 숫자와 '충분히 걸었다.'는 심리적 충족감을 주며 세계적으로 확산되었지만, 1만 보 자체가 의학적 최소 기준을 의미하는 것은 아니다. 중요한 것은 개인의 현재 활동량에서 얼마나 꾸준히 더 걷느냐와 주당 총활동 시간이다. 총걸음 수와 더불어, 건강 효과는 산책처럼 어슬렁거리는 '비목적성 걸음(Incidental Steps)'보다는 숨이 약간 찰 정도의 속도로 걷는 '목적성 걸음(Purposeful Steps)'에서 더 크게 나타난다는 점을 기억할 필요가 있다[25].

최근 다수의 연구는 "효과는 비교적 낮은 걸음 수부터 시작하고, 많이 걸을수록 추가 이득이 있으나 일정 지점 이후에는 증가 폭이 둔화된다."라는 점에 대체로 합의한다. 미국 하버드 의대 아이민 리(I-Min Lee) 교수 팀이 노년 여성을 대상으로 진행한 대규모 연구에서는 하루 4,400보 정도만 걸어도 2,700보를 걷는 그룹에 비해 사망률이 41% 감소했으며, 효과는 7,500보에서 정점에 도달한 후 그 이상에서는 완만해졌다[26].

예컨대, 일부 관찰 연구는 하루 약 2,400보 수준부터 심혈관 위험 감소 신호가 관찰된다고 보고했고, 다른 국제 연구는 사망 위험 감소와 관련된 실용적 목표로 약 8,000보를 제시한 바 있다. 또 메타 분석에서는 모든 원인 사망률 감소와 관련된 최소 범주를 약 3,800~4,000 보 전후로 제시하기도 했다. 이러한 결과는 '적게라도 꾸준히 시작하면 이득이 나타나며, 7,000~8,000보 정도에서 시간 대비 효율이 좋은 편'임을 시사한다. 세계보건기구(WHO) 의 권고(주당 중강도 150~300분 또는 고강도 75~150분)도 일상적 보폭을 가정하면 대략 하루 7,000~8,000보 안팎으로 환산될 수 있다.

반면 하루 1만 5,000보처럼 높은 목표가 더 큰 건강상 이점을 보였다는 연구도 있다. 예를 들어, 영국 워릭대 연구 팀이 우편집배원의 직업적 보행량을 비교했을 때, 하루 약 1만 5,000보 또는 장시간 서서 활동하는 집단이 대사 지표에서 유리한 경향을 보였다는 결과가 보고되었다. 다만 이는 특정 직업 집단의 관찰 연구라는 점을 감안해야 하며, 모든 사람에게 일률적 목표로 일반화하기보다는 개인의 체력, 직업 특성, 근골격계 상태에 맞춰 점진적으로 증량하는 접근이 바람직하다.

정리하면, "더 많이 걸을수록 대체로 더 좋다."라는 큰 흐름은 유효하지만, 최적 걸음 수는 개인차가 크다. 현재 활동량이 낮은 사람에게는 하루 3,000~5,000보로 출발해 주당 500~1,000보씩 올리는 방식이 안전하고, 7,000~8,000보 전후에서 건강 효율(시간 대비 이득)이 좋다. 더 높은 목표(예: 1만 보 이상)는 자신의 신체와 건강 상태 등에 비추어 부담이 없고 통증이 없다면 도전할 수 있으나, 피로 누적·통증·부상 징후가 있다면 강도와 시간을 조절해야 한다.

실무적으로는 걸음 수(양) 못지않게 보행 강도(질)가 중요하다. 중강도 빠른 걷기(대화는 가능하나 숨이 약간 참)를 활용하면 같은 걸음 수에서도 심폐·대사 이득이 커진다. 연속 10분 이상의 구간을 하루 2~3회 걷거나, 평지와 약경사를 혼합하면 심폐 자극이 좋아진다. 주 2회 근력 운동(하체·코어)을 병행하면 보행 경제성·무릎·발목 안정성이 향상되어 부상 예방과 걸음 수 유지에 도움이 된다. 현실적 가이드는 다음과 같이 정리할 수 있다.

* 좌식 생활·초보: 3,000~5,000보/일(500~1,000보 단위 점진적 증량)
* 건강 증진 목표: 7,000~8,000보/일(개인 상태에 따라 점진적 증량)
* 고활동량 목표: 9,000~15,000보/일(통증·피로 모니터링 필수)

한편, 일부 온라인 매체에서 1만 5,000보의 광범위한 생리·인지 효과를 단정적으로 소개하는 경우가 있으나, 매체 성격·연구 설계(관찰·무작위)·대상 집단을 확인할 필요가 있다. 이러한 주장은 흥미로운 가설을 제공하지만, 개인에게 그대로 적용할 보편 처방으로 일반화하기엔 근거 수준이 충분치 않은 경우가 있다. 따라서 조금이라도 더, 꾸준히, 중강도 수준으로 주 150분 걷기를 우선 제시하고, 고강도의 걸음 수 목표는 선택적·점진적으로 시행하는 것이 안전하다.

마지막으로 시간과 걸음 수 기반 목표를 함께 사용한다면 예컨대 하루 30분 빠르게 걷기와 계단, 한 정거장 먼저 내려 걷기 등 생활 속 자투리 보행을 더하면 WHO 권고량인 주 150~300분에 보다 안정적으로 도달할 수 있다. 같은 7,000~8,000보라도 보폭·보행 속도·지형에 따라 에너지 소모와 자극이 달라지므로 '걸음 수+자각 강도(RPE) 점검'의 이중 관리를 권한다.

2) 걷기 운동의 다양한 건강 효과

걷기는 기적의 약도, 만병통치약도 아니다. 그러나 걷기는 몸과 마음의 균형을 가장 먼저 회복시키는, 생활 속에서 누구나 시작할 수 있는 가장 과학적인 습관이다. 인간에게 걷기는 가장 기본적인 움직임이지만, 오늘날에는 국민의 건강을 증진하고 유지하기 위한 대표적인 생활체육 종목으로 자리 잡았다. 특히 다양한 질환에 복합적인 예방 효과를 보인다는 점에서, 걷기는 부작용 없는 '폴리필(Polypill, 다효능 약)'에 비유되기도 한다.

국내외 연구들은 걷기 운동이 건강 수명을 연장하고 심혈관 질환과 뇌졸중을 감소시키며, 암 예방, 당뇨 감소, 치매 예방 및 인지 기능 향상, 비만 예방과 체중 조절 등 다양한 영역에서 긍정적인 효과를 나타낸다고 보고하고 있다. 이처럼 걷기를 통해 기대되는 건강 효과는 다음과 같다.

(1) 심혈관

걷기는 가장 낮은 진입 장벽의 유산소 활동이지만, 꾸준히 하면 심혈관계에 의미 있는 이득을 준다. 규칙적인 걷기는 혈관 내피세포의 기능을 개선하여 혈관을 탄력 있게 만들고, 염증 수치를 낮추며, 혈압을 안정시키는 효과가 있다. 성인은 주당 중강도 150~300분(빠르게 걷기 포함)을 권고받는데, 이 범위에서 심혈관 사망과 사건 위험이 낮아진다고 보고되고 있다. 또한 '얼마나 오래, 자주 걷느냐'에 따라 위험이 점진적으로 줄어드는 경향이 있다. 가속도계로 걸음 수를 측정한 코호트에서는 하루 7,000보 이상이 사망 위험의 감소와 연관되며, 1만 보 이전부터 이득이 나타난다. 혈압은 '소폭이지만 유의하게' 낮아지고 개선되는 경향이 보고되었다.

(2) 정신과 우울증

걷기는 우울증 예방과 증상 완화에도 도움이 된다. 걷는 동안 뇌에서 엔도르핀, 세로토닌, 도파민과 같은 신경 전달 물질 분비가 촉진되는데, 이는 기분을 좋게 하고 스트레스를 완화하는 '자연의 항우울제' 역할을 한다[28]. 하루 걸음 수가 많을수록 우울 증상이 적고, 장기 추적 연구에서는 7,000보 이상이 우울증 발병 위험의 감소와 연관되었다. 자연환경에서의 걷기는 도시 보행과 비교해 반추(Rumination)와 관련 뇌 활성을 낮춰 정서적 회복을 도왔다는 신경 영상 연구도 있다. 즉, '꾸준히 걷기와 가능하면 자연에서 걷기'가 마음 건강에 유리하다. 미국의 3, 4대 대통령인 토머스 제퍼슨에 의하면 걷기의 목적은 마음을 편하게 해 주는 것이라고 하였다. 그는 걷기를 하는 과정 중에 아무것도 생각하지 말고 주변을 바라보면서 주의를 다른 데 두라고 하였고 이는, 즉 걷기를 통해 마음의 안정을 가지라는 것으로 걷기를 통해 주변 환경을 즐기면 스트레스를 해소할 수 있다는 것이다.

(3) 건강 체중

걷기는 체중 감량에도 효과가 있는데, 보통 체내의 지방이 운동에 사용되기까지는 적어도 15~20분의 운동을 계속하는 것이 필요하다. 또 지방 조직이 분해되기 위해서는 산소를 필요로 하므로 100m 달리기와 같이 숨을 쉴 수 없을 정도의 심한 운동으로는 산소의 공급이 원활치 못해 지방은 연소하지 않는다. 즉, 옆 사람과 대화를 할 수 있을 정도의 가벼운 운동을 산소를 충분히 섭취하면서 가능한 한 오랜 시간 계속하여 실시하는 유산소성 운동이 체지방 감량으로는 가장 효과적이며 그 대표적인 것이 걷기 운동이다.

체중 감량 자체는 식이 조절이 핵심이지만, 걷기를 포함한 유산소 운동을 주 150분 이상 병행하면 허리둘레·체지방률이 임상적으로 의미 있게 줄고, 감량 후 유지에도 도움이 된다.

에너지 소모 관점에서 빠른 걷기(약 5.6km/h, 3.5mph)는 대략 4.3METs의 활동으로 분류되어 일관된 칼로리 소모를 제공한다. 장기적으로는 식이 조절과 걷기(또는 다른 유산소) 조합이 건강 체중을 유지하는 효율적 전략이다.

(4) 근골격계

나이가 들수록 근육량은 줄고 골밀도는 떨어지므로, 걷기는 하체 기능·보행 능력 유지에 유익하지만 근육량 자체를 늘리는 효과는 제한적이다. 다만, 걷기는 체중을 싣는 운동(Weight-bearing Exercise)으로서 뼈를 만드는 조골세포(Osteoblast)를 자극하여 골밀도 유지 및 골다공증 예방에 중요한 역할을 한다. 따라서 근감소 예방을 위해서는 근력 운동과 단백질 섭취를 걷기와 병행하는 것이 표준적인 권고다. 골밀도는 부위별로 차이가 나는데, 대퇴경부(엉덩 관절)에서는 걷기가 보존에 도움이 되지만 요추에서는 효과가 일관적이지 않다는 메타 분석이 있다. 즉, 낙상·골절을 줄이고 싶다면 걷기·근력·균형 운동을 같이 설계하는 것이 합리적이다.

(5) 당뇨

생활 습관 중재의 핵심 요소인 규칙적 보행은 당뇨병 예방 근거가 충분하다. 대표적 무작위 시험(DPP)에서 식사·신체 활동을 포함한 생활 습관 중재는 당뇨병 발생을 약 58% 줄였고, 걷기만 보아도 보행 속도와 양이 늘수록 당뇨 위험이 더 낮아지는 코호트·메타 분석 결과로 보고되고 있다. '빠른 보행'은 특히 이득이 크다는 관찰 연구가 있다.

(6) 관절염

무릎 관절염 환자에게 걷기는 비교적 안전하고 적절한 운동으로 1차적으로 선택할 수 있는 유산소성 운동이다. 미국 국립보건원(NIH)과 여러 연구기관이 공동으로 진행하는 대규모 장기 관찰 코호트 연구에서는 걷기 운동을 꾸준히 한 사람이 그렇지 않은 사람보다 빈번한 무릎 통증 발생 위험이 낮았고, 내측 관절강 협착 진행도 덜한 것으로 나타났다. 또한 Walk With Ease(걷기와 안심 프로그램)는 미국 관절염재단(Arthritis Foundation)이 개발한 관절염 환자 맞춤형 걷기 기반 자기관리(Self-management) 프로그램으로, Walk With Ease처럼 걷기 기반의 표준화 프로그램은 통증·기능·자기효능감 개선에 효과가 입증되어 미국질병예방센

터(CDC)가 권고하고 있다. 단, 통증이 심한 시기에는 보행량·보행 패턴을 전문가의 조언을
구하여 조절하는 것이 안전하다.

(7) 기타

가. 면역력 강화
규칙적인 중강도 걷기는 면역 세포의 기능을 활성화하여 감기와 같은 상기도 감염의 위험
과 증상의 심각성을 낮추는 데 도움이 된다[29].

나. 생활 습관병 예방
혈액량이 증가하므로 혈관의 탄력이 늘고, LDL 콜레스테롤을 줄이거나 지방을 태우는 등
생활 습관병의 예방에 도움을 준다.

다. 활력 증진 및 노화 예방
몸에 산소를 효율적으로 공급하는 능력이 향상되어 심폐 기능이 좋아지므로 활력이 넘치
게 된다. 또한 다리와 허리 근력을 유지하고 뼈를 튼튼하게 하여 노화로 인한 신체 기능 저
하를 늦추는 데 도움이 된다.

라. 스트레스 해소 및 인지 기능 개선
일이나 가사를 잊고 풍경을 즐기면서 걷는 것은 심신 모두를 스트레스로부터 해방시킨다.
우울증과 불면증을 완화시키고 기분을 상쾌하게 하며, 뇌 혈류량을 증가시켜 대뇌를 활성
화하고 기억력 및 인지 기능 유지에 긍정적인 영향을 미친다.

마. 청소년 골격 발달
유년기와 사춘기 청소년의 골격 발달에 도움을 주며, 자세를 바르게 한다.

걷기의 본질과 가치

9. 걷기 운동 고려 사항과 원칙

걷기 운동은 남녀노소 누구나 쉽게 접근할 수 있는 대표적인 생활체육이지만, 단순히 걷는 행위를 넘어 의학적 근거에 기반한 올바른 원칙에 따라 수행해야 근골격계 질환을 예방하고 건강 증진 효과를 극대화할 수 있다. 걷기 운동을 효율적으로 수행하려면 운동의 형태·강도·빈도·시간·기간을 체계적으로 고려하는 것이 필수적이다. 이는 약을 조제할 때 약품의 형태, 용량과 투약 기간, 횟수를 전문가가 처방하듯 걷기 운동도 '처방'의 개념으로 접근해야 한다는 점에서 동일하다. WHO, ACSM, 대한스포츠의학회 등에서 제시하는 국제적·의학적 근거를 기준으로 한 걷기 운동 시 고려 사항과 적용 원칙은 다음과 같다.

1) 걷기 운동 시 고려 사항

(1) 건강 상태 점검과 주의 사항

걷기는 안전한 운동으로 분류되지만, 허리·고관절·무릎·발목 등 근골격계 질환이 있거나 심혈관계 질환이 있는 사람은 반드시 의료 전문가의 상담과 기본 건강 검사를 거친 후 시작하는 것을 권장한다. 또한 감기, 심한 피로, 숙취, 수면 부족 상태에서는 무리한 운동을 피해야 한다. 이러한 원칙은 부상을 예방하고 운동 지속성을 높이는 데 중요한 전제 조건이다.

(2) 준비 운동과 정리 운동

걷기 운동은 단순히 발걸음을 옮기는 행위가 아니라 전신 근육과 관절을 동원하는 유산소 활동이다. 운동의 구성 요소는 준비 운동, 본운동(걷기), 정리 운동이다. 본 운동 전에는 반드시 준비 운동을, 마친 후에는 정리 운동을 실시해야 한다.

가. 준비 운동(Warm-up)

걷기 운동 전 5분 내외 정도 다리를 앞뒤와 옆으로 흔들거나(Leg Swings), 팔을 돌리는(Arm Circles) 등 관절을 부드럽게 움직이는 동적 스트레칭(Dynamic Stretching)을 통해 근육과 인대를 활성화시켜 부상을 예방하는 것이 효과적이다[30]. 또한 걷기 운동 출발 직후 5분 내외 정도 가볍게 걸으며 서서히 심박수와 체온을 높여 심혈관계 부담을 줄인다.

나. 정리 운동(Cool-down)

걷기 운동 종료 지점 도착 전부터 5분 내외로 천천히 걸으며 심박수를 안정시키고, 이후 종점에 도착하여 허벅지, 종아리 등 주요 근육을 10~15초간 지그시 늘려 주는 정적 스트레칭(Static Stretching)으로 근육의 피로를 풀고 유연성을 높여 준다. 강한 반동을 주는 스트레칭은 오히려 손상을 유발할 수 있으므로 피해야 한다.

(3) 걷기 운동의 FITT-P 원리 적용

걷기 운동을 설계할 때는 국제적으로 널리 인정되는 FITT-P 원리(Frequency, Intensity, Time, Type, Progression)를 적용한다.

가. 운동 형태(Type)

가) 심폐 지구력 향상: 보폭 넓혀 걷기, 파워워킹, 노르딕워킹, 계단 오르기
나) 체중 감량: 장시간 중·저강도 걷기(속보, 보폭 늘리기 등)
다) 근력강화: 빠른 걷기와 보조적으로 스쿼트, 런지 등의 근력 운동 병행

나. 운동 강도(Intensity)

운동 강도는 심박수 외에도 다음과 같은 방법으로 쉽게 확인할 수 있다.

가) 운동 자각도(RPE, Rate of Perceived Exertion)

전혀 힘들지 않다(6점)부터 최대로 힘들다(20점)까지 주관적인 느낌으로 평가하는 방법이다. 중강도 운동은 약간 힘들다(13점) 수준에 해당한다[31].

나) 대화 검사(Talk Test)

운동 중 대화가 편안하게 가능하면 저강도, 약간 숨이 차지만 대화가 가능하면 중강도, 대화가 거의 불가능하면 고강도 운동으로 판단할 수 있다.

초보자는 저강도에서 시작하여 점진적으로 강도를 높이는 것이 상해를 예방하고 지속 가능한 운동을 가능하게 한다.

걷기의 본질과 가치

다. 운동 빈도(Frequency)

스포츠 7330 캠페인과 1주일에 150분 운동에 근거하여 주 3~5회가 일반적으로 권장되며, 매일 걷기도 가능하다. 주 150분 이상의 중강도 걷기를 시행하는 것이 세계보건기구(WHO)의 권고 사항이다. 운동 빈도를 줄이고 운동 강도와 시간을 높이는 방법으로도 가능하다.

라. 운동 시간(Time)

중강도 수준으로 1회 최소 30분 이상 시행하는 것을 권장하며 연령과 체력, 경험 등을 고려하여 1시간 내외로 시행하는 것도 바람직하다. 시간을 분할하여(예: 하루 10분×3회) 누적하는 것도 동일한 건강 효과가 있다.

마. 운동 기간(Duration/Program length)

유산소 운동의 뚜렷한 효과는 최소 12~16주 이후 나타나는 것으로 보고된다. 따라서 단기 성과보다 꾸준한 실천이 핵심이다. 지속 가능한 걷기 운동을 위해서는 친구, 목표, 목표 달성을 확인할 수 있는 도구(App) 등이 도움이 될 수 있으며 점진적으로 수준을 높이면서 무리하지 않는 것이 바람직하다.

(4) 즐거움과 지속성

걷기 운동은 단순한 '이동'이 아니라 건강을 위한 습관적 실천이다. 따라서 억지로 하는 것이 아니라 쾌적한 환경에서 즐겁게 이어 가야 장기적인 효과가 보장된다. 음악을 들으며 걷기, 친구와 함께 걷기, 걷기 동호회 활동 등은 지속성을 높이는 좋은 방법이다.

걷기 운동은 안전하고 효과적인 생활체육이지만, 개인별 건강 상태와 목표에 따라 운동 원칙을 지키며 실천해야 한다. FITT 원리를 기반으로 체계적인 프로그램을 설계하고, 준비 운동과 스트레칭을 병행한다면 심폐 지구력 향상, 체중 관리, 정신 건강 개선 등 다양한 측면에서 긍정적인 효과를 얻을 수 있다.

2) 걷기 운동 시 적용 원칙

모든 스포츠와 생활체육 활동은 체계적인 원칙을 지켜야만 그 효과를 극대화하고 부상 위험을 최소화할 수 있다. 걷기 운동에도 동일한 원칙을 적용할 수 있으며 스포츠과학에서는 이러한 원칙을 운동 처방의 기본 원리라고 한다. 대표적으로 점진성, 반복성, 과부하성, 개별성, 특이성, 가역성의 원칙이 있다.

(1) 점진성(Progressive)의 원칙

점진성은 운동의 강도, 시간, 빈도, 기간을 서서히 늘려 가는 것을 의미한다. 처음부터 하루 1만 보나 1시간 걷기를 시도하기보다, 3천 보, 5천 보, 1만 보와 같이 단계적으로 증가시키는 것이 바람직하다. 이러한 방식은 근골격계 손상을 예방하고 신체의 적응을 촉진한다. 실제로 점진적 과부하가 심폐 지구력과 근지구력 향상에 필수적이라는 연구 결과들이 있다.

(2) 반복성(Repetitive)의 원칙

걷기 운동은 일회성으로는 효과를 얻기 어렵다. WHO(2020)와 미국스포츠의학회(ACSM)는 모두 성인의 경우 주당 최소 150분의 중강도 유산소 운동 또는 75분의 고강도 운동을 권장하고 있으며, 이를 회당 30분씩 주 5회, 혹은 50분씩 주 3회 등 다양한 방식으로 나누어 실천할 수 있다. 꾸준하고 정기적인 반복이 있을 때 비로소 심폐 지구력 향상, 혈압 조절, 체지방 감소 등의 효과가 나타난다.

(3) 과부하(Overload)의 원칙

신체는 주어진 자극에 적응하므로, 동일한 강도와 시간으로만 운동을 지속하면 효과가 정체된다. 따라서 일정 기간이 지나 신체가 적응되었다면, 운동 강도를 소폭 높이거나, 운동 시간을 5~10분 연장하거나, 주당 빈도를 한 차례 늘리는 방식으로 점진적으로 과부하를 주어야 한다. 단, 과도한 과부하는 근골격계 손상이나 피로 누적을 유발할 수 있으므로 개인의 회복 능력을 고려해 조절해야 한다.

(4) 개별성(Individuality)의 원칙

걷기 운동은 성별, 연령, 체력 수준, 건강 상태 등 개인별 특성을 고려하여 맞춤형으로 설계해야 한다. 예를 들어, 관절염 환자에게는 충격이 큰 계단 내려오기 운동은 피해야 하고, 심혈관 질환자가 계단 오르기와 같은 고강도 활동을 무리하게 수행하는 것은 위험하다. 노인의 경우 균형 능력 저하를 고려하여 스틱이나 보조 기구를 활용한 안전한 걷기가 적정하며 재활 목적의 경우 반드시 전문가 상담이 필요하다.

(5) 특이성(Specificity)의 원칙

운동 효과는 자극을 받은 특정 기관이나 기능에서 나타난다. 예를 들어 심폐 지구력 향상을 원한다면 유산소성 운동인 파워워킹이나 속보를 선택해야 하며, 근육량 증가가 목적이라면 근력 운동을 병행해야 한다. 걷기 운동에서는 심폐 지구력, 하지 근지구력, 체지방 감소와 같은 효과가 특이적으로 기대된다. 따라서 목표에 맞는 형태의 걷기를 선택하고 지속하는 것이 중요하다.

(6) 가역성(Reversibility)의 원칙

사용하지 않으면 잃는다(Use it or lose it)는 말로 요약할 수 있는 원칙이다. 운동을 통해 얻은 체력과 건강 효과는 운동을 중단하면 점차 사라진다. 따라서 건강을 유지하기 위해서는 걷기 운동을 일시적인 이벤트가 아닌 평생의 습관으로 만들어야 한다[32].

걷기 운동은 단순한 일상 활동을 넘어 과학적으로 설계된 운동 프로그램으로 접근할 때 건강 증진 효과가 크다. 점진적이고 반복적이며, 적절한 과부하를 주고, 개인 특성을 반영하며, 목표에 특화된 운동 형태를 선택하는 것이 필수적이다. 이러한 원칙은 단지 이론적 지침이 아니라, WHO, ACSM, 대한스포츠의학회 등에서 제시하는 국제적·의학적 근거로 뒷받침되고 있다.

10. 목표 심박수

운동 강도(Intensity)는 신체에 가해지는 부담의 정도를 의미하며, 단위 시간당의 에너지 소비율, 산소 섭취량(VO2 max), 심박수(HR), 자각적 운동 강도(RPE) 등으로 표현할 수 있다. 이 중 심박수는 가장 실용적이고 간단하게 운동 강도를 설정할 수 있는 지표이기 때문에 걷기 운동을 비롯한 유산소 운동에서 널리 사용된다(ACSM, 2021; 대한스포츠의학회, 2020).

1) 심박수의 기초 개념

(1) 안정 시 심박수(Rest Heart Rate, RHR)

안정된 상태(아침 기상 직후 등)에서 1분간의 심박수를 말하며, 보통 성인의 경우 60~80bpm이다.

(2) 최대 심박수(Maximal Heart Rate, HRmax)

개인이 도달할 수 있는 최대 박동수다. 가장 널리 쓰이는 공식은 'HRmax = 220 – 나이'이다.

(3) 여유 심박수(Heart Rate Reserve, HRR)

최대 심박수에서 안정 시 심박수를 뺀 값으로, 개인이 운동에 사용할 수 있는 심박수 범위를 의미한다.(HRR = HRmax – RHR)

2) 목표 심박수 설정 공식

목표 심박수는 카보넨 공식(Karvonen Formula)을 사용한다[33]. 카보넨 공식은 안정 시 심박수를 반영하여 개인별 맞춤 강도 설정이 가능하다는 장점이 있다.

목표 심박수 = (HRmax – RHR) × 운동 강도(%) + RHR

(1) 저강도(Light intensity): HRmax의 약 50~63% 수준

    → 완보(2~3km/h), 주로 지방 대사를 이용, 회복 및 스트레스 해소

(2) 중강도(Moderate intensity): HRmax의 약 64~76% 수준

    → 속보(4~6km/h), 대화 가능, 노래 어려움, 심폐 지구력 향상과 체력 유지

(3) 고강도(Vigorous intensity): HRmax의 약 77~95% 수준

    → 급보(6~7km/h), 연속 대화 어려움, 체지방 감소 및 지구력 강화

이와 같은 기준에서 볼 때 성인의 건강 증진을 위한 일반적인 걷기운동 강도는 HRmax의 60~75% 수준이 적절하다고 할 수 있다.

3) 목표 심박수 계산 예시

50세인 남성의 안정 시 심박수가 70회/1분이고 심폐 지구력 증진과 기초 체력 유지를 위해서 중강도 수준(최대 심박수의 60%, 빠르게 걷기)의 운동을 하고자 한다. 이 경우의 목표 심박수는 다음과 같다.

(1) 최대 심박수 = 220 – 나이(50) = 170회/1분
(2) 안정 시 심박수 = 70회/1분
(3) 목표 심박수 = (170 – 70) × 0.6 + 70 = 130회/1분

즉, 이 남성이 중강도 걷기를 안전하고 효과적으로 하려면 심박수를 약 130회/분 내외로 유지하는 것이 바람직하다. 목표 심박수는 개인별로 안전하고 효율적인 걷기 운동 강도를 설정하는 핵심 도구다. 단순히 '많이 걸었다'는 양적 평가가 아니라, 심박수를 기준으로 운동 강도를 관리함으로써 심폐 지구력 향상, 지방 연소, 만성 질환 예방 등 목적에 맞는 효과를 얻을 수 있다. 특히 ACSM과 WHO는 성인의 건강 증진을 위해 주당 150분 이상의 중강도 유산소 운동을 권장하며, 심박수를 기준으로 관리하는 것이 걷기 운동 강도를 설정하는 방법 중 하나이다.

11. 연령, 수준, 질환별 걷기 운동

걷기 운동은 전 생애 주기에 걸쳐 가장 보편적이고 안전한 신체 활동으로, 연령과 건강 상태에 따라 운동의 형태, 강도, 시간 등의 접근법을 달리해야 한다. 모든 연령층에서 걷기는 체력 유지, 심폐 기능 강화, 정신적 안정에 기여하지만, 연령별 특성과 질환 유무에 따라 적절한 강도와 방법을 선택하는 것이 중요하다(WHO, 2020; ACSM, 2021).

1) 연령별 걷기 운동

(1) 어린이

어린이 시기의 활발한 보행 활동은 전신의 뼈와 근육이 건강하게 성장하는 데 도움이 되며 특히 발의 근육과 뼈를 강화하고 정상 아치를 형성하는 데 도움이 되는 것으로 알려져 있다. 이러한 시기의 걷기는 단순한 '운동'이라기보다 신체 발달 단계의 필수 과정으로, 부모의 관심과 안전한 보행 환경의 제공이 핵심이다. 무리한 거리나 속도보다는 놀이와 탐색을 결합한 자연스러운 걷기 경험이 적합하며, 올바른 자세 습관과 균형 감각을 기르는 기초 단계로서 중요하다(대한소아과학회, 2020).

> **프로그램**
>
> * 형태: 바르게 걷기, 활기차게 걷기, 가족과 손잡고 걷기 등
> * 빈도: 주 3회 이상
> * 시간: 30분 내외
> * 강도: HRmax의 20~50%(저강도)
> * 목표: 바른 자세와 걸음걸이 교정, 체중 관리, 심폐 지구력 향상, 습관 형성

(2) 청소년

청소년은 성장판이 열려 있어 과도한 충격성 운동보다는 바른 자세 걷기, 빠르게 걷기(속보, Brisk Walking) 등이 권장된다. 거북목 예방과 개선을 위해 제한적으로 뒤로 걷기를 할 수 있고 방과 후 활동으로 플로깅을 시행할 수 있다. 규칙적 걷기 운동은 비만 예방, 심폐 지구력 향상, 정신적 스트레스 해소에 효과적이다. 특히 국제 저널인 네덜란드의『소아 청소년 재활의학 저널, 2019』에 따르면 스마트폰 사용 증가로 인한 '거북목 증후군' 예방에도 도움이 된다고 하였다.

> **프로그램**
>
> * 형태: 바르게 걷기, 플로깅(학교 프로그램), 활기차게 걷기, 뒤로 걷기 등
> * 빈도: 주 3회 이상
> * 시간: 30분~50분
> * 강도: HRmax의 50~60%(중강도)
> * 목표: 바른 자세와 걸음걸이 교정, 체중 관리, 심폐 지구력 향상, 습관 개선

(3) 중장년

이 시기는 갱년기를 지나며 대사 증후군, 심혈관 질환 위험이 증가하는 시기다. 따라서 주 3~5회, 회당 40~60분, 시속 4~6km 수준의 중강도 속보~급보 형태가 적합하다. 체중 관리, 혈압 조절, 혈당 개선, 근골격계 유지에 효과적이며, 적정 심박수 범위를 지키는 것이 중요하다(ACSM, 2021).

> **프로그램**
>
> * 형태: 파워워킹, 인터벌워킹, 계단 오르기, 노르딕워킹, 러킹 등
> * 빈도: 주 3~6회
> * 시간: 90분 내외
> * 강도: HRmax의 60~75%(중강도~고강도)
> * 목표: 성인병 예방, 체중 관리, 심폐 지구력 강화, 스트레스 해소 등

(4) 노년

우리나라는 2025년을 기점으로 초고령화 사회로 진입할 것으로 예측된다. 인구 통계에 의하면 65세 이상이 1천만 명에 이르며 이 중 80세 이상은 약 5백만 명이다. 노인에게 있어 신체 활동은 건강과 밀접한 관계가 있으며 신체 활동을 위해서는 걷기 운동이 권장되고 있다. 노년층에게 걷기는 근감소증(Sarcopenia)과 운동 기능 저하증 예방과 개선, 낙상 예방, 근육량 유지, 인지 기능 보호에 중요한 역할을 한다. 그러나 속도나 걸음 수보다는 무엇보다 안전하게 걷는 것이 우선이며, 낙상 예방을 위하여 지팡이, 등산 스틱 등의 보조 기구를 사용하는 것을 권장한다. 동계 빙판이나 눈길에서는 아이젠의 사용도 필요하다. 최근의 연구들에 의하면 하루 5,000~6,000보 정도의 걷기가 노인의 사망률을 유의하게 낮추는 것으로 나타났다. 특히 70~80대는 개인의 질환과 체력, 환경에 맞춰 짧은 시간 여러 차례 나누어 걷는 것도 좋은 방법이라고 할 수 있다.

프로그램

* 형태: 가벼운 산책, 스틱(지팡이) 이용, 신체 균형과 협응력 유지 등
* 빈도: 주 3회 이상
* 시간: 30분~50분(오전, 오후 등 분할 가능, 예: 10분×2~3회)
* 강도: HRmax의 10~50% 이내(저강도)
* 목표: 근감소 및 운동 기능 저하증 예방, 낙상 예방, 일상생활 기능 유지 등

특히 70~80대(고령층)는 낙상 예방을 위해 지팡이나 스틱을 활용하고, 숫자 거꾸로 세기, 끝말잇기 등 인지 과제를 함께 수행하는 '듀얼 태스킹(Dual-tasking)'을 통해 뇌 기능을 활성화하도록 한다[34]. 스틱이 없이 걷는 경우에는 걸으면서 맨손 노르딕워킹 폴 파지법(양손 교차하면서 주먹 쥐었다 폈다 하기)도 뇌 활성화와 신체 협응력 향상에 도움이 된다.

2) 수준별 걷기 운동

(1) 초보자
가. 형태: 바른 자세 걷기, 천천히 걷기, 계단 오르기 등
나. 빈도: 주 3회
다. 시간: 30분
라. 강도: HRmax의 40~50%(저강도)
마. 목표: 걷기 운동 생활화(생활 습관 개선), 기초 체력·심폐 지구력 향상 등

(2) 숙련자
가. 형태: 빠르게 걷기, 보폭 넓혀 걷기, 파워워킹, 인터벌워킹 등
나. 빈도: 주 3~4회
다. 시간: 60~90분
라. 강도: HRmax의 50~60%(중강도)
마. 목표: 기초 체력·심폐 지구력 향상, 건강 체중 관리, 걷기 길 완주 준비 등

(3) 선수급
가. 형태: 계단 오르기, 파워워킹, 인터벌워킹, 러킹, 노르딕워킹 등
나. 빈도: 주 4~5회
다. 시간: 90분~120분
라. 강도: HRmax의 60~80%(고강도)
마. 목표: 대회 준비, 장거리 걷기 길 완주 준비 등

3) 걷기 운동 형태별 주의 질환

모든 걷기 형태가 모든 사람에게 적합한 것은 아니다. 개별성의 원칙과 특이성의 원칙에 따라 운동 방법을 선택해야 하며, 특히 심혈관계나 관절염 환자, 고령자는 전문가 상담 후 프로그램을 설계하는 것이 안전하다(ACSM, 2021; WHO, 2020).

(1) 파워워킹

가. 적합 대상: 청장년층, 심폐 지구력 향상, 체중 관리 목적자
나. 운동 특징: 대한운동재활학회의『운동재활학 저널, 2019』등에 따르면 빠른 걸음 속도
    에 맞는 팔 동작과 호흡법이 중요하며, 분당 약 120~135보 수준의 속도가 적절하다. 이
    러한 리듬은 유산소 능력을 높이고 심폐계 효율을 개선하는 효과가 있다.
다. 주의 질환: 노약자나 어깨, 허리, 무릎, 발목 등 관절계통 질환자는 관절 충격 증가에 유
    의해야 한다.

(2) 인터벌 걷기

가. 적합 대상: 청장년층, 심폐 지구력 향상, 체중 관리 목적자
나. 운동 특징: 빠른 걷기(3분)와 보통 걷기(2분)의 적절한 배합과 5회 정도의 반복을 하는 걷
    기 운동 방법이다. 이러한 고강도-저강도 반복은 신진대사를 높여 운동 후에도 칼로리
    를 추가로 소모시키는 초과산소소비(Excess Post-exercise Oxygen Consumption) 효과를
    극대화할 수 있다[35].
다. 주의 질환: 관절계통 질환, 심혈관 질환자, 고령자에게는 권장되지 않으며, 초기에는 저
    강도 구간의 비율을 높여 점진적으로 적용하는 것이 바람직하다.

(3) 보폭 넓혀 걷기

가. 적합 대상: 청소년, 중장년, 숙련된 걷기 운동 시행자
나. 운동 특징: 네덜란드『보행·자세 연구 저널, 2020』에 의하면 자신의 적정한 보폭(키 –
    100 = 보폭)보다 약 10cm 이상 넓게 유지하며, 보폭 증가 시 엉덩관절 – 햄스트링 – 종아
    리 근육의 협응력이 향상된다.
다. 주의 질환: 노약자나 관절계통 환자는 과도한 보폭 확대 시 허리·무릎 부하가 급증할 수
    있으므로 금지하거나 주의하여야 한다.

(4) 계단 걷기

가. 적합 대상: 청소년, 중장년, 일상 속 걷기 운동 실천자
나. 운동 특징: 스위스 『국제 환경·보건 연구 저널(2019)』 등은 아파트, 상가, 야외 계단 등을
　　이용한 걷기는 단시간에도 높은 에너지 소비를 유도하며, 하지 근력과 균형 능력을 동
　　시에 향상시키는 효율적 운동 방법으로 소개하고 있다.
다. 주의 질환: 뇌심혈관 질환자, 관절염 환자, 고령자는 갑작스러운 심박 상승과 미끄러짐
　　위험에 주의해야 한다.

(5) 노르딕워킹

가. 적합 대상: 중장년, 노인, 재활 목적자
나. 운동 특징: 미국 『노화 운동활동 저널(2018)』에서 스틱을 이용해 상·하지 근육을 동시에
　　사용함으로써 일반 걷기보다 약 20% 이상의 에너지 소비 증가 효과가 있는 것으로 보
　　고되었다. 또한 폴을 이용하여 상체를 지지함으로써 안전한 보행과 바른 자세 유지, 관
　　절 부담을 감소시키는 데 도움이 된다.
다. 주의 질환: 고령자는 속도보다 자세 안정과 보행 리듬 유지에 집중한다.

(6) 맨발 걷기

가. 적합 대상: 전 연령
나. 운동 특징: 발바닥의 다양한 신경을 자극하여 신체의 위치·움직임을 인지하는 고유수
　　용성감각(Proprioception)을 향상시켜 균형감각 개선과 발바닥 내재근 강화를 돕는다[36].
　　단, 「대한감염학회, 2021」는 날카로운 물체나 감염 위험을 방지하기 위해 인증된 맨발
　　걷기 길을 이용하고, 상처가 있는 경우 파상풍 예방접종 여부를 확인하고 가급적 예방
　　접종을 할 것을 권장하고 있다.
다. 주의 질환: 족저근막염, 당뇨병성 족부 질환자, 면역력 저하자, 고령자는 피부 손상 및
　　감염 등의 가능성이 있어 주의하여야 한다.

(7) 뒤로 걷기

가. 적합 대상: 청소년, 중장년
나. 운동 특징: 평소 잘 사용되지 않는 근육군(허벅지 앞쪽, 종아리 앞근육 등)을 자극해 무릎 부하를 줄이고 자세를 교정하는 데 도움이 된다. 실제로 영국『임상 생체역학 저널, 2019』에서는 뒤로 걷기는 무릎 관절 내 반응력을 낮춰 슬관절 통증 감소와 균형 향상에 도움이 된다고 하였다.
다. 주의 질환: 고령자는 시야 확보의 어려움과 균형 감각의 저하로 낙상 위험이 크므로 가급적 하지 않는 것을 권장한다. 누구라도 뒤로 걷기를 꼭 해야 하는 경우에는 운동장처럼 시야가 확보되고 바닥이 평평한 길에서 실시해야 하며 차도, 산길, 장애물이 있거나 경사진 길 등 안전하지 않은 곳에서는 금지하거나 주의하여야 한다.

연령별로는 발달 단계, 생활 습관병 위험, 체력 수준, 안전성을 고려해 걷기 운동을 차별화해야 하며, 질환별로는 증상과 건강 상태에 적합한 형태를 선택해야 한다. 다른 사람이 어떤 방송에서 또는 어떤 전문가가 건강에 좋다고 하더라는 말을 듣고 무작정 따라 하기보다는 자신의 걷기 운동 목적, 연령과 건강 상태에 맞는 맞춤형 운동 계획을 수립하는 것이 바람직하다. 최신 연구에서도 '꾸준한 걷기, 나에게 맞는 강도와 형태'가 장수와 건강 유지의 핵심임을 강조하고 있다.

12. 지속 가능한 걷기 운동 수행을 위한 방법

걷기 운동은 누구나 쉽게 시작할 수 있는 생활체육이지만, 이를 꾸준하고 효율적으로 수행하기 위해서는 몇 가지 원칙과 전략이 필요하다. 일시적인 참여나 단시간 또는 한 번에 과도한 거리나 속도 등으로 무리하게 시행하는 것은 운동 상해나 쉬운 포기의 요인이 될 수 있다. 스포츠 심리학이나 운동 생리학적인 여러 연구에서도 이러한 점은 강조되고 있다. 따라서 장기적으로 지속할 수 있는 가장 효과적인 방법 들은 다음과 같다.

1) 정기적이고 꾸준한 실천

걷기 운동의 효과는 단발적 실천으로는 기대하기 어렵다. 세계보건기구(WHO)는 성인에게 주당 최소 150분 이상의 중강도 유산소 운동을 권장한다. 예를 들어 주 5회 30분, 주 3회 50분 등 개인 일정에 맞게 나눠 실천할 수 있다. 중요한 점은 반복성과 일관성으로, 규칙적으로 수행할 때만 심폐 지구력 향상, 체중 관리, 만성 질환 예방 효과를 얻을 수 있다. 이를 습관으로 만들기 위해, '아침 식사 후 20분 산책'처럼 기존 습관에 새로운 운동 습관을 연결하는 '습관 쌓기(Habit Stacking)' 전략이 효과적이다[37].

2) 개인 맞춤형 조절

걷기 운동의 형태, 속도, 시간은 연령, 성별, 체력, 건강 등 다양한 여건에 따라 달라져야 한다. 너무 빠른 걷기는 심장이나 관절 등에 부담을 줄 수 있고, 지나치게 느린 걷기는 운동 효과를 떨어뜨린다. 따라서 파워워킹, 노르딕워킹, 인터벌워킹 등 다양한 걷기 운동 방법 중 본인에게 적합한 형태, 시간, 속도를 설정하고, 상황에 따라 강도를 조절하는 것이 바람직하다.

3) 환경의 다양화

걷기 운동은 장소를 가리지 않고 가능하지만, 자연환경에서의 걷기가 정신적·신체적 건강에 더 긍정적인 효과를 준다는 연구가 많다(Berman et al., J Environ Psychol, 2012). 일상에서는 근처 공원이나 하천 길을 활용하고, 정기적으로 숲길, 둘레길, 해안 길 등 새로운 장소에서 걷기를 시도하면 운동에 대한 흥미와 몰입을 높일 수 있다.

4) 적절한 복장과 장비

효율적이고 안전한 걷기를 위해서는 충격 흡수 기능이 있는 워킹화 착용이 기본이다. 또한 계절에 맞는 옷차림, 모자, 고글, 선크림, 벌레 퇴치 용품을 준비해야 하며, 균형 유지와 상체 근력 활용을 위해 워킹용 스틱이나 노르딕워킹 폴을 사용하는 것도 효과적이다. 이는 특히 고령자나 균형 능력이 떨어지는 사람에게 안전성을 높여 준다.

5) 공동체 활동과 사회적 유대

혼자 걷는 것보다 가족, 친구, 동호회 등 함께하는 걷기 활동은 운동 지속성을 높인다. 공동의 목표를 설정하고 함께 걷는 과정은 동기 부여와 성취감을 제공하며, 사회적 교류를 통한 정서적 안정에도 기여한다. 실제 미국『스포츠·운동심리학 저널, 1996』의 연구에서도 그룹 운동 참여자가 개인 운동 참여자보다 운동 지속률과 만족도가 높게 나타난 바 있다.

6) 기록과 피드백

걷기 앱, 스마트워치, 혹은 걷기 일기를 활용해 운동 시간, 거리, 속도, 심박수, 기분 등을 기록하는 것은 자기 점검과 동기 강화에 유용하다. 이러한 기록은 운동 효과를 객관적으로 확인할 수 있게 해 주며, 새로운 목표 설정에도 도움이 된다. 특히, 배지 획득, 순위 경쟁, 연속 달성 기록 등 '게이미피케이션(Gamification, 게임화)' 요소는 운동을 더욱 재미있게 만들어 지속 가능성을 높인다[38].

7) 행사와 동호회를 통한 경험 확장

문화체육관광부나 통일부 등 정부 기관, 지자체, 기업, 단체가 주최하는 걷기 대회나 캠페인, 걷기 동호회(클럽) 활동에 참여하면 걷기 운동의 경험을 확장할 수 있다. 이러한 활동은 운동의 즐거움을 사회적 경험과 결합시키며, 일상적인 습관 형성에 긍정적으로 작용한다.

걷기 운동은 단순한 신체 활동이 아니라 건강을 위한 지속 가능한 생활 습관으로 자리 잡아야 한다. 정기적 실천, 개인화된 접근, 환경 다양화, 안전한 장비 사용, 공동체 활동, 자기 점검, 경험 확장 등의 요소가 종합적으로 작용할 때 비로소 효율적인 걷기 운동이 가능하다. 이러한 실천 전략은 단기적인 체력 향상뿐만 아니라 장기적인 건강 유지와 삶의 질 개선으로 이어진다.

실예로 주)우주택의 신발 브랜드 르무통(LeMouton)은 건강한 걷기 습관 만들기 '21일 챌린지', '통행 콘서트' 등 걷기를 주제로 다양한 이벤트를 주최함으로서 기업의 선한 영향력과 가치를 실현하고 걷기문화를 확산하는데 노력하고 있다. 이러한 행사에 참여는 걷기의 경험을 확장하고 지속가능하게 하는데 많은 도움이 된다.

13. 걷기 운동의 분류

걷기 운동은 단순히 '걷는다'는 개념을 넘어, 속도·보폭·심박수·운동 목적에 따라 다양한 유형으로 분류할 수 있다. 속도와 강도에 따라 걷기의 효과는 크게 달라지며, 이는 운동생리학적 관점에서 중요한 의미를 갖는다.

1) 수행 방식에 따른 분류

걷기 운동은 수행 방식에 따라 크게 자유 걷기(Free Walking)와 집단 걷기(Group Walking)로 나눌 수 있다.

(1) 자유 걷기

개인의 체력에 맞춰 스스로 페이스를 조절하는 방식. 자유로움이 장점이지만, 의지력이 약할 경우 지속성이 떨어질 수 있다. 최근에는 스마트폰 앱을 활용한 '가상 걷기 챌린지'처럼, 각자 자유롭게 걸으면서도 그룹의 목표를 공유하고 순위를 경쟁하는 방식으로 자유 걷기의 단점을 보완하기도 한다.

(2) 집단 걷기

걷기 대회나 동호회 활동에서는 선두와 후미 진행자에 맞춰 일정한 속도로 걷게 되며 보통 시속 4km 내외 수준으로 진행된다. 이런 형식의 집단 걷기 활동은 참가자 간의 유대 형성과 동기를 부여하고 지속성을 높이는 데 효과적이다.

걷기의 본질과 가치

2) 속도에 따른 분류

걷기 운동은 일상생활에서의 걷기와는 속도, 보폭 등에서 약간 차이가 있어야 한다. 운동으로서의 걷기는 자연스럽고 편안하게 하되 경쾌하면서도 약간 빠르게 걷는 것이 운동 효과가 있다. 걷기는 속도와 운동 강도의 객관적 지표인 METs(Metabolic Equivalents, 대사 해당치)에 따라 다음과 같이 구분된다. 참고로 1METs는 편안히 앉아 있을 때의 산소 소비량으로, 3 METs는 안정 시보다 3배의 에너지를 소비한다는 의미이다[39]. 또한 에너지 소비량은 개인에 따라 차이가 있을 수 있다.

(1) 완보(緩步, Slow walking)
가. 속도: 약 2.5km/h(1분당 약 40m)

나. 강도: 저강도(약 2.0METs), 준비 운동 또는 회복 운동에 적합

다. 대상: 노인, 환자, 재활 초기 단계

라. 특징: 속도보다는 안전에 유의하면서 걷기

마. 에너지 소비: 약 2kcal/min

(2) 산보(散步, Strolling)
가. 속도: 약 3km/h(1분당 약 50m)

나. 강도: 저강도(약 2.5METs), 일상적 걷기

다. 대상: 걷기 운동 초보자, 일반인

라. 특징: 기분 전환과 스트레스 해소에 효과적

마. 에너지 소비: 약 3kcal/min

(3) 속보(速步, Brisk walking)
가. 속도: 약 4~5km/h(1분당 약 80m)

나. 강도: 중강도(약 3.5~4.3METs), 심폐 지구력 향상, 성인병 예방

다. 대상: 걷기 운동 숙달자, 중장년층

라. 특징: 팔을 속도에 맞춰 활기차게 흔들며 보폭을 넓게 걷는 형태

마. 에너지 소비: 약 3.5kcal/min

(4) **급보(急步, Fast walking/Power walking)**

가. 속도: 약 6km/h(1분당 약 100m)

나. 강도: 중~고강도(약 5.0METs), 숙련자를 위한 파워워킹 형태

다. 대상: 걷기 운동 숙달자, 청년층

라. 특징: 호흡이 가빠지고 기술적 요소 필요

마. 에너지 소비: 약 4.5kcal/min

(5) **강보(强步, Very fast walking)**

가. 속도: 약 7km/h(1분당 약 120m)

나. 강도: 고강도(약 6.3METs), 생활체육보다는 스포츠적 걷기에 적합

다. 대상: 청년층, 선수

라. 특징: 높은 수준의 체력과 호흡법 요구

마. 에너지 소비: 약 4.5~5kcal/min

(6) **경보(競步, Race walking)**

가. 속도: 7km/h 이상, 국제 육상 경기 종목

나. 강도: 초고강도(8.0~12.5METs 이상)

다. 규칙: 항상 한 발이 지면에 닿아 있어야 한다.

라. 특징: 고도의 기술과 훈련 필요, 일반인에게는 부담이 큰 방식

마. 세계 기록: 남자 20km 경보 1시간 16분대(평균 시속 약 15~16km)

3) 목적에 따른 분류

걷기의 강도는 속도라는 객관적 수치 외에 운동의 목적과 주관적인 느낌에 따라 다음과 같이 기능적으로 분류할 수 있다(ACSM, 2021).

(1) 스트롤링 워킹(Strolling Walking)

저강도 걷기로 완보나 산보의 수준이다. 초보자나 중급자 그리고 전문가들이 저강도의 운동을 수행하기 위해 느린 속도로 걷는 걸음이다. 주로 휴식, 재활, 정신적 안정 등을 목적

으로 수행한다.

(2) 브리스크 워킹(Brisk Walking)

중강도 걷기로 속보의 수준이다. 심박수를 올리기에 충분히 빠른 걷기를 말하며 심폐 지구력 향상과 체중 관리에 효과적이다. 각각의 체력 수준에 따라 속도는 달라질 수 있다.

(3) 애슬레틱 워킹(Athletic Walking)

중~고강도 걷기로 급보, 강보의 수준이다. 경주 걷기 기법과 병행하여 시작하기 때문에 좀 더 빨리 걷는 것으로 특별한 규칙이 있는 것은 아니다.

(4) 레이스 워킹(Race Walking)

고강도 걷기로 운동 강도가 매우 높으며 특별한 훈련이 필요하다. 경보에 해당하며 지나치면 고관절, 슬관절, 발목 관절 등에 스포츠 상해를 입을 수 있어 일반인이 하기에는 다소 무리가 있다.

4) 걷기 강도 판정 방법

걷기 운동의 강도는 객관적 지표(심박수, 보수)와 주관적 지표(호흡, 자각 강도)를 함께 고려하는 것이 바람직하다.

(1) 토크 테스트(Talk Test)에 의한 판정

가. 천천히 걷기(저강도 걷기)

산보 수준으로 대화와 주변 경관 관찰이 가능하다.

나. 빠르게 걷기(중강도 걷기)

걸을 때 대화는 할 수 있으나 노래를 부르는 것은 제한된다.

다. 매우 빠르게 걷기(고강도 걷기)

숨이 차서 대화를 할 수 없거나 말을 끊어서 하게 되는 수준이다.

(2) 자각 강도(Rating of Perceived Exertion, RPE)에 의한 판정

운동 중 느끼는 주관적인 힘든 정도를 숫자로 표현하는 방법으로, 스웨덴의 학자 군나르 보그(Gunnar Borg)가 개발했다. 강도를 나타내는 숫자가 단순하기 때문에 직관적으로 이해하기가 용이하다. 널리 쓰이는 척도는 0~10까지의 수정 보그 척도(Borg CR10 Scale)다. 걸을 때 필요한 노력 정도에 따라 겪는 심리적 또는 신체적인 부담을 가장 낮은 단계 또는 휴식할 때를 0, 본인이 수행할 수 있는 최대 능력 또는 감당할 수 있는 가장 높은 단계를 10으로 구분한다.

가. 자각 강도 3~4: 약간 편함, 중강도 신체 활동, 호흡이 약간 가빠짐
나. 자각 강도 5~6: 약간 힘듦, 중강도 신체 활동의 본격적인 단계
다. 자각 강도 7~8: 아주 힘듦, 고강도 신체 활동, 호흡이 많이 가쁜 상태

(3) 분당 걸음 수(Cadence)에 의한 판정

연구에 따르면, 성인의 경우 분당 100보 이상의 속도가 중강도 신체 활동의 최소 기준으로 제시된다[40].

가. 느리게 걷기(저강도): 1분에 100보 미만(약 3km/h 미만)
나. 빠르게 걷기(중강도): 1분에 100~130보(약 4~5km/h)
다. 매우 빠르게 걷기(고강도): 1분에 130보 이상(약 6km/h 이상)

걷기의 본질과 가치

14. 1일 1만 보 걷기

최근 걷기 운동에 참여하는 국민이 꾸준히 증가하면서 걷기 운동과 관련한 다양한 애플리케이션(Application)이 개발되고 스마트 기기를 많이 이용하고 있다. 그리고 대부분의 걷기 운동 애플리케이션(Application)은 1일 1만 보 걷기를 기준으로 삼고 있다. 하루 1만 보 걷기는 1965년 도쿄 올림픽 관련 마케팅의 일환으로 기기 내의 센서로 흔들림을 감지해서 걸음 수를 측정하는 기계인 만보기(萬步機)를 만들어 배포하면서 시작되었다고 알려져 있다.

친구들에게 그날, 한 주, 한 달 동안 걸었던 걸음 수나 막대그래프 등을 보이며 자랑하기도 하고 스스로도 성취감을 느낀다. 그러나 최근 연구들은 무조건 1만 보를 고집할 필요가 없음을 보여 주고 있다. 미국의사협회(JAMA)를 비롯한 여러 연구에 따르면 오히려 연령과 건강 상태에 따라 6,000~8,000보만으로도 충분한 건강 효과를 얻을 수 있다고 한다. 즉, 연령, 건강이나 체력 수준, 걷기 운동의 목적 등에 맞게 걸어야 한다는 것이다. 청소년과 20~30대는 하루에 수만 보를 걸어도 신체에 무리가 없을 것이다. 40~50대는 8천~1만 보 내외, 60대 이상은 6천~7천 보 내외로 걷는 것을 권장한다. 또한 걸음 수에 더하여 언덕 오르기, 계단 오르기, 러킹, 인터벌 걷기 등 운동 강도를 다양하게 적용할 수 있다. 궁극적으로 '1만 보'라는 숫자에 집착하기보다 '어제보다 조금 더, 앉아 있는 시간은 줄이고, 이왕이면 목적을 갖고 활기차게'라는 원칙을 기억하는 것이 더욱 중요하다. 꼭 1일 1만 보를 걸어야겠다는 목표를 세웠다면 새벽이나 퇴근 후 등 특정한 요일과 시간에 집중적으로 걸을 수도 있겠으나 다음과 같이 운출생운 일상 속에서 걷기를 권장한다.

* 아침 식사 전 가벼운 산책하기
* 대중교통 이용 시 한두 정거장 미리 내려 걷기
* 자가용 이용 시 조금 먼 곳에 주차하기
* 업무 중 계단 이용하기
* 점심 식사 후 가벼운 산책하기
* 출퇴근길 일부 구간 도보 이동
* 저녁 식사 후 걷기

CHAPTER II
내 몸을 살리는 자세와 걸음

—

바른 자세와 바른 걷기는 저절로 만들어지지 않는다.
늘 스스로를 깨우고 점검해야 한다.
Good posture and proper walking do not happen by themselves.
One must stay aware and keep self-checking.

1. 걷기 운동을 위한 준비

걷기 운동을 통해 원하는 건강 효과를 얻기 위해서는 무엇보다 올바른 자세가 전제되어야 한다. 잘못된 자세는 단순히 외형상의 문제에 그치지 않고, 발바닥·발목·무릎·허리·목 등 근골격계 전반에 부담을 주어 부상과 만성 통증으로 이어질 수 있다(Kendall et al., Posture and Pain, 2005). 우리 몸은 모든 관절과 근육이 연결된 '운동 사슬(Kinetic Chain)'과 같아서, 발목의 작은 비틀림이 무릎, 골반을 거쳐 허리 통증의 원인이 될 수 있다[41]. 좋은 자세의 첫걸음은 이 운동 사슬을 바르게 정렬하는 것이다.

걷기 운동을 시작하기에 앞서 바르게 앉기와 바르게 서기를 통해 신체 정렬을 바로잡는 습관을 들이는 것이 중요하다. 인체는 일반적으로 상체가 전체 체중의 55~60%, 하체가 40~45%를 차지한다. 상체 균형이 무너지면 하체 관절과 척추에 불필요한 하중이 가해진다. 마치 자동차의 휠 얼라인먼트가 틀어지면 타이어가 편마모되고 차량 전체에 무리를 주는 것처럼, 인체의 비대칭은 특정 관절에 스트레스를 집중시킨다. 이러한 불균형은 시간이 지남에 따라 요통, 경추 질환, 족저근막염 등 다양한 근골격계 질환으로 발전할 수 있다(대한스포츠의학회, 2020).

1) 바르게 앉기

바르게 앉는 것은 단순히 자세 교정 차원을 넘어, 척추의 안정성과 근육 활성화에 직접적인 영향을 준다.

(1) 양발
발바닥 전체가 지면에 닿도록 하고 'V' 자(7~15도) 형태로 골반 너비만큼 벌린다.

(2) 무릎
슬개골이 정면을 향하게 하여 발과 같은 간격을 유지한다. 양발의 엄지발가락 선과 무릎의 중앙선이 'Ⅱ' 자 형태가 되도록 한다.

(3) 엉덩이

의자 깊숙이 앉아 엉덩이 아래 뾰족하게 만져지는 두 개의 뼈, 즉 좌골(坐骨, Ischial Tuberosity)로 체중을 지지하는 느낌을 찾는다. 좌골이 앞뒤, 좌우로 치우치지 않게 수평이 되도록 하여 안정적인 골반 기반을 만든다.

(4) 허리

골반에서 가까운 요추를 앞쪽으로 가볍게 밀어 들어 올린다는 느낌으로, 자연스러운 'S' 자 곡선(요추 전만)을 유지하는 '중립 척추' 상태를 만든다.

(5) 어깨

긴장을 풀고 수평을 유지하고 과도하게 올리거나 내려뜨리지 않도록 한다.

(6) 가슴

웅크리거나 견갑골이 닿을 정도로 과도하게 펴지 않고 양쪽 앞 겨드랑이 옷 주름이 펴지는 정도로 하여 자연스럽게 전방으로 향한다.

(7) 머리

머리는 앞이나 뒤로 치우치지 않게 귀가 어깨선과 수직선상에 위치하도록 한다. 경추(1번~7번)가 적당한 'C' 자형을 유지하도록 하고 시선은 전방을 바라본다.

(8) 양손

손은 주먹을 가볍게 쥐거나 펴서 자신의 무릎 위나 책상 위에 나란하게 가볍게 올려놓는다.

바른 앉기 연습은 처음에는 평상시 앉기 자세보다 많이 어색하고 불편하여 바른 앉기를 시도하다가도 금방 구부정하거나 비틀어진 자세를 취하게 되고 이런 자세가 편안하게 여겨질 것이다. 이는 우리 몸의 근육과 신경 등이 잘못된 자세에 익숙해졌다는 의미이며 장차 거북목으로 연결될 가능성이 있다. 바르게 앉기가 불편하고 어색하더라도 매일 1~5분씩 반복하다 보면 바른 자세로 앉는 것이 편안한 자세가 될 수 있다(Park et al., Spine, 2018).

내 몸을 살리는 자세와 걸음

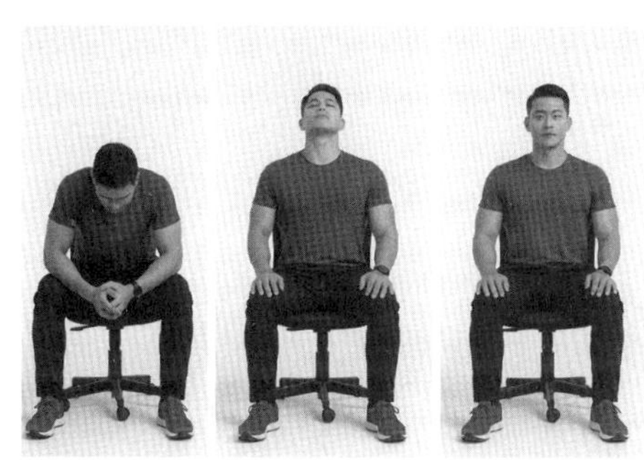

그림 1 – 바르게 앉기

2) 바르게 서기

바르게 앉은 자세에서 일어나면 곧바로 바른 서기가 된다. 바른 신체의 균형(비율)은 전·후 면에서 앞쪽(앞꿈치) 40%, 뒤쪽(뒤꿈치) 60% 비율이 되어야 한다. 좌·우 면에서는 왼발 50%, 오른발 50%로 각각 50%의 비율이 되어야 한다. 자신의 체중이 발바닥 중앙에 고르게 분산 되었는지 확인하려면, 눈을 감고 몸을 앞뒤, 좌우로 아주 작게 흔들어 보다가 움직임을 점 차 줄여 가장 안정적인 지점을 찾으면 된다. 그러나 신체는 기계가 아니기 때문에 전후와 좌우의 편차를 각각 5% 이내에서는 허용한다.

(1) 머리
앞과 뒤, 좌측과 우측으로 치우치지 않게 유지하고 턱은 과도하게 당기거나 들지 않도록 한 다. 측면에서 봤을 때 귓구멍, 어깨의 중심, 골반의 중심, 무릎의 중심, 복사뼈 앞쪽이 일직 선상에 놓이는 것이 이상적이다.

(2) 시선
시선을 땅이나 하늘로 향하지 않도록 하고 자연스럽게 전방을 향하여 자신이 편안한 거리 를 바라본다.

(3) 가슴
과도하게 펴지 않도록 하고 허리를 앞이나 뒤로 휘어지게 하지 않아야 한다.

(4) 양팔

자연스럽게 펴고 양손 주먹을 가볍게 쥐어 엄지와 검지의 중간선이 앞쪽으로 향하게 하여 골반의 양쪽에 붙인다.

(5) 양발

바르게 앉은 자세의 연장으로 발바닥 접지, 양발과 무릎의 간격을 골반의 넓이로 유지한다.

걷기 운동은 바른 자세에서 출발해야 한다. 올바른 앉기와 서기를 습관화함으로써 신체의 균형을 유지하고, 근골격계 질환을 예방할 수 있다. 초기에는 어색하고 힘들게 느껴지더라도 반복과 훈련을 통해 신체가 새로운 자세에 적응하게 되며, 이는 결국 올바른 걷기 동작으로 이어진다. 바른 자세는 단순한 외형상의 문제가 아니라 운동 효과와 부상 예방을 좌우하는 핵심 요소임을 반드시 인식해야 한다.

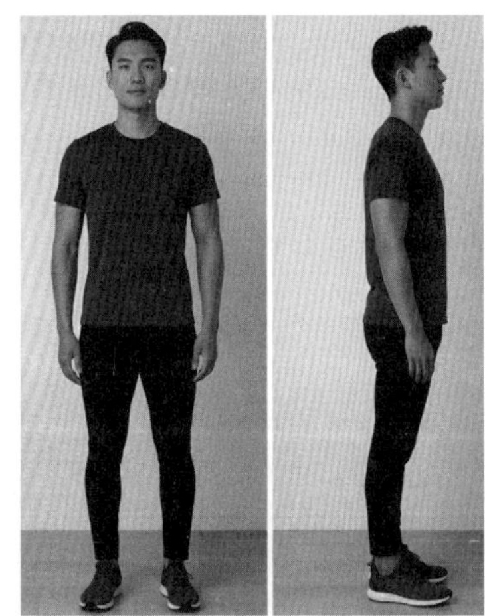

그림 2 - 바르게 서기

내 몸을 살리는 자세와 걸음

3) 바르게 걷기

바르게 걷기는 바르게 앉기와 서기가 바탕이 된 종합적인 동작으로『페리 & 번필드, 보행 분석(Gait Analysis), 2010』등의 연구 자료를 바탕으로 한 바른 걷기 자세는 다음과 같다.

(1) 동작

걷기는 한쪽 발이 교대로 지면에 닿는 것으로 뛰기와 구분된다.

(2) 머리

신체의 중심선에서 벗어나지 않도록 앞과 뒤, 좌측과 우측으로 치우치지 않게 유지하고 턱은 과도하게 당기거나 들지 않도록 한다.

(3) 시선

시선을 땅이나 하늘로 향하지 않도록 하고 자연스럽게 전방을 향하여 자신이 편안한 거리를 바라본다.

(4) 허리

골반에서 가까운 요추를 앞쪽으로 가볍게 밀어 들어 올린다는 느낌으로 가볍고 반듯하게 세운다.

(5) 어깨

긴장을 풀고 수평을 유지하고 과도하게 올리거나 내려뜨리지 않도록 한다.

(6) 가슴

웅크리거나 견갑골이 닿을 정도로 과도하게 펴지 않고 양쪽 앞 겨드랑이 옷 주름이 펴지는 정도로 하여 자연스럽게 전방으로 향한다.

(7) 양팔

팔 관절이 경직되지 않게 자연스럽게 펴고 걸음 속도에 맞게 앞뒤로 흔들어 몸의 중심을 유지하고 추진력을 얻는다. 팔의 움직임은 골반의 회전에 대한 균형을 맞추는 역할을 하여 에너지를 효율적으로 사용하게 돕는다[42].

⑻ 양손

주먹을 가볍게 쥐어 엄지와 검지의 중간선이 앞쪽으로 향하게 한다. 손등은 바깥쪽으로 향하도록 하고 좌우로 휘젓지 않도록 한다.

⑼ 무릎

제자리걸음이나 군사 퍼레이드를 하듯이 지나치게 구부리거나 경직되게 하지 않고 자연스럽게 발목을 들어 뒤꿈치부터 먼저 지면에 닿게 내려놓는다.

⑽ 보간(Step width)

보간은 양쪽 발의 안쪽 간격을 말하며 적정한 간격은 주먹 하나 정도이다. 왼발과 오른발이 일직선이 되게 걷거나 교차되게 걷는 걸음걸이는 좋지 않다.

⑾ 보폭(Stride length)

보폭은 한 걸음을 내디딜 때 앞발의 뒤꿈치와 뒷발의 뒤꿈치 사이의 거리를 말한다. 바른 걷기를 위해서는 적정한 보폭을 유지하는 것이 중요하다. 적정 보폭보다 지나치게 짧게 걷는 경우, 걷기에 핵심적으로 사용되는 대퇴 사두근, 중둔근, 둔근군, 척추 기립근 등 하체·둔부 근육의 기능이 약화된 신호일 수 있다. 이러한 이유에서 적정한 보폭은 바른 보행의 핵심 요소로 간주되며, 의학·운동생리 연구에서는 보폭이 근력, 균형, 신경계 기능, 근골격계 질환 여부를 평가하는 지표로 활용된다.

적정 보폭에는 개인차가 존재한다. 일반적으로 자신의 키에서 약 100을 뺀 수치(예: 키 170cm → 보폭 70cm)가 평균적 기준으로 활용된다. 또한 운동생리·보행 분석 연구에서는 키(cm) × 0.37~0.45 수준의 보폭을 적정 범위로 판정하며 이는 상황, 개인의 체력, 보행 습관, 속도 등에 따라 달라질 수 있다.

다만, 보폭을 크게 만들기 위해 발을 의식적으로 앞쪽으로 멀리 뻗는 '과보폭(Over-striding)'은 무릎 관절에 충격을 주고, 발이 지면에 닿는 순간 제동이 걸려 오히려 효율을 떨어뜨리는 잘못된 패턴이다. 보폭은 발을 앞으로 끌어내기보다 뒷발로 지면을 밀어내며 자연스럽게 넓어지는 것이 이상적이다.

내 몸을 살리는 자세와 걸음

⑿ **보행(Gait pattern)**

발이 지면에 닿는 순서는 뒤꿈치(Heel strike) → 발바닥 전체(Midstance) → 엄지발가락(Toe-off)의 순으로 이어진다. 이는 인간의 2족 보행에서 나타나는 고유한 패턴으로, 발이 바퀴처럼 굴러가며 체중을 앞으로 전달하는 '로커(Rocker)' 기능을 수행한다. 마지막 단계에서 엄지발가락으로 지면을 강하게 밀어내는 동작은 엉덩이 근육(둔근)을 활성화시켜 전진 추진력을 만드는 핵심 역할을 한다[43].

로커(Rocker)는 뒤꿈치를 중심으로 앞쪽으로 굴러가는 단계(뒤꿈치 착지, Heel Rocker) → 발목을 축으로 체중이 발 앞쪽으로 넘어가는 단계(발목 중심 회전, Ankle Rocker) → 발 앞쪽을 축으로 마지막 추진력이 발생하는 단계(전족부 중심 추진, Forefoot Rocker)의 세 단계로 이루어지며, 이를 통해 보행이 끊기지 않고 연속적으로 이어진다.

⒀ **보각(Foot angle)**

보각은 보행간의 발의 각도를 말한다. 관절에 무리를 주지 않는 적정한 보행 각도는 정면을 0도로 하여 7도에서 15도까지이다. 이때 7도보다 작은 각을 갖는 걸음걸이는 안짱걸음(In-toeing)이고, 15도를 초과하는 각의 걸음걸이는 팔자걸음(Out-toeing)이라고 한다.

그림 3 – 바르게 걷기

4) 바른 자세 점검 방법

모든 걸음걸이에는 걷는 사람의 에너지와 감정이 구체적으로 드러난다(조지프 A 아마토). 바른 자세는 단순히 외적으로 보이는 모습뿐만 아니라 자신감 등 내면에까지 영향을 미친다는 연구가 있다. 따라서 본인의 자세를 살펴서 바르지 못한 자세라면 바른 자세가 되도록 스스로 점검하고 교정하려는 지속적인 노력을 통해 바른 자세를 갖도록 해야 할 것이다.

(1) 자세 체크 방법

벽 서기 테스트(Wall Test)를 통하여 자세를 체크할 수 있다. 벽에 뒤꿈치, 엉덩이, 어깨, 뒤통수를 대고 선다. 이때 허리 뒤 공간에 손바닥 하나 정도, 목뒤 공간에 손가락 두세 개 정도의 공간이 생기는 것이 이상적이다. 허리 뒤 공간이 주먹이 들어갈 정도로 넓으면 골반 전방 경사, 등이 벽에 닿지 않으면 굽은 등을 의심할 수 있다[44]. 그 외에도 거울과 유리창을 보면서 확인할 수 있고 동영상이나 사진을 촬영하여 확인할 수 있다. 또한 2인 1조 관찰법을 통해 확인할 수 있고 전문 측정 장비를 통해 확인할 수 있다.

(2) 체크 포인트

가. 정면

가) 머리가 한쪽으로 기울어져 있지 않은가?
나) 턱이 들리거나 앞쪽으로 과도하게 숙여져 있지 않은가?
다) 양쪽 어깨선(쇄골)의 높이가 같은가?
라) 골반이 한쪽으로 기울거나 틀어지지 않았는가?
마) 양 손끝의 높이는 동일한가?
바) 발의 벌어진 각도가 동일한가?
사) 몸통이 한쪽으로 기울거나 돌아가 있지는 않은가?

나. 측면

가) 귀·어깨·고관절·무릎·복숭아뼈까지 일직선을 이루는가?
나) 머리, 허리가 앞이나 뒤로 기울어져 있지 않은가?
다) 무릎은 자연스럽게 곧게 펴고 있는가?

5) 바르지 못한 자세를 만드는 습관

일상 속에서 습관적으로 바르지 못한 자세를 취하는 경우가 많다. 누워 있을 때, 서 있을 때, 앉아 있을 때, 걸어갈 때 무의식적으로 잘못된 자세를 반복하고 있다. 특히 현대인의 생활은 앉아 있는 시간이 길고, 스마트폰이나 컴퓨터 사용이 일상화되면서 무의식적으로 잘못된 자세를 반복하기 쉽다. 미국의 물리치료학자이자 해부·운동학 분야의 세계적 권위자로 『Kinesiology of the Musculoskeletal System, 근골격계 운동학』의 저자인 도널드 A. 뉴만은 이러한 잘못된 자세를 만드는 습관은 단순히 일시적인 불편감에서 그치지 않고, 우리 몸의 특정 부위에 지속적인 스트레스(Postural Stress)를 가하여 장기적으로는 근골격계 불균형, 척추 질환, 관절 통증, 혈액순환 장애로 이어질 수 있다고 강조한다.
대표적인 잘못된 자세와 그에 따른 영향을 살펴보면 다음과 같다.

(1) 팔을 괴고 옆으로 눕기

2023년 국민여가활동조사에 따르면 한국인은 여가 시간의 50%를 TV 앞에 있다고 한다. TV 시청이나 휴식을 취할 때 팔을 괴고 비스듬히 눕는 자세는 흔하다. 그러나 이는 척추 측만이나 디스크 압박을 유발할 수 있으며, 어깨와 팔의 압박으로 인한 신경통, 저림 증상을 동반하기도 한다. 장시간 지속될 경우 만성 요통이나 경추 질환으로 발전할 수 있다.

(2) 양반다리 앉기

전통적 좌식 문화에서 흔히 볼 수 있는 양반다리 앉기는 고관절을 과도하게 바깥으로 돌리고(외회전), 무릎 안쪽에 비정상적인 스트레스를 가하여 고관절 비틀림, 골반 불균형, 무릎 관절 압박을 유발한다. 장시간 유지하면 관절염의 위험을 높이고, 무릎 통증을 악화시킬 수 있다. 특히 연골 손상이 있는 사람은 피해야 하며, 자주 무릎 관절 체조를 해 주는 것이 좋다. 좌식보다는 입식 생활을 권장한다.

(3) 다리 꼬고 앉기

다리를 꼬는 자세는 심리적으로 안정감을 줄 수 있으나, 반복될 경우 척추와 골반의 회전 변형을 일으킨다. 이는 척추 기립근과 주위 근육의 불균형을 초래하여 요통의 원인이 되며,

하체 혈액 순환을 방해해 하지정맥류 위험을 높일 수 있다.

(4) 스마트폰 장시간 사용

최근 연구 자료에 의하면 청소년의 스마트폰 사용 시간은 하루 10시간을 웃돈다는 보고가 있다. 이는 청소년의 성장과 건강에 좋지 않은 영향을 미치며 성인에게도 마찬가지이다. 스마트폰 사용 시 흔히 고개를 숙이는데, 고개를 15도 숙이면 목에 약 12kg의 하중이, 60도 숙이면 약 27kg의 하중이 가해진다. 이는 Hansraj(2014)가 경추에 작용하는 중력 부하를 시뮬레이션한 연구 결과(Surgical Technology International)에서 보고된 값이다. 이는 경추의 과부하와 함께 '거북목 증후군(Text Neck Syndrome)'이나 어깨 결림, 두통의 원인이 되기도 한다. 이 자세가 만성화되면 목 뒤쪽 근육은 과도하게 늘어나 약해지고, 목 앞쪽 근육은 짧아지고 경직되는 근육 불균형이 고착된다. 청소년의 경우 성장기 척추 변형에 직접적인 영향을 주며, 성인에게도 만성 근골격계 통증으로 이어진다.

(5) 가방을 한쪽으로만 메기

가방을 한쪽으로만 메는 습관은 체간 비대칭과 척추 측만증의 원인이 될 수 있다. 특히 청소년의 무거운 책가방은 성장기 척추에 심각한 부담을 준다. 실제 연구에서도 10kg 이상의 가방을 장시간 한쪽으로 멜 경우 척추 측만이 진행될 수 있는 것으로 나타났다.

(6) 짝다리 짚고 서기

짝다리를 짚고 서기는 많은 사람들이 대화 중 습관적으로 취하게 되는 자세이다. 짝다리로 서는 자세가 반복되면 골반이 틀어지고 몸의 전후, 좌우의 균형이 무너지면서 허리에 통증을 유발한다. 일상 대화 중 습관적으로 짝다리로 서는 자세는 골반 기울기와 척추 측만을 유발한다. 반복되면 요추와 천장관절(SIJ)에 만성 통증을 일으키며, 장기적으로는 요추 추간판 탈출증(허리디스크) 발생 위험을 높인다.

(7) 잘못된 걸음걸이

사람마다 걸음걸이는 각각 다르다. 걸음걸이는 지문처럼 개인의 습관을 반영하며, 신체 건강과 직결된다. 대표적인 잘못된 걸음걸이는 팔자걸음, 안짱걸음, 끄는 걸음 등이 있다. 이러한 보행은 발목·무릎·고관절에 비정상적인 부하를 주어 관절 손상과 발 변형(평발, 요족)을 촉진한다. 실제 임상 보고에 따르면 요추 추간판 탈출증 환자의 상당수가 잘못된 보행 습관을 가지고 있었다(대한재활의학회, 2020). 또한 척추 질환을 전문으로 하는 한 병원의 통계에 따르면 허리 디스크 환자의 80%가 잘못된 걸음걸이가 질환의 원인이라고 발표한 바가 있다.

(8) 기타 생활 속 습관

기타 잘못된 자세를 만드는 생활 속 습관으로는 의자 끝에 걸터앉아 허리를 굽히는 습관, 책상에 엎드려 자기, 턱 괴기, 뒷주머니에 지갑이나 핸드폰을 넣은 채 앉기 등이 있다. 특히 뒷주머니에 지갑을 넣고 앉는 습관은 골반을 비스듬하게 만들어 좌골 신경을 압박하는 '이상근 증후군(Piriformis Syndrome)'의 원인이 될 수 있어 주의해야 한다[45]. 이러한 습관은 골반과 척추 정렬을 무너뜨려, 목·허리 통증 및 척추 질환의 원인이 될 수 있다.

바르지 못한 자세는 무의식적으로 반복되면서 신체 구조적 불균형을 만들고, 이는 장기적으로 근골격계 질환의 원인이 된다. 따라서 걷기 운동을 통해 건강을 지키기 위해서는 잘못된 자세 습관을 인식하고 교정하는 것이 무엇보다 중요하다. 이는 단순히 보행의 효율성을 높이는 것을 넘어, 척추와 관절 건강을 지키고 운동 효과를 극대화하는 기본 전제라 할 수 있다.

6) 바른 자세 만들기

바른 자세는 단순히 보기 좋은 외형을 넘어, 척추의 정렬 유지, 근골격계 질환 예방, 호흡 효율 향상과 같은 건강상의 이점을 제공한다. 잘못된 자세를 교정하는 것은 단순히 근육을 스트레칭하는 행위를 넘어, '바른 자세'가 무엇인지 뇌에 다시 각인시키는 신경가소성(Neuroplasticity) 과정이다[46]. 현대인의 생활 습관은 장시간 앉아 있기, 스마트폰 사용, 잘못된 걸음걸이 등으로 인해 신체 불균형을 초래하기 쉽다. 따라서 바른 자세를 의식적으로 연습하고 유지하는 것이 걷기 운동의 효과를 높이고, 운동 중 부상을 예방할 수 있는 핵심 요인이다. 아래에 소개하는 두 가지 방법은 누구나 쉽게 따라 할 수 있으며, 반복적인 실습을 통해 체형 교정과 긴장 완화에 효과적이다.

(1) 벽 기대어 서기

가. 방법

가) 양발은 골반 너비로 벌리고, 앞꿈치와 뒤꿈치 모두 바닥에 닿도록 선다.

나) 뒤꿈치-엉덩이-어깨(견갑골)-뒤통수를 벽에 붙인다.

다) 턱은 살짝 당기고, 허리는 위로 잡아 올린다는 느낌으로 선다.

라) 양손은 펴서 손끝이나 손등을 벽에 가볍게 붙인다.

마) 하루 1~5분, 꾸준히 반복한다.

나. 효과

가) 척추와 골반의 중립 정렬을 학습하고 유지하는 데 도움이 된다.

나) 전신 스트레칭 효과로 허리, 목, 어깨의 긴장을 완화한다.

다) 무릎을 붙여 서면 'O' 자형 다리(내반슬) 교정에 도움을 줄 수 있다.

라) 목과 어깨의 긴장을 완화하여 거북목을 개선하는 데 도움을 준다.

마) 스트레칭을 통해 긴장을 풀고 호흡을 더욱 편안하게 해 준다.

연구에 따르면 벽 기대어 서기와 같은 자세 인식 훈련(Postural Awareness exercise)은 청소년의 척추 측만 예방과 성인의 요통 개선에 효과가 있는 것으로 나타났다.

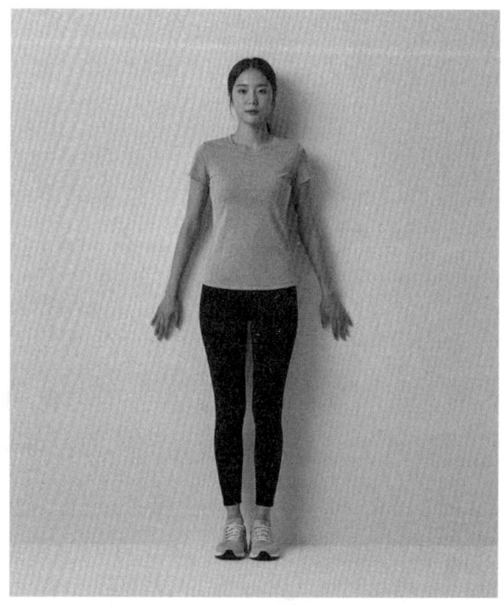

그림 4

(2) 가슴 근육 스트레칭

장시간 앉아서 생활하거나 컴퓨터·스마트폰 사용이 많은 현대인은 어깨가 앞으로 말리고, 가슴 근육이 단축되면서 거북목 증후군, 상체 전방 경사 등의 문제를 겪기 쉽다. 가슴 근육 스트레칭은 이러한 불균형을 교정하고, 상체를 열어 호흡을 원활하게 하는 데 도움이 된다.

가. 방법

가) 도어웨이 체스트(Doorway chest) 스트레칭

(가) 문틀 양쪽에 손을 걸치고, 한쪽 다리를 앞으로 내디딘다.

(나) 상체를 앞으로 천천히 기울여 가슴 근육이 늘어나는 것을 느낀다.

(다) 10~20초간 유지 후 원위치한다.

(라) 근육을 늘렸다 펴는 동작을 3~4회 반복한다.

나) 양손 뒤로 깍지 끼어 가슴 펴기

(가) 양손을 허리 뒤로 해서 깍지를 낀다.

(나) 깍지 낀 양손을 뒤로 뻗어 가슴을 활짝 연다.

(다) 무리한 힘을 주지 말고 상체를 천천히 숙여서 10~20초간 유지한다.

(라) 허리 숙였다 펴는 동작을 3~4회 반복한다.

(마) 응용하여 반듯하게 선 자세에서 상체를 뒤로 젖히는 동작도 가능하다.

나. 효과

가) 단축된 흉근을 이완시켜 어깨 말림(Rounded Shoulder)을 교정한다.

나) 목과 어깨의 긴장을 완화해 거북목 증상 개선에 도움을 준다.

다) 흉곽 확장을 촉진해 호흡이 깊어지고 폐활량이 향상된다.

라) 근골격계 통증(어깨 통증, 경추 통증)을 완화하며, 스트레스 해소와 심신 안정에도 긍정적인 효과를 준다.

벽 기대어 서기와 가슴 근육 스트레칭은 간단하지만 효과적인 스트레칭으로 자세 교정에 도움을 준다. 이 두 가지 실습은 바른 자세 인식 → 척추와 골반 정렬 회복 → 호흡 개선 → 근육 긴장 완화로 이어져, 걷기 운동의 기본자세를 다지는 중요한 준비 단계가 된다. 꾸준히 실천하면 거북목, 허리 통증, 어깨 결림 등 현대인에게 흔한 근골격계 질환을 예방하는 데 도움이 된다.

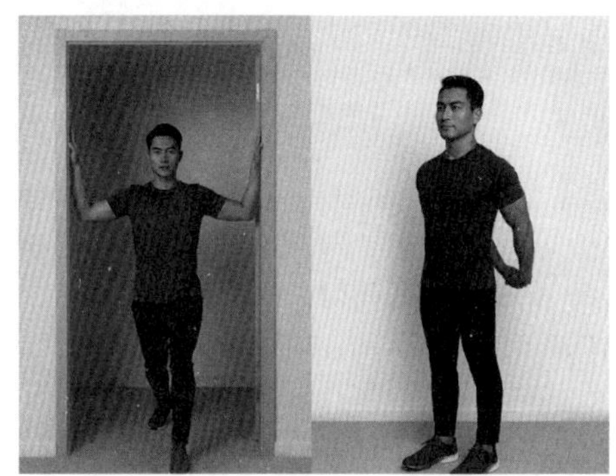

그림 5

7) 바른 자세와 바른 걷기의 점검 및 분석 기법(Posture and Gait Assessment & Analysis Methods)

자신의 자세와 걸음걸이가 바른지 확인하는 것은 교정의 첫걸음이다. 눈으로 확인하는 간단한 방법부터 전문 장비를 이용한 정밀 분석까지, 현재 상태를 점검하고 분석하는 주요 기법들을 소개한다(Bartlett, 2007; 대한스포츠의학회, 2019).

(1) 자기 점검법(Self-check Method)

바른 자세와 바른 걷기를 유지하기 위해서는 일상 속에서 자신의 자세를 인식하고 점검하는 습관이 무엇보다 중요하다. 가장 기본적이면서 중요한 방법은 바른 자세와 걷기의 핵심 '체크 포인트'를 숙지하고 일상에서 스스로 점검을 습관화하는 것이다(American Chiropractic Association, 2022).

가. 거울 활용

외출 전 전신 거울 앞에 서서 자신의 정면과 측면 자세가 바른지 확인한다. 정면에서는 어깨와 골반의 수평을, 측면에서는 귀, 어깨, 골반, 무릎, 발목이 일직선에 가까운지 확인한다. 이는 바른 자세를 갖기 위한 각오를 다짐하는 시간이기도 하다(Bartlett, 2007).

나. 유리창 반사 활용

길을 걸을 때 상가나 건물의 유리창에 비치는 자신의 걷는 모습을 수시로 관찰한다. 적정한 팔의 흔들림과 보폭, 등이 굽었는지, 고개가 앞으로 빠졌는지, 팔자걸음은 아닌지 등을 즉각적으로 파악하고 자세를 바로잡는 노력을 기울일 수 있다(대한운동학회, 2022).

(2) 상호 평가법(Peer Evaluation Method)

상호 평가법은 걷기 강습이나 동호회 등에서 옆자리의 참가자와 함께 점검하는 방식으로 활용도가 높고 강습 참여의 만족도를 높이는 기법으로 유용하다. 두 명이 한 조를 이루어 서로의 자세를 평가하는 방식으로 타인의 객관적인 시선은 자신이 인지하지 못했던 불균형을 발견하는 데 매우 효과적이다(대한스포츠의학회, 2019).

가. 정면 평가

서로 마주 본 상태에서 어깨·손끝·옷자락 선, 골반의 좌우 균형, 무릎의 방향, 발끝의 각도 등 신체 좌·우측의 수평을 확인한다. 어깨가 기울어 있거나, 머리가 한쪽으로 치우쳐 있는지 또는 좋은 균형을 이루고 있는지 등 신체 균형에 대한 피드백을 서로 주고받는다(한국체육대학교 보행분석연구소, 2021).

나. 측면 평가

정면 평가를 마치고 이어서 측면 평가를 진행한다. 한 명이 옆으로 서면, 다른 한 명은 귀-어깨-엉덩이-무릎-복숭아뼈의 정렬선이 일직선으로 유지되는지를 관찰한다. 척추의 만곡이 과도하거나, 골반이 전·후방으로 기울어져 있지 않은지 확인하고 코멘트한다. 서로 역할을 바꾸어 동일하게 진행한다(Neumann, 2016).

이 방법은 시각적 인식 능력과 관찰력을 향상시키며, 참가자들이 스스로 올바른 자세 기준을 체득하도록 돕는다(Kendall et al., 2005).

(3) 동영상 분석법(Video Motion Analysis)

동영상 분석은 시각적 피드백을 활용한 자세 교정의 핵심 기법으로, 자신의 정지된 자세뿐만 아니라 '움직이는 모습'을 객관적으로 파악하는 가장 효과적인 방법 중 하나이다(Perry & Burnfield, 2010; 대한체육회 스포츠지도자연수원, 2023).

가. 촬영 방법
전용 카메라(삼각대 활용 권장)나 스마트폰의 카메라 기능을 이용하여 실내 또는 실외에서 '서 있는 자세(정적 자세)'와 '10~20m 내외의 길을 걷는 자세(동적 자세)'의 정면, 후면, 측면을 각각 촬영한다.

나. 분석
촬영된 동영상을 강사(지도자)와 참가자가 스크린 또는 화면으로 함께 보며 시선, 자세, 걸음걸이의 특징, 팔과 다리의 협응성, 보폭과 보간, 3단 보행, 무게중심 이동 경로 등 교정할 부분을 정밀하게 분석한다(대한체육회 스포츠지도자연수원, 2023). 참가자들끼리 스마트폰을 이용해 서로 촬영하고 분석해 주는 것도 가능하다.

다. 주의 사항
촬영 전, 반드시 당사자에게 촬영 목적과 교육장 내 상영 등에 대한 동의를 구해야 한다. 또한 교육이나 분석이 종료된 후에는 개인 정보 보호를 위해 해당 영상을 즉시 삭제하는 것을 원칙으로 한다. 영상 분석은 참가자가 자신의 문제점을 객관적으로 인식하고 시각적으로 교정 방법을 이해하는 데 매우 효과적이다(Perry & Burnfield, 2010).

(4) 전자 장비 분석법(Electronic Measurement Method)

보행 자세를 보다 과학적이고 전문적으로 측정하고 분석하기 위해서는 동적 족저압 측정기나 3D 모션 캡처, 압력 센서가 내장된 인솔(Insole) 같은 최신 전자 장비와 전용 애플리케이션(Application) 등을 활용할 수 있다.

가. 동적 족저압 측정기(Gait View, Pedar, F-Scan 등)
→ 발바닥 압력 분포, 보행 균형, 하중 이동 패턴을 측정한다.

나. 3D 모션 캡처 시스템(Vicon, OptiTrack 등)

→ 인체의 관절 각도, 속도, 회전축 이동을 정밀하게 분석한다.

다. 정적 자세 측정기(Posture Analyzer)

→ 척추 만곡, 어깨·골반 기울기 등 신체 정렬 상태를 평가한다.

이러한 장비는 비교적 고가이고 전문적인 운용 능력을 필요로 한다. 따라서 병원, 보행분석센터, 체육과학연구소, 재활클리닉, 걷기 관련 전문 단체 등에서 제한적으로 활용되고 있으며, 전문가는 측정 결과를 통해 발 형태, 체중 분포 불균형, 걸음의 비대칭성, 신체 정렬의 문제점 등을 분석하고 이에 따른 맞춤형 교정 운동 방법이나 개선방법을 제시한다 (Neumann, 2016).

(5) 수직선 검사법(Plumb Line Test)

실을 이용한 검사법으로 '다림줄 검사'라고도 불리는 이 방법은 측면 자세를 평가하는 고전적이고 신뢰도 높은 방법이다(Kendall et al., 2005). 정면 자세에서의 좌우 균형 검사도 가능하며 상호 평가법이나 동영상 분석 시 병행하면 더욱 정밀한 평가가 가능하다.

가. 준비물

천장에 실을 매달아 바닥에 닿을 듯 말 듯하게 늘어뜨린 '수직선(Plumb Line)'을 준비한다(문틀 상단에 실과 추를 매달아 간단히 만들 수 있음).

나. 측정 방법

평가받는 사람이 수직선 바로 옆에 자연스럽게 정면과 측면으로 서면, 정면 검사는 수직선이 신체의 중심선에, 측면 검사는 발목의 외측 복사뼈(가쪽 복사, Lateral Malleolus) 약간 앞쪽을 지나가도록 위치를 잡는다.

다. 이상적 정렬(Ideal Alignment)

바른 정면 자세는 수직선이 몸의 중심선에 놓일 것이고, 바른 측면 자세는 수직선은 귓불-어깨 중심-골반 중심-무릎 관절-복사뼈에 이르는 정렬선을 근접하게 지난다(Neumann, 2016). 만약 수직선이 이 기준에서 벗어난다면(예: 머리가 수직선의 좌측이나 우측으로 기울어졌거나, 앞쪽이나 뒤쪽으로 기울어져 있다면), 이는 근육의 불균형이나 잘못된 자세 습관을 시사한다 (Kendall et al., 2005).

(6) 스마트폰 앱 활용

최근에는 스마트폰의 카메라와 센서를 활용한 자세 및 걸음걸이 분석 애플리케이션(App)이 다수 출시되어 있다. 일부 앱은 동영상 분석법처럼 촬영된 영상에 선을 긋거나 각도를 측정하여 전문가 수준의 분석을 돕는다. 또 다른 앱들은 스마트폰을 휴대하고 걷기만 해도 내장된 가속도계 센서를 이용해 걸음걸이의 좌우 균형, 보폭, 속도 등을 분석해 주기도 한다. 이는 동영상 분석의 편의성을 높이고 전자 장비 분석의 접근성을 보완하는 유용한 도구로 평가된다(대한운동학회, 2022).

내 몸을 살리는 자세와 걸음

2. 보행 자세 분석

인간의 신체에서 가장 많이 혹사당하는 부위 중 하나는 발(Foot)이다. 발은 인체 체중을 지탱할 뿐 아니라, 보행 시 발생하는 충격을 흡수하는 완충 장치이자 앞으로 나아가게 하는 추진력의 지렛대 역할을 한다. 따라서 발의 구조적 안정성과 보행 자세는 인체 전체의 균형과 직결된다(Neumann, Kinesiology of the Musculoskeletal System, 2017).

현대인의 생활 습관은 좌식 생활, 잘 맞지 않는 신발 착용, 스마트 기기의 장시간 사용, 바른 자세에 대한 낮은 인식, 운동 부족 등으로 인해 신체 불균형을 심화시키고 있다. 이러한 요인들은 척추 측만증, 거북목, 요추 전만의 소실 혹은 과다, O 다리와 X 다리 같은 하지 변형을 일으켜 근골격계 질환으로 발전한다. 실제 연구에서도 잘못된 보행 패턴이 무릎 관절염, 요통, 족저근막염 등 다양한 질환과 관련이 있음이 보고되었다(Mills et al., Gait & Posture, 2013; 대한정형외과학회, 2020).

1) 보행 자세 분석의 필요성

많은 사람들은 자신의 자세나 보행 패턴의 문제를 자각하지 못한 채 생활한다. 그러나 작은 습관적 불균형이 누적되면 근육과 관절의 불필요한 긴장, 편측 하중, 관절 마모를 가속화한다. 따라서 보행 자세 분석은 다음과 같은 측면에서 필요하다.

(1) 신체 불균형 교정

보행 시 좌우 체중 분배, 보폭, 발뒤꿈치 착지 여부 등을 분석하여 신체 정렬의 불균형을 발견할 수 있다. 이를 통해 척추·골반·하지 관절의 잘못된 하중 패턴을 조기 교정한다.

(2) 근골격계 질환 예방

잘못된 보행은 무릎 관절염, 족저근막염, 아킬레스건염, 허리 디스크 등을 유발한다. 보행 분석을 통해 이러한 질환의 위험 요인을 사전에 확인하고 예방할 수 있다(ACSM, 2021).

(3) 운동 효과 극대화

바른 보행 자세는 심폐 지구력 향상, 체중 관리, 근골격계 강화와 같은 걷기 운동의 효과를 극대화한다. 이는 불필요한 에너지 소모를 줄여 '보행 효율성(Gait Economy)'을 높이는 것과 직결된다. 반대로 잘못된 보행은 오히려 피로 누적과 손상 위험을 높인다.

(4) 심리적 · 사회적 효과

올바른 보행 자세는 신체뿐 아니라 심리적 자신감, 활력 증가, 스트레스 감소에도 기여한다 (Kendall et al., Posture and Pain, 2005). 바른 자세로 걷는 것은 호흡을 원활하게 하고 업무 집중력 향상에도 도움이 된다.

2) 보행 자세 분석 방법

최근에는 과학적 장비를 통한 보행 분석 시스템이 보편화되고 있다. 압력 분포 측정기(Foot Pressure Plate), 3D 모션 캡처 시스템, 동작 분석 카메라 등을 활용하여 발의 압력 이동 경로, 걸음 주기, 체중 분배, 관절 각도를 정밀하게 분석할 수 있다. 이러한 시각화 장비는 개인이 스스로 문제를 인식하게 도와주며, 전문가의 지도와 결합하면 효과적인 교정이 가능하다. 즉, '내가 걷고 있는 방식'을 객관적으로 이해함으로써 잘못된 보행 습관을 수정하고, 바른 자세로 걷기를 습관화할 수 있다.

보행 자세 분석은 단순히 운동 효율성을 높이는 것만 아니라, 전신 건강을 지키는 예방의학적 접근이다. 발과 보행은 신체의 기초이며, 작은 불균형이 전신의 질환으로 이어질 수 있기 때문에 과학적 분석과 교정 등의 관리가 필요하다. 바른 보행은 근골격계 질환 예방뿐만 아니라 심리적 안정, 자신감과 삶의 질 향상에도 기여한다.

3) 족부 이해

발은 인체에서 가장 아래쪽에 위치하지만, 그 기능과 중요성은 결코 작지 않다. 작은 면적으로 체중 전체를 지탱할 뿐만 아니라, 보행 중 발생하는 충격을 흡수하고 추진력을 만들어내는 핵심 기관이다. 흔히 발은 '제2의 심장'으로 불리며, 단순히 신체 이동 수단을 넘어 혈액 순환, 균형 유지, 충격 흡수, 체형 안정화라는 다층적인 기능을 수행한다(Neumann, 2017; 대한정형외과학회, 2020).

르네상스 시대의 거장 레오나르도 다 빈치는 발을 두고 '인간 공학의 최대 걸작'이라 칭했다. 실제로 인체 전체 206개의 뼈 중 약 1/4(52개)이 발에 집중되어 있으며, 그 외에도 수십 개의 관절, 근육, 인대, 신경, 혈관이 집약적으로 분포해 있어 정밀한 구조와 복합적인 기능을 담당한다(Kendall et al., 2005). 발은 단순한 이동 기관이 아니라 인류의 직립 보행을 가능하게 하고 두 손을 자유롭게 함으로써 문명을 발전시킨 '토대'라 할 수 있다.

(1) 뼈(Bone)

한쪽 발에는 26개의 뼈와 33개의 관절이 존재하며 크게 세 구역으로 구분된다.

가. 뒷발(Hindfoot)
목말뼈(Talus), 발꿈치뼈(Calcaneus). 발꿈치뼈는 발의 최대 뼈로 보행 시 체중 충격을 처음 받아 내는 지지대이다.

나. 중간발(Midfoot)
발배뼈(Navicular), 입방뼈(Cuboid), 쐐기뼈(Cuneiform). 발의 아치(Arch) 형성에 핵심적 역할을 한다.

다. 앞발(Forefoot)
발허리뼈(Metatarsal), 발가락뼈(Phalanx). 보행 시 추진력을 담당한다.

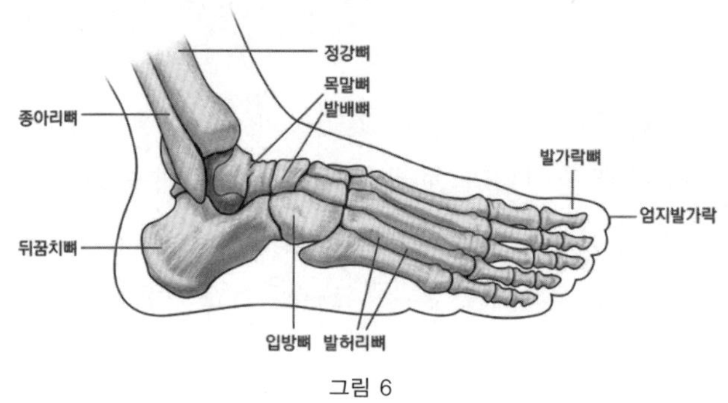

그림 6

(2) 근육과 힘줄(Muscle & Tendon)

발에는 19개의 내재근과 13개의 외재근이 작용하며, 한쪽 발만 해도 총 32개의 근육이 움직인다. 즉, 양쪽 발에서는 64개의 근육이 보행과 균형 유지에 관여한다.

가. 발의 내재근(Intrinsic Muscles)
발바닥의 내재근은 4개의 층(Layer)으로 정교하게 배열되어 있다. 이 근육들은 발가락의 섬세한 움직임, 아치 유지, 균형과 보행 안정에 핵심적 역할을 한다.

가) 1층(Superficial Layer): 족저근막, 엄지벌림근, 새끼벌림근, 짧은발가락굽힘근
나) 2층(Second Layer): 긴발가락굽힘근, 지간근, 발가락굽힘근덧힘근
다) 3층(Third Layer): 엄지모음근, 짧은엄지굽힘근, 짧은새끼발가락굽힘근
라) 4층(Deepest Layer): 발바닥쪽뼈사이근, 등쪽뼈사이근

나. 발의 외재근(Extrinsic Muscles)
외재근은 종아리(경골·비골 부위)에서 시작하여 발이나 발가락뼈에 붙는 근육으로, 길고 강한 힘을 이용해 발목 움직임, 발가락의 굽힘·폄, 보행 추진력, 아치 유지를 담당한다. 크게 전방·후방·외측 근육군으로 나눌 수 있으며, 내재근이 미세한 조절을 담당한다면 외재근은 큰 움직임과 강한 힘을 내는 근육이라 할 수 있다.

가) 전방 근육군(앞쪽, 발목 배굴 역할): 전경골근, 긴발가락폄근, 긴엄지폄근

나) 외측 근육군(가쪽, 발목 전체의 균형과 아치 안정): 긴종아리근, 짧은종아리근

다) 후방 근육군(종아리 뒤, 체중 지지·지면 밀기): 비복근, 가자미근, 후경골근

다. 힘줄과의 연계

특히, 아킬레스건(Achilles Tendon)은 인체에서 가장 강력한 힘줄로, 종아리 뒤쪽의 비복근(gastrocnemius)과 가자미근(Soleus)의 힘이 모여 발뒤꿈치를 들어 올리고, 달리기·점프·보행에서 추진력을 만들어 내는 핵심 구조이다. 아킬레스건 손상은 단순한 발목 문제가 아니라 보행 능력 전반에 큰 영향을 미친다(Maffulli et al., Am J Sports Med, 2003).

(3) 인대(Ligament)

발에는 100개 이상의 인대가 있으며, 발관절의 안정성을 유지하고 충격에 저항한다. 특히, 족저근막(Plantar Fascia)은 발바닥을 따라 분포하여 아치 구조를 유지하고 보행 충격을 흡수하는 핵심 조직이다. 발가락을 들어 올릴 때 족저근막이 팽팽해지면서 발의 아치를 단단하게 만들어 추진력을 높이는 원리를 '윈들래스 기전(Windlass Mechanism)'이라고 한다[47]. 족저근막의 손상은 흔히 '족저근막염'으로 나타나며, 이는 보행 시 극심한 통증을 유발한다.

(4) 혈관(Blood Vessel)

발은 혈관망이 매우 발달해 있으며, 발등동맥(Dorsalis Pedis Artery)과 뒤정강동맥(Posterior Tibial Artery)에서 맥박을 확인할 수 있다. 발은 1km를 걸을 때 약 12톤(t)의 압력을 통해 혈액을 심장으로 되돌려 보내며, 순환 펌프의 역할을 한다. 이 때문에 발은 흔히 '제2의 심장'이라 불린다(ACSM, 2021).

(5) 족궁(Arch)

발에는 세 가지 아치 구조가 존재한다.

가. 내측종족궁(Medial longitudinal arch)
발 안쪽의 높은 아치. 충격 흡수와 추진력에 핵심적이다.

나. 외측종족궁(Lateral longitudinal arch)
발 바깥쪽의 낮은 아치. 안정성 유지에 기여한다.

다. 횡족궁(Transverse arch)
발 앞부분의 가로 아치. 체중 분산과 균형 유지에 기여한다.

이 아치 구조 덕분에 인체의 작은 발바닥 면적(약 2%)이 전체 체중(98%)을 지탱할 수 있다. 아치가 무너지면 평발(Flatfoot)이나 요족(High Arch)으로 이어져, 무릎·허리 통증 및 체형 불균형을 유발한다(Mills et al., Gait & Posture, 2013).

(6) 신경(Nerve)

발에는 감각 및 운동 신경이 밀집되어 있어, 미세한 균형 감각을 제공한다. 이는 보행 중 지면 상태를 빠르게 감지하고, 반사적으로 근육을 조정해 넘어짐을 예방한다.

발은 단순한 지지 구조물이 아니라, 체중 부하, 충격 흡수, 추진력 제공, 혈액 순환, 균형 유지라는 복합 기능을 수행한다. 따라서 족부의 구조와 기능을 이해하는 것은 보행 자세 분석의 출발점이다. 잘못된 족부 정렬은 곧잘 무릎·골반·척추의 불균형으로 확산되며, 이는 근골격계 질환으로 이어진다. 실제 임상에서도 족부 변형(평발·요족 등)이 요통, 무릎 관절염, 자세 불균형과 밀접한 관련이 있음이 보고되고 있다(대한재활의학회, 2020).

따라서 보행 자세 분석에서 족부를 이해하는 것은 곧 근골격계 건강 관리의 핵심 열쇠라 할 수 있다. 이처럼 발은 지면에 닿을 때는 충격을 흡수하기 위해 유연한 구조물로, 땅을 박차고 나갈 때는 단단한 지렛대로 변하는 역동적인 기관이다. 발의 구조적·기능적 상태를 평가하고 교정하는 과정은 바른 자세 유지와 걷기 운동의 효과 증진에 반드시 필요하다.

내 몸을 살리는 자세와 걸음

3. 동적족저압측정기를 이용한 보행 자세 분석

인간의 신체 가운데 가장 혹사당하면서도 정작 제 역할에 비해 과소평가되는 부위가 발이다. 발은 단순히 신체의 하중을 지탱하는 것에 그치지 않고, 보행 과정에서 충격을 흡수하는 완충 장치 역할을 하며, 추진력을 만들어 내는 지렛대 기능까지 담당한다. 따라서 발에 문제가 생기면 운동은 물론 일상적인 생활 전반에 불편이 발생하며, 장기적으로는 근골격계 전반의 건강 문제로 이어질 수 있다(대한정형외과학회, 2022).

현대에는 이러한 발과 보행의 문제를 과학적으로 진단·교정하기 위한 보행 자세 분석 기기(Gait Analysis System)가 개발되어 활용되고 있다. 이 장비들은 신체 균형 및 보행 자세를 정밀하게 측정하여 교정 자료로 삼을 수 있으며, 객관적 데이터를 기반으로 하기 때문에 분석의 정확도와 신뢰도가 매우 높다. 특히 발바닥 압력 분포와 보행 패턴은 육안으로 관찰하기 어려운 세밀한 부분까지 파악할 수 있어, 재활 치료, 운동 처방, 스포츠 과학 분야에서도 중요한 역할을 한다(Chiu & Wang, 2007; WHO Physical Activity Guidelines, 2020).

1) GAITVIEW 시스템의 특징

주)알푸스는 풋 스캐너인 GAITVIEW와 Insole 등을 제작하는 발 건강 전문기업이다.

GAITVIEW는 Gait(걸음걸이)와 View(보기)의 합성어로, 말 그대로 걸음걸이를 '눈으로 본다'는 의미를 가진다. 이 장비는 의료용 보행 분석기로서 고감도의 압력 센서(Pressure Sensor)를 이용하여 발의 정적·동적 상태를 모두 평가할 수 있다. 즉, 한 플랫폼에서 서 있을 때의 정적 균형(Static Test)과 걷는 동안의 동적 보행 분석(Dynamic Test)을 모두 수행할 수 있는 장점을 지닌다.

장비는 제조 회사별로 크기와 형태가 다양하며, 고정형, 이동형, 휴대형 등으로 나뉜다. 일반적으로 정형외과, 재활의학과, 스포츠 의학 센터, 바른걷기 교육 전문단체 등에서 활용되고 있으며, 주요 분석 항목은 다음과 같다.

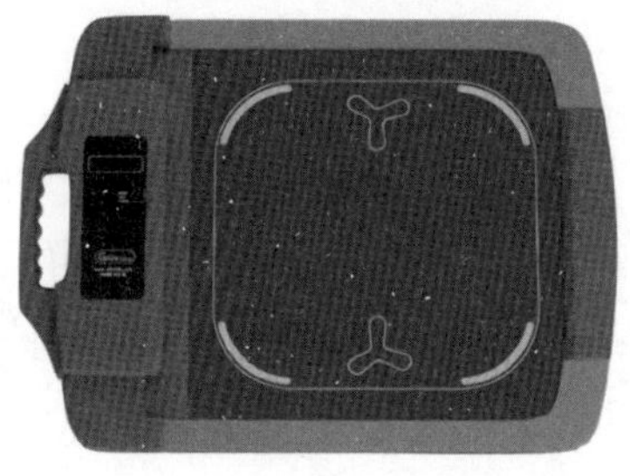

그림 7 - GAITVIEW, 주)알푸스

가. 정적 균형 분석

서 있는 상태에서 신체 중심이 좌우·앞뒤로 균형을 이루는지 평가한다.

나. 발바닥 압력 분포 분석

발바닥 어느 부위에 체중이 집중되는지 시각화하여 볼 수 있다.

다. 보행 중 발각도 분석

발이 지면과 닿는 각도 및 회내, 회외 패턴을 분석한다.

라. 보행 단계별 압력 분포 분석: 뒤꿈치 착지(Heel Strike) → 발바닥 지지(Mid-stance) → 발가락 밀기(Toe-off) 단계별 체중 이동을 평가한다.

마. 발 형태 분석: 정상 발, 요족(High Arch), 평발(Flat Foot), 비대칭형 발 등 발 구조의 차이를 정밀 분석한다.

보행 자세 분석 기기를 활용하면 개인별 맞춤형 운동 처방과 교정이 가능해진다. 예를 들어, 발의 아치 구조가 무너져 평발이 심한 경우 충격 흡수 능력이 떨어져 무릎과 척추에 통증이 발생할 수 있는데, 이를 분석 결과로 확인하면 교정용 깔창(인솔)이나 적절한 신발을 처방할 수 있다(Nigg, 2010). 또한, 균형 감각이 떨어진 노인의 경우 정적 균형 분석을 통해 낙상 위험을 조기에 파악하고 예방적 훈련을 적용할 수 있다. 무엇보다 보행 자세 분석은

내 몸을 살리는 자세와 걸음

잘못된 보행 습관을 인식하고, 올바른 걷기 자세를 유지하도록 돕는 과학적 근거를 제공한다. 이는 근골격계 질환의 예방뿐 아니라 삶의 질 향상, 나아가 의료비 절감에도 기여할 수 있다.

2) 정적 자세 및 동적 자세 측정

(1) 정적 자세 측정(Static Posture)

정적 자세 측정은 인체가 정지된 상태에서 균형, 체중 분포, 발의 구조, 중심 안정성을 평가하는 기본 단계이다. 서 있는 자세는 단순히 '멈춘 상태'가 아니라, 신체의 모든 관절과 근육이 미세한 긴장과 협응을 유지하는 동적 평형(Dynamic Equilibrium) 상태이다. 따라서 정적 자세 분석은 체형 불균형, 보행 이상, 근골격계 질환의 조기 진단에 매우 중요한 과정이다.

발은 단순히 체중을 지탱하는 부위가 아니라, 신체 전반의 균형과 근골격계 건강에 직접적으로 영향을 주는 중요한 구조물이다. 정적 자세에서 나타나는 불균형은 일반적으로 발의 형태 이상(평발, 요족)이나 압력 분포의 비대칭, 신체 중심 이동의 불균형으로 드러나며, 장기적으로는 무릎·골반·척추 통증의 원인이 되기도 한다.

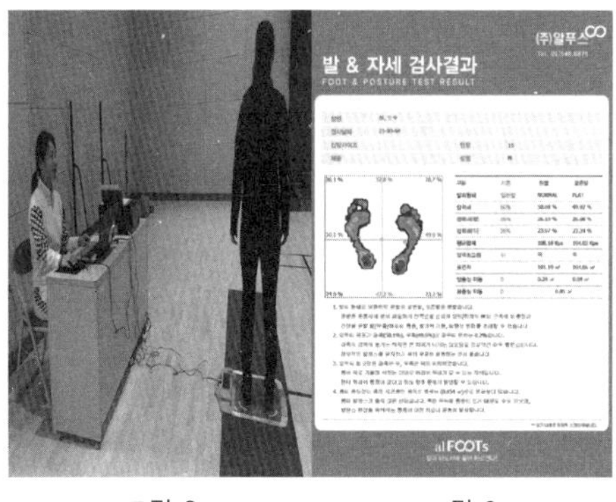

그림 8   그림 9

가. 발의 형태(Foot Type and Arch Structure)

사람의 발은 내측 세로궁, 외측 세로궁, 전족부 가로궁, 중족부 가로궁 등 네 개의 아치(Arch) 구조로 이루어져 있으며, 이는 충격을 흡수하고 체중을 효율적으로 분산시키는 완충 장치 역할을 한다. 아치 구조의 높이와 안정성에 따라 크게 정상 발(Normal Foot), 평발(Flat Foot), 요족(High Arch)으로 분류된다.

가) 일반 발

정상적인 아치가 형성되어 있어 충격 흡수와 균형 유지에 유리하다. 걷기와 달리기 모두에서 가장 효율적인 형태로 알려져 있다.

나) 평발(편평족)

평발은 발의 내측 아치가 무너져 발바닥 전체가 바닥에 닿는 형태이다. 이로 인해 체중이 고르게 분산되지 못하고 안쪽으로 쏠리며, 발목이 회내(Pronation)되고 무릎이 안쪽으로 틀어지는 현상이 동반된다. 대한의사협회와 질병관리청 국가건강정보포털에 따르면, 평발은 대부분 선천적 요인이 많지만, 후경골근 기능 저하(PTTD), 체중 증가, 근력 약화, 신발 불균형 등으로 후천적 발생이 증가하고 있다. 평발은 대부분 특별한 치료가 필요 없지만 심한 경우 발목 염좌, 무릎과 고관절 통증, 족저근막염, 요통으로 이어질 수 있다.

다) 요족(오목발)

요족은 아치가 과도하게 높아 발바닥이 바닥에 닿아야 할 부분까지도 닿지 않는 형태로, 체중이 발 앞꿈치와 뒤꿈치에 집중된다. 이로 인해 굳은살, 발가락 변형(갈퀴족지), 족저근막염, 발목 통증, 허리 불균형이 동반될 수 있다. 미국정형외과학회(AAOS)는 신경 근육 질환(예: Charcot-Marie-Tooth 병, 소아마비 후유증)과 동반되는 경우가 많으며, 초기에는 증상이 없으나 조기 교정 없이는 진행성 변형으로 이어질 수 있다고 하였다.

정적 자세 분석을 통해 발의 형태를 파악하는 것은 체형 불균형 및 근골격계 질환의 예방에 있어 매우 중요하다. 특히 성장기 아동이나 고령자의 경우 조기 발견과 관리가 필수적이다.

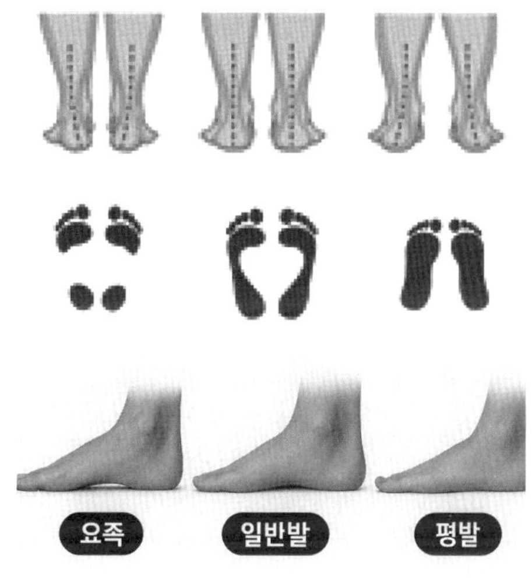

그림 10

나. 압력 분포와 신체 균형(Plantar Pressure Distribution & Postural Balance)

발의 압력 분포는 정적 자세에서 신체의 중심이 얼마나 균등하게 유지되는지를 보여 준다. 정상적인 발바닥 압력 분포는 좌우 균형에서 50:50, 전후 균형에서 앞꿈치 40%:뒤꿈치 60% 가 이상적이다. 이 범위에서 약 ±5%의 편차는 허용되지만, 이를 벗어날 경우 특정 근육과 관절에 과부하가 걸린다.

예를 들어, 앞꿈치 압력이 과도하게 높으면 체중이 전방으로 쏠려 허리와 무릎 관절에 부담이 간다. 반대로 뒤꿈치 압력이 지나치게 높으면 보행 시 추진력이 약해지고, 발목이나 종아리에 통증을 유발할 수 있다. 이러한 불균형은 시간이 지남에 따라 요추 전만, 척추 측만, 무릎 관절염으로 이어질 수 있다(Lee et al., 2012, 대한운동학회지). 대체로 평발은 내측 압력(Inside Pressure)이 과도하게 증가하고, 요족은 외측 압력(Lateral Pressure)이 과도해지는 경향을 보인다.

다. 압력 최고점(Peak Pressure)

발바닥의 특정 부위에 압력이 지나치게 집중되면 족저근막염, 중족골통, 발바닥 굳은살과 같은 질환으로 발전할 수 있다. 정적분석에서 압력 최고점이 발뒤꿈치나 발 앞부분에 지나치게 치우친 경우, 이는 체중 중심의 이동 이상을 의미한다. 연구에 따르면, 발 앞쪽 압력이 높은 사람은 무릎과 고관절의 통증을 호소하는 비율이 유의미하게 높았다(McPoil & Cornwall, 1996).

라. 몸의 중심점 움직임 범위(Center of Gravity Sway Range)

정적 자세 측정에서는 또한 일정 시간 동안 신체 중심점(Center of Pressure, COP)의 위치와 움직임 범위를 측정한다. 신체 중심의 움직임 범위는 균형 감각([roprioception)과 하지 근력 수준을 반영한다. 균형이 좋은 사람일수록 중심점이 일정 범위 내에서 미세하게 흔들리며, 이는 고유수용감각(Proprioception)과 근육 조절 능력이 적절히 작용하고 있음을 의미한다. 정상 범위는 약 $0.5cm^2$ 이내이다.

중심점이 일정하지 않고 크게 흔들린다면, 균형 감각이 저하되었거나 특정 부위 근육·관절에 통증이 존재할 수 있다. 중심점이 수평에서 벗어나 있다면, 골반의 회전이나 척추 정렬의 불균형을 의미한다. 이는 특히 노인의 낙상 위험 평가와 연관이 크다. 실제로 COP 흔들림 범위가 큰 노인은 그렇지 않은 노인보다 낙상 발생 위험이 2배 이상 높다는 연구 결과가 있다(Prieto et al., 1996). 또한 균형 능력 측정 연구(Lee & Kim, Human Movement Science, 2019)에서는 하체 근력이 좋은 집단이 중심점 흔들림 폭이 유의하게 작다고 보고되었다. 이는 하체 근력 강화가 정적 균형 유지에 직접적 영향을 준다는 근거로 제시된다.

이처럼 정적 자세 분석은 단순히 발 모양만 평가하는 것이 아니라, 신체의 균형, 체중 분포, 압력 집중, 중심 이동까지 종합적으로 확인할 수 있는 방법이다. 이러한 분석 결과는 발 교정 깔창 제작, 맞춤형 운동 처방, 재활 치료, 낙상 예방 프로그램 설계에 이르기까지 광범위하게 활용된다. 따라서 보행 자세 분석 기기는 단순한 운동 보조 도구가 아니라 근골격계 질환 예방과 건강 수명 연장에 기여하는 과학적 장비라 할 수 있다.

(2) 동적 자세 측정(Dynamic Test)

보행(Gait)은 인간의 가장 기본적인 이동 방식이며 단순한 움직임처럼 보이지만 정렬·균형·근골격계 협응이 동시에 작동하는 복합 생체역학적 과정이다. 보행 시 발은 지면과 끊임없이 상호작용하며 충격을 흡수하고 추진력을 생성하는데, 이 과정에서 신체의 정렬과 균형, 근골격계의 협응이 동시에 작동한다. 따라서 보행 분석은 단순히 '걷는 모양'을 평가하는 것이 아니라, 근력·관절 가동성·신경 조절 등 인체의 기능적 통합 상태를 파악하는 핵심 진단법이다(ACSM, 2021; Perry & Burnfield, 2010). 이를 통해 잘못된 보행 습관을 파악하고, 관절 질환이나 근골격계 이상을 예방할 수 있다.

내 몸을 살리는 자세와 걸음

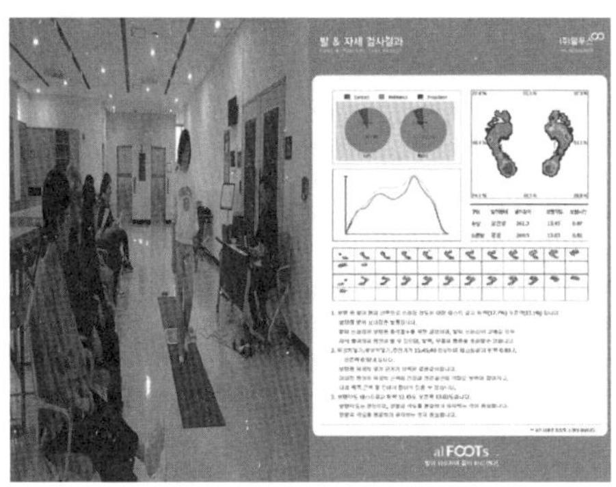

그림 11   그림 12

가. 보행 중 발의 쓰러짐(Pronation/Supination)

발의 쓰러짐은 보행 과정에서 충격을 흡수하기 위해 일어나는 자연스러운 현상이다. 정상적인 범위의 내번(Pronation, 발목이 안쪽으로 기울어지는 움직임)은 충격을 흡수하고 균형을 유지하는 데 도움이 되지만, 과도한 내번(Overpronation)이나 외번(Supination, 발목이 바깥쪽으로 기울어지는 움직임)은 발목과 무릎 관절, 더 나아가 고관절과 척추까지 부담을 줄 수 있다. 예를 들어, 과도한 내번은 무릎의 내측 압력을 증가시켜 슬개골 통증 증후군(Patellofemoral Pain Syndrome)이나 무릎 관절염을 유발할 수 있으며(Michaud, 2020), 반대로 외번은 발목 염좌나 아킬레스건염과 같은 손상으로 이어질 수 있다.

나. 보행의 3단계: 뒤꿈치 닿기 → 발바닥 닿기 → 발끝 밀기

보행(Gait)은 인체의 무게중심이 최소한의 에너지 소모로 공간을 이동하는 과정으로 정의된다(Winter, 1991; Perry & Burnfield, 2010). 일반적으로 보행은 입각기(Stance Phase)와 유각기(Swing Phase)로 나뉘며, 입각기가 전체 보행 주기의 약 60%, 유각기가 40%를 차지한다. 입각기는 다시 세 단계로 구분된다.

가) 뒤꿈치 닿기(Heel Strike, Initial Contact): 지면과 최초 접촉하는 순간으로 충격 흡수의 시작이다. 정상적인 보행에서는 발뒤꿈치가 가장 먼저 닿으며 전체 보행 주기의 약 15%이다.

나) 발바닥 닿기(Mid Stance): 체중이 발 전체에 분산되는 단계로, 보행 주기의 약 45%를 차지한다.

다) 발끝 밀기(Push-off, Toe off): 엄지발가락이 지면을 밀어 추진력을 발생시키는 단계로 보행 주기의 약 40%를 차지한다.

일부 사람들은 뒤꿈치를 먼저 디디지 않고 발바닥 전체나 앞꿈치로 착지하는 습관을 보인다. 뒤꿈치 착지가 생략되면, 전경골근 약화(발 처짐, Foot Drop)나 종아리 단축이 원인일 수 있으며, 이 경우 무릎·허리의 과부하로 이어질 수 있다. 이러한 패턴은 장기적으로 무릎, 허리 통증으로 이어질 수 있어 교정이 필요하다. 3단 보행이 잘 이루어지지 않는 이유는 아래와 같다.

* 보행의 3단계 원리를 인지하지 못한 경우
* 정강이 근육 약화로 발목을 들어 올리지 못하는 경우(발 처짐, Foot Drop)
* 종아리 근육 및 아킬레스건 단축으로 인한 보폭 제한

그림 13

3단계 보행 회복은 뒤꿈치-발바닥-발끝 순서 인지 훈련이 필요하다. 거울 앞이나 트레드밀 위에서 느린 속도로 단계별 보행을 연습한다. 다음으로는 전경골근 강화 운동이다. 발목과 뒤꿈치 들기 운동을 반복한다.

다. 보행 각도(Foot Progression Angle)

보행 중 발의 각도는 정상적으로 7~15도 사이의 외회전 각도를 보인다. 권장 보행 각도는 10~12도이며, 양쪽 발의 각도가 균형을 이루는 것이 바람직하다. 비정상적인 보행 각도는 체중 분산의 불균형을 초래하여 발바닥 통증(Plantar fasciitis), 무릎 관절염(OA), 허리 통증(LBP) 발생 위험을 높인다(Harradine et al., 2006). 국내 척추 전문 병원 분석에 따르면, 디스크 환자 100명 중 58%가 안짱걸음(내회전), 22%가 팔자걸음(외회전)이었다.

가) 안짱걸음(7도 이하): 고관절 및 무릎 관절에 부담이 된다.
나) 팔자걸음(15도 이상): 족저근막염, 고관절 통증을 유발할 수 있다.

내 몸을 살리는 자세와 걸음

안짱걸음은 고관절 외회전근(대둔근, 이상근) 강화와 스트레칭을 병행하고, 팔자걸음은 내전근(adductor)과 햄스트링 스트레칭, 코어 안정화 운동을 병행하는 것이 효과적이다.

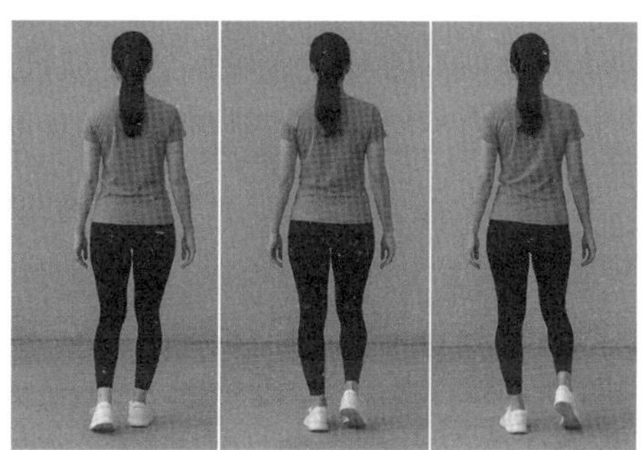

그림 14

동적 보행 자세 측정은 단순히 걸음을 기록하는 것이 아니라, 신체의 균형, 발의 안정성, 근골격계의 협응을 종합적으로 평가하는 과정이다. 보행 중 뒤꿈치 닿기-발바닥 닿기-발끝 밀기의 3단계가 올바르게 이루어지는지, 발의 쓰러짐이 정상 범위인지, 보행 각도가 적절한지를 평가함으로써 올바른 보행 습관을 확립할 수 있다. 이는 근골격계 질환 예방과 더불어 효율적인 걷기 운동 수행에도 핵심적 역할을 한다.

보행 관련 주요 용어 정리

* 한 발짝(1 Step): 한쪽 발뒤꿈치가 지면에 닿는 시기에서 반대쪽 발뒤꿈치가 지면에 닿는 시기까지의 동작
* 한 걸음(1 Stride): 한쪽 발뒤꿈치가 땅에 닿는 시기로부터 같은 쪽 발뒤꿈치가 지면에 닿는 시기까지의 동작
* 보폭(Stride Length): 한쪽 발뒤꿈치부터 반대쪽 발뒤꿈치까지의 거리
* 일보 시간(Stride Duration): 한쪽 발뒤꿈치가 땅에 닿는 시기로부터 같은 쪽 발뒤꿈치가 지면에 닿는 시기까지의 시간
* 보간(Stride Width): 왼발과 오른발 사이의 간격
* 발목 각도(Foot Angle): 진행 방향과 발의 장축 방향이 이루는 각도
* 보행 속도(Walking Rate): 단위 시간당 보행 수로 분당 행수는 90~120보 전후
* 보행 주기(Gait Cycle): 양발에 의해 이루어지는 한 걸음(Stride)

3) 잘못된 걸음걸이

올바른 보행은 신체 균형 유지와 근골격계 건강에 핵심적인 역할을 하지만, 많은 사람들이 무의식적으로 잘못된 보행 습관을 가지고 있다. 한 척추 질환 전문 병원의 연구에 따르면, 디스크 시술을 받은 환자 107명 중 80%가 잘못된 걸음걸이를 하고 있었으며, 그중 팔자걸음이 18%, 안짱걸음이 62%로 가장 높은 비율을 차지했다. 이는 잘못된 보행이 단순히 외형적 문제를 넘어, 척추·관절 건강과 직결된다는 점을 보여 준다(대한정형외과학회, 2020).

대표적인 잘못된 걸음걸이로는 일자 걸음(모델 워킹), 팔자걸음, 안짱걸음이 있으며, 이 외에도 발을 끌며 걷거나, 앞꿈치부터 디디는 보행, 체중이 무겁게 실리는 터벅터벅 걷기 등이 있다. 이러한 보행 습관은 신체의 불균형을 초래하여 만성 통증, 관절 질환, 체형 변형을 유발할 수 있다.

(1) 일자 걸음(캣 워킹, 모델 워킹)

일자 걸음은 양발을 일직선 위에 두고 걷는 방식으로, 패션모델들의 런웨이 보행에서 자주 볼 수 있다. 그러나 일상적인 보행에서 습관화될 경우 다음과 같은 문제가 발생한다.

가. 발목 관절 통증 유발
보행간 자연스러운 발목의 운동 각도를 벗어난 일자 형태의 걸음걸이는 발목 관절에 무리를 주어 통증을 유발할 수 있다.

나. 발 아치 손상
발이 충격을 흡수하는 아치 구조가 무너져 발바닥 통증(족저근막염)이나 평발 진행을 유발할 수 있다.

다. 엉덩이 근육 약화
일자 걸음은 고관절의 내회전을 유발하여 골반의 안정성을 담당하는 핵심 근육인 대둔근과 중둔근의 사용을 제한한다. 이는 골반 안정성을 떨어뜨리고 허리 통증으로 이어질 수 있다(Neumann, 2017, Kinesiology of the Musculoskeletal System).

라. 무릎 및 척추 부담

무릎 관절의 자연스러운 움직임을 제한하여 관절에 스트레스를 주며, 장기적으로 발목·고관절·척추에 불편감을 유발한다.

(2) 팔자걸음(Out-toeing Gait)

팔자걸음은 양발을 '八(여덟 팔)' 모양으로 걷는 걸음걸이로 걷는 사람의 시선으로 보면 V 자 모양이다. 양발 끝이 바깥쪽으로 15도 이상 과도하게 벌어진 상태로 걷는 보행이며 정상적인 보행각은 7~15도이다. 과도하게 큰 각도로 지속적으로 걷는 경우 근골격계에 문제를 유발할 수 있다.

가. 발뒤꿈치 압력 증가

보행 시 뒤꿈치 외측에 과도한 압력이 집중되어 발목 불안정과 아킬레스건 손상의 위험이 높아진다.

나. 골반 · 척추 뒤틀림

고관절이 바깥으로 돌아간 상태(외회전)가 고착되면서 골반이 외회전 상태에서 고정되고, 이는 요추(허리뼈)와 골반의 불균형을 초래하고, 장기적으로는 퇴행성 관절염과 허리 디스크 발생 위험을 높인다(Journal of Orthopaedic Research, 2019).

다. 보행 효율 저하

추진력이 몸의 중심이 아닌 바깥쪽으로 분산되어 보행 시 더 많은 에너지를 소비하게 된다.

(3) 안짱걸음(In-toeing Gait)

안짱걸음은 팔자걸음과 반대로 양발 끝이 안쪽으로 모여 'A' 자 형태가 되는 보행이다. 유전, 근육의 불균형, 관절의 변형, 잘못된 자세나 습관, 성장기 요인 등에 의해서 나타난다. 소아기에 흔히 나타날 수 있는 형태이지만 성인에 이르기까지 지속되면 근골격계 문제를 일으킨다.

가. 무릎 과부하

보행 시 무릎이 내측으로 과도하게 모여 슬개골 통증과 관절염을 유발할 수 있다.

나. 불안정한 보행

발목 염좌(삠) 발생률이 높으며, 쉽게 넘어질 수 있다.

다. 근육 불균형

허벅지 안쪽 근육(내전근)이 과활성화되고 엉덩이 외전근과 대둔근이 약화되어 하지 정렬이 무너진다.

라. 관절 마모 가속

비정상적인 하중 분배로 인해 고관절·무릎·발목의 관절 마모가 빨라진다(Phys Ther Sport, 2018).

(4) 그 외 잘못된 걸음걸이

가. 발을 끄는 걸음

하지 근력 저하, 특히 발목을 위로 당기는 정강이 근육(전경골근)의 약화나 신경 손상(예: 발 처짐)과 관련이 있다.

나. 앞꿈치 착지 보행

아킬레스건 및 종아리에 과부하를 주며, 장기적으로 족저근막염 위험을 증가시킨다.

다. 터벅터벅 걷기

체중 이동이 부드럽지 않아 척추 충격 흡수가 제대로 되지 않으며, 이는 발목과 무릎 관절에도 큰 부담을 준다.

잘못된 보행 습관은 단순히 보기에 좋지 않은 문제가 아니라, 발-무릎-골반-척추로 이어지는 운동 사슬(Kinetic Chain) 전체에 부정적 영향을 미친다. 따라서 보행 자세 분석을 통해 본인의 걸음걸이를 점검하고, 필요시 전문가에 의한 스트레칭, 근력 운동, 보조 기기 활용 등을 통해 개선하는 것이 중요하다.

내 몸을 살리는 자세와 걸음

4) 교정 및 개선 방법(Correction and Improvement Strategies)

잘못된 자세나 걸음걸이는 단순히 보행의 외형적 문제를 넘어, 발과 하지 관절의 정렬에 영향을 미치고 장기적으로는 근골격계 질환을 유발할 수 있다. 평발 또는 요족, 그리고 팔자걸음, 안짱걸음 등 잘못된 걸음걸이는 척추 측만, 요추 전만, 무릎 관절 통증, 발목 불안정성 등을 초래할 수 있다. 따라서 조기 교정과 꾸준한 관리가 필수적이다.

(1) 발 마사지 및 스트레칭

발바닥 근막(Plantar Fascia)과 발가락 굴곡근은 쉽게 긴장되므로, 수시로 골프공이나 마사지볼을 이용하여 발바닥을 마사지하거나 종아리 근육 스트레칭을 해 주는 것이 도움이 된다. 이는 근육과 인대의 유연성을 유지하여 충격 흡수 기능을 높이고, 보행 시 올바른 패턴을 유지할 수 있도록 한다.

평발은 비복근·가자미근 단축으로 발목 배굴(Dorsiflexion)이 제한되므로, 비복근 스트레칭과 발목 가동성 운동이 필요하다. 요족은 족저근막·아킬레스건의 경직이 동반되므로, 발바닥과 종아리 후면의 이완 스트레칭을 병행한다. 꾸준한 종아리 스트레칭이 발 아치 압력 분포 개선과 족저근막 통증 완화에 효과적이라는 연구 결과가 있다(김진국 외, 한국운동재활학회지, 2018).

(2) 발 근육 강화 운동

발은 내재근(Intrinsic Muscles)과 외재근(Extrinsic Muscles)으로 구성되어 있다. 내재근은 기시와 정지가 발 내부에 위치하며, 발의 아치를 유지하고 구조적 안정성을 담당한다. 흔히 '발의 코어 근육'이라 불린다. 외재근은 종아리에서 시작하여 발에 연결되는 근육으로, 발의 움직임과 추진력을 담당한다. 내재근이 약해지면 발 아치가 무너지고, 족저근막염, 지간신경종 등 족부 질환이 악화될 수 있다. 따라서 내재근을 강화하는 운동은 보행 교정에 핵심적이다. 내재근 강화를 위한 운동 방법은 다음과 같다.

가. 수건 끌어당기기

가) 모든 발가락으로 바닥을 누르며 발가락을 이용하여 수건을 몸 쪽으로 끌어당기는 동작
　　을 반복한다.

나) 발 아치 강화 및 발가락 근육 발달에 효과적이다.

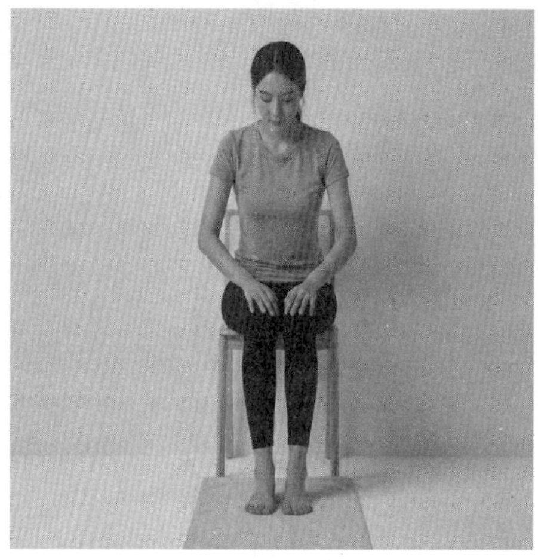

그림 15

나. 구슬 옮기기

가) 발가락 힘을 이용하여 구슬을 한 번에 하나씩 옮긴다. 발가락 사이가 아닌 발가락 끝 힘
　　으로 집어 올리는 것이 중요하다.

나) 발가락 협응력과 내재근 강화 효과적이다.

그림 16

114
내 몸을 살리는 자세와 걸음

다. 고무줄 당기기

가) 양발의 엄지발가락에 작은 고무줄을 걸고 바깥으로 당기면서, 발가락이 벌어지지 않도
　　록 저항하는 동작을 반복한다.

나) 엄지발가락 외전근 강화, 무지외반증 예방에도 효과적이다.

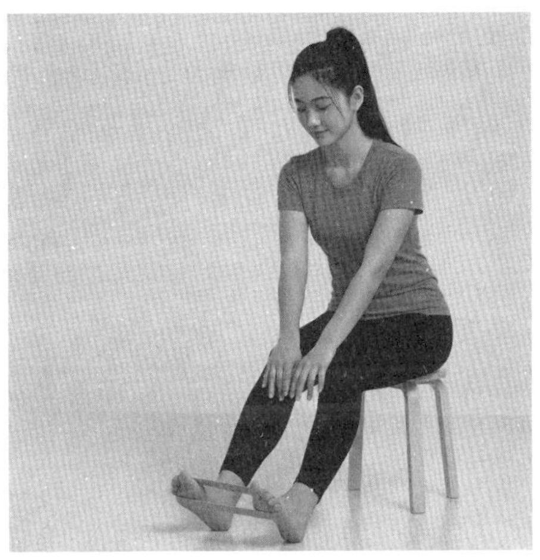

그림 17

라. 발가락 가위바위보

가) 가위: 엄지발가락만 세우고 나머지 발가락은 오므린다.

나) 바위: 모든 발가락을 강하게 오므린다.

다) 보: 모든 발가락을 쫙 편다.

발가락 근육 전반을 고르게 자극하여 내재근과 외재근의 균형을 강화한다.

그림 18

(3) 보조 기구 및 신발 교정

평발은 발 아치가 낮거나 무너진 경우로 발 아치 지지부가 올라와 있는 교정용 깔창을 사용하면 발바닥 전체가 바닥에 닿는 효과를 주어 하중을 균등하게 분산시킨다. 내측 아치 지지형 인솔(Medial Arch Support Insole)을 사용하거나 후경골근 테이핑을 적용한다. 요족은 쿠션형 인솔이나 충격 흡수형 신발을 착용한다. 미국족의학회(American Podiatric Medical Association, APMA, 2021)에 따르면 인솔 착용이 족저근막염 및 무릎 통증 예방에 유의한 효과를 보였으며, 6~12개월 주기로 교체를 권장한다. 또 다른 연구에서도 맞춤형 교정 깔창이 하지의 정렬과 보행 효율성 개선에 유의미한 효과가 있음이 보고되었다(Lee et al., Journal of Foot and Ankle Research, 2019).

(4) 생활 습관 개선

생활 습관 개선은 교정 훈련의 연장선이다. 기본적으로는 3단 보행을 하고 이동 상황에 따라 적정한 보폭, 보각, 보간으로 걷는 습관이 필요하다. 또한 유리창을 이용하여 자신의 보행 자세 등을 수시로 점검하는 것도 필요하다. 신발도 중요한 생활 습관 개선 요소이다. 바닥이 너무 얇거나 앞뒤축이 헐렁한 신발은 족저근막염이나 잘못된 걸음걸이의 요인이 될 수 있다. WHO(2020)의 신체 활동 가이드라인은 '충격 분산이 가능한 신발과 바른 자세 유지가 근골격계 손상 예방의 핵심'임을 강조하였다.

잘못된 걸음걸이 교정은 단순히 '예쁜 보행'을 만드는 것이 아니라, 근골격계 질환 예방과 신체 균형 유지를 위한 필수 과정이다. 특히 교정용 깔창, 스트레칭, 내재근 강화 운동은 과학적으로 그 효과가 입증되었으며, 꾸준히 실천할 경우 체형 개선과 통증 완화에도 긍정적인 영향을 미친다. 보행 패턴은 생활 습관과 밀접하게 연관되어 있으므로, 일상 속에서 작은 습관 교정을 통해 장기적인 건강을 지켜 나가는 것이 중요하다.

4. 다양한 걷기 운동 방법

걷기 운동은 가장 손쉽게 시작할 수 있는 생활체육이면서도, 운동 효과를 높이고 부상을 예방하기 위해서는 걷는 방법과 강도, 빈도, 운동 시간, 운동 기간 등을 체계적으로 계획할 필요가 있다. 특히 점진성(Progressive), 과부하(Overload), 반복성(Continuity), 개별성(Individual), 특수성(Specificity) 등의 원칙을 고려하여 자신에게 알맞은 걷기 방식을 선택하는 것이 중요하다(ACSM, 2021; WHO, 2020). 최근에는 다양한 매체와 건강 프로그램을 통해 새로운 걷기 방법들이 소개되며 트렌드로 자리 잡고 있다. 아래에 주요 걷기 운동 방법과 그 특성을 정리하였다.

1) 파워 워킹(Power Walking)

팔을 90도가량 굽히고 앞뒤로 힘차게 흔들면서 보폭을 넓게 하고 빠른 속도로 걷는 방법이다. 일반 속보보다 강도가 높으며, 유산소 운동 효과와 함께 상체 근육도 사용되어 전신 운동 효과를 얻을 수 있다. 운동 강도는 중등도~고강도(HRmax 60~75%)에 해당하며 심폐 지구력 향상, 체지방 연소, 기초 체력 증진에 효과적이다.

그림 19

2) 보폭 넓혀 걷기

자신의 키(cm)에서 100을 뺀 값이나, 자신의 키(cm) × 0.37~0.45 범위가 적정 보폭으로 제시된다. 예를 들어, 키 170cm인 경우 보폭은 약 63~76cm 정도가 적당하다(한국스포츠정책과학원, 2022). 보폭을 넓히면 하지 근육이 더 많이 사용되어 칼로리 소모가 증가한다. 주의할 사항은 무리한 보폭 확장은 고관절과 무릎에 부담을 줄 수 있으므로 점진적으로 적용한다.

그림 20

3) 노르딕워킹(Nordic Walking)

스키 스틱과 유사한 전용 폴(Pole)을 양손에 쥐고 보행하는 방식이다. 하체뿐 아니라 상지 근육을 적극적으로 활용하여 전신 운동 효과를 높인다. 일반 걷기보다 에너지 소비량이 최대 46%까지 높다는 연구 결과도 있다[48]. 상체와 하체를 모두 이용함으로써 운동 효과를 높일 수 있으며 특히 상체 근력 강화, 체지방 연소, 균형 감각 향상에 도움이 된다. 노인, 재활자, 전신 운동을 원하는 일반인에게 적합하다.

내 몸을 살리는 자세와 걸음

그림 21

4) 계단 오르기(Stair Walking)

일상생활 중 수행이 가능하다. 평지 보행에 비해 약 2배의 에너지를 소모하는 고강도 유산소 운동으로 하체 근력 강화, 체지방 감소, 심폐 지구력 향상에 효과적이다. 다만 무릎 관절염, 허리 통증 환자, 고령자, 뇌심혈관 질환자는 주의하여야 한다.

그림 22

5) 맨발 걷기(Barefoot Walking)

맨발 걷기가 발의 고유수용감각을 자극하고 면역력과 혈액 순환 개선에 긍정적인 영향을 준다고 알려져 있다. 국내에서도 맨발 걷기가 활발하게 시행되고 있으며 지자체 차원에서 '맨발 걷기 길'을 조성하고 주기적으로 관리하는 사례가 늘고 있다. 다만 맨발 걷기 시에 주의할 사항으로는 반드시 안전하게 관리된 길에서 시행해야 하며, 의사들은 파상풍 예방 접종도 권장하고 있다. 또한 족저근막염·고령자의 낙상 위험 등에도 유의하여야 한다. 앞에서 기술한 발가락으로 구슬 옮기기, 수건 끌어당기기, 고무줄 당기기, 발가락 가위바위보와 같은 발바닥 근육 강화 운동과 족저근막 등에 대한 스트레칭을 병행하면 상해를 예방하고 맨발 걷기의 효과를 증대시키는 데 도움이 될 수 있다.

그림 23

6) 기타 걷기 방법

(1) 인터벌 걷기(Interval Walking)

빠른 걸음(3분)과 보통 걸음(2분)을 번갈아 걷는 방법으로, 30분 기준 6회 반복한다. 고강도 인터벌 훈련(HIIT)과 유사한 개념으로 같은 속도로 30분 동안 걷기보다 칼로리 소모가 많은 것으로 알려져 있다.

(2) 플로깅(Plogging)

스웨덴에서 시작된 환경 운동으로, 조깅 또는 걷기를 하면서 쓰레기를 줍는 활동이다. 쓰레기를 줍기 위해 앉았다 일어나는 동작이 스쾃이나 런지와 유사한 효과를 내어 단순 걷기보다 운동 강도가 높다. 운동과 환경 보호를 동시에 실천할 수 있어 최근 국내에서도 '줍깅'이라는 이름으로 걷기 지도자 활동, 학생 방과 후 활동, 기타 봉사 활동으로 확산되고 있다.

(3) 명상 걷기(Meditative Walking)

마음 건강 관리 방식으로 단순한 산책이 아니라 걸으면서 스스로를 돌보는 행위로 숲이나 공원에서 호흡과 발걸음에 집중하여 걷는다. 스트레스 완화, 정신 건강 개선, 마음의 안정이나 불안 감소에 도움이 된다(American Psychological Association, 2019). 해외에서는 워킹 테라피(Walking Therapy), 마인드풀 워크(Mindful Walk) 등 다양한 형태의 걷기 명상 프로그램이 운영되고 있다.

(4) 뒤로 걷기(Backward Walking)

뒤로 걷기는 장시간 앞으로 걷기를 실시한 뒤 짧게 뒤로 걷기를 가미하면 하퇴·대퇴 후면부의 근육 활성도를 높이고 피로 회복과 보행 안정성 향상에 긍정적인 영향을 줄 수 있다고 알려져 있다. 실제로 뒤로 걷기가 무릎 관절에 가해지는 충격을 줄이고, 대퇴사두근보다 햄스트링과 둔근의 사용 비율을 높인다는 『미국 재활의학 저널(2019)』 등의 연구 결과를 바탕으로 무릎 통증 환자의 재활 보행 훈련에 활용되고 있다.

특히 목과 어깨가 앞으로 떨어지는 '거북목' 자세 개선에도 활용되는데, 뒤로 걷는 상황에서는 자연스럽게 시선이 정면을 향하고 척추가 세워지는 경향이 나타나기 때문이다. 일부 연구에서는 뒤로 걷기 훈련을 12주간 적용한 그룹에서 거북목 개선이 유의하게 향상되었다고 보고되었다. 다만 안전한 장소에서 실시해야 한다는 점이 가장 중요하다. 뒤로 걷기 역시 보행의 3단계가 적용되며, 일반적인 앞으로 걷기의 역순으로 진행한다. 발을 부드럽게 뒤로 뻗어 앞꿈치 → 발바닥 → 뒤꿈치 순으로 딛는다.

(5) 웨어러블 걷기(Wearable Walking)

현대 과학 기술의 눈부신 발전으로 최근 AI 기술을 접목한 보행 보조 로봇이나 웨어러블 장비가 개발되어 점차 상용화되어 가고 있다. 이는 노인, 장애인 등의 보행 취약자, 재활 및 근력 강화, 무거운 물건의 운반 등 다양한 분야와 용도로 활용될 수 있다.

이스라엘의 역사학자 유발 하라리(Harari, 2017)는 미래 인류가 호모 사피엔스를 넘어서는 새로운 형태의 '호모 데우스(Homo Deus)'로 진화할 것이라 예견하였다. 이러한 전망은 단순히 철학적 비유에 그치지 않고, 현재의 과학 기술 발전, 특히 보행 보조 로봇, AI 기반 보행 분석 시스템, 스마트 슈즈 등에서 단초를 찾을 수 있다. 걷기는 단순한 신체 활동을 넘어 과학 기술과 결합하여 노약자와 환자의 삶의 질을 개선하는 미래 지향적 활동으로 확장되고 있다.

다양한 걷기 방법은 각기 다른 특성과 효과를 지니므로, 개인의 연령, 건강 상태, 운동 목적에 맞추어 선택하는 것이 중요하다. 올바른 방법으로 꾸준히 걷는다면 심폐 기능 강화, 체지방 감소, 정신적 안정 등 다차원적인 건강 효과를 얻을 수 있다.

5. 준비 운동과 정리 운동

걷기 운동은 간단하고 안전한 생활체육 활동이지만, 잘못된 준비나 부적절한 자세로 시작하면 근골격계 손상이나 운동 효과 저하로 이어질 수 있다. 따라서 걷기 운동을 시작하기 전에는 신체 구조에 대한 이해와 준비 운동·정리 운동을 포함한 체계적인 관리가 반드시 필요하다.

1) 근골격계 이해

인체의 근골격계는 약 206개의 뼈와 650여 개의 근육으로 구성되어 있으며, 이들이 서로 협력하여 움직임과 체중 지지를 가능하게 한다. 단순한 부품의 합이 아니라, 걷기와 같은 복합적인 움직임을 만들어 내기 위해 상호작용하는 하나의 유기적인 생체역학적 단위(Biomechanical Unit)로 이해해야 한다. 뼈와 근육 외에도 관절, 인대, 힘줄, 연골이 함께 작용하여 운동성을 높이고 충격을 흡수한다.

(1) 근육계(Muscle System)

근육은 수축과 이완을 통해 뼈를 움직이게 한다. 의지적으로 움직일 수 있는 수의근(골격근)은 보행, 자세 유지, 신체 활동의 핵심이며, 심장과 내장 기관을 담당하는 불수의근(평활근, 심근)은 자동적으로 기능한다. 보행에 주로 사용되는 근육은 종아리 근육(비복근, 가자미근), 허벅지 근육(대퇴사두근, 햄스트링), 둔근, 발바닥 내재근 등이며, 이들은 체중 지지와 추진력 발생에 핵심적이다(대한운동학회, 2021).

(2) 골격계(Skeletal System)

뼈는 인체의 외형을 형성할 뿐만 아니라 장기를 보호하고, 칼슘·인 등의 무기질을 저장하며, 조혈 작용을 담당한다. 특히 하지 골격(골반, 대퇴골, 경골, 거골, 종골 등)은 체중을 직접 지탱하고 보행 충격을 분산하는 데 중요한 역할을 한다.

2) 관절 체조와 스트레칭

걷기 운동 전 준비 단계에서 관절 체조와 스트레칭은 필수적이다. 관절은 뼈와 뼈를 연결하는 부위로, 내부에는 연골과 활액낭이 있어 충격을 흡수하고 움직임을 매끄럽게 한다. 관절을 구성하는 조직에는 콜라겐(Collagen)이 풍부한데, 이는 강한 장력과 낮은 탄성을 지닌 단백질로 관절의 안정성을 유지한다(NIH, 2018).

(1) 관절 체조

관절은 뼈와 뼈를 연결하는 부위이며 관절 내부에는 연골, 활액낭 등 여러 물질들이 있으며 이 물질들은 콜라겐(Collagen) 성분을 많이 포함하고 있다. 콜라겐은 젤라틴(Gelatin)의 전구체이며 단백질의 일종으로서 교원질 또는 아교질이라고 부르기도 한다. 인체에서 볼 수 있는 콜라겐 단백질은 뼈나 피부, 연골, 결합 조직 등을 구성한다. 장력이 크고 탄력이 적은 흰색의 섬유 성분이다. 관절 체조는 관절의 상해 예방을 위해 발목, 무릎, 고관절, 허리, 어깨, 목 관절을 중심으로 원을 그리거나 천천히 움직이며 관절 가동 범위를 넓히는 운동이다. 이를 통해 관절 내부의 윤활유 역할을 하는 활액(Synovial Fluid)의 분비가 촉진되어 윤활성이 증가하고, 부상 위험이 줄어든다. 이는 기계의 경첩에 기름칠을 하는 것과 같은 원리다.

그림 24

(2) 스트레칭

스트레칭은 크게 동적 스트레칭(Dynamic Stretching)과 정적 스트레칭(Static Stretching)으로 구분된다.

가. 동적 스트레칭

보행과 유사한 동작(무릎 들어 걷기, 런지 워킹 등)을 반복하여 근육과 신경을 활성화한다. 걷기 운동 전에는 동적 스트레칭이 혈류량을 증가시켜 근육 온도를 높이고, 운동 수행 능력을 향상시킨다는 연구 결과가 있다(Behm & Chaouachi, 2011).

그림 25

나. 정적 스트레칭

특정 근육을 15~30초간 늘린 상태로 유지한다. 근육과 인대를 이완시키고 운동 후 피로 회복에 효과적이다. 다만, 격렬한 운동 직전 과도한 정적 스트레칭은 근육의 고유한 보호 반응인 신장 반사(Stretch Reflex)를 둔화시켜 오히려 근력과 순발력을 떨어뜨릴 수 있다는 보고도 있어(Simic et al., 2013), 준비 운동보다는 정리 운동에서 활용하는 것이 바람직하다.

그림 26

3) 준비 운동과 정리 운동

운동은 준비 운동-본운동-정리 운동으로 구성된다. 준비 운동과 정리 운동은 걷기 운동의 안전성과 효과를 높이는 핵심 과정이다.

(1) 준비 운동(Warm-up)

전신 관절 체조와 동적 스트레칭을 포함하여 5~10분간 시행한다. 이를 통해 심박수와 혈류량을 서서히 증가시켜 근육에 산소와 영양을 원활하게 공급하며, 심리적 긴장 완화에도 기여한다. 국민생활체육조사(2023)에 따르면, 안전사고 예방 요인으로 준비 운동 실시가 29.8%로 가장 높은 응답을 보였다.

가. 목적
가) 운동 중 사고와 부상을 예방
나) 운동 효율 증진

나. 중점
가) 전신 근육 풀어 주기
나) 관절, 인대, 건 등의 유연성 확보
다) 혈액 순환의 점진적 증가
라) 정신이나 심리적인 면에서 준비

(2) 정리 운동(Cool-down)

운동 종료 후 심박수를 점차 정상으로 회복시키고, 젖산과 같은 피로 물질을 제거한다. 또한, 운동을 갑자기 멈출 경우 혈액이 하체에 몰려 어지럼증을 유발하는 '운동 후 저혈압(Post-exercise Hypotension)'을 예방하는 중요한 역할도 한다[49]. 정리 운동에는 가벼운 걷기와 정적 스트레칭이 포함되며, 이는 운동 후 근육통을 줄이고 회복 속도를 높인다.

가. 목적

가) 운동 후 안정 상태 조기 회복

나) 피로 물질 제거에 도움

나. 중점

가) 전신 근육 풀어 주기

나) 관절, 인대, 건 등의 유연성 확보

다) 운동 후 근육통 감소

라) 혈액 순환의 점진적 감소

착안 사항

* 관절 체조(관절 회전) 시행 후 스트레칭(근육 늘리기) 순으로 시행

* 관절 체조는 손목과 발목, 무릎, 허리, 어깨, 목 순서로 시행

* 스트레칭은 맨손 체조 형태로 상체와 하체의 근육 전체 부위에 시행

* 준비 운동 시 스트레칭은 동적인 동작 시행

* 정리 운동 시 스트레칭은 정적인 동작 시행

* 각 부위별 동작은 좌, 우, 앞, 뒤 방향 순으로 반복하여 시행

* 운동 종목별 직접적인 하중 또는 충격을 받는 부위 중심 시행

* 움직임이 원활하도록 관절과 근육 이완 폭을 크게 시행

* 호흡을 멈추지 않고 각 동작은 정지 없이 유연하게 시행

* 본운동에 영향을 끼치지 않는 강도(3분 이상~5분 이내)

* 운동 종목 및 참여자 신체 상태에 맞게 시행

* 오버 스트레칭(Over-stretching), 과도한 힘이나 반동에 주의하여 시행

* 걷기 운동을 위한 발, 다리, 허리 등 간단한 체조와 스트레칭 실시

* 걷기 시작 후 5분, 종료 전 5분 정도 천천히 걸으면서 준비 운동 가능

6. 근력 운동

걷기 운동은 단순히 다리의 움직임에 국한되지 않는다. 안정적이고 효율적인 보행을 위해서는 하체 근육을 비롯한 전신 근육의 협응력이 필요하다. 그러나 인간의 근육은 대체로 30세 전후에 최고 수준에 도달한 뒤 매년 0.5~1%씩 감소한다고 알려져 있으며(Janssen et al., 2000), 60세 이후에는 감소 속도가 더욱 빨라진다. 특히 노인의 경우 근육량 손실로 인해 보행 안정성이 떨어지고, 낙상이나 골절로 이어질 수 있다. 따라서 하체 근력 강화와 유지는 걷기 운동에서 매우 중요한 준비 조건이라 할 수 있다.

1) 로코모티브 신드롬(Locomotive Syndrome)

(1) 로코모티브 신드롬(Locomotive Syndrome)과 걷기 운동의 관계

인간의 일상적인 활동, 특히 걷기는 단순히 이동을 위한 수단을 넘어 신체 건강을 유지하고 삶의 질을 결정하는 중요한 요소이다. 하지만 나이가 들수록 근골격계의 기능은 점차 저하되며, 이를 대표적으로 설명하는 개념이 바로 로코모티브 신드롬(Locomotive Syndrome, 운동기능저하증후군)이다. 이 용어는 2007년 일본 정형외과학회에서 처음 제창되었으며, 뼈·관절·근육 기능의 저하로 인해 걷기, 일어서기, 앉기 등 기본적인 일상 동작 수행이 어려워지는 상태를 가리킨다(일본정형외과학회, 2007). 뼈 운동 전문가 유자키 요시오는 "로코모 신드롬이 진행되면 지팡이나 휠체어, 난간의 도움 없이는 일상생활이 어렵고, 치매·우울증 등 2차 합병증으로 이어질 위험이 크다."라고 경고하였다. 걷기 운동은 이러한 퇴행적 변화를 늦추고 예방하는 데 핵심적인 역할을 한다. 따라서 로코모티브 신드롬의 원인과 진행 과정을 이해하고, 걷기와 근력 증강 등 예방적 운동을 병행하는 것은 중요한 과제다.

(2) 로코모티브 신드롬의 3대 원인

가. 골다공증(Osteoporosis)

골밀도가 저하되어 뼈가 약해지고 쉽게 골절되는 질환이다. 특히 여성은 폐경 이후 여성호르몬(에스트로겐) 감소로 인해 뼈의 재생 능력이 떨어지면서 남성보다 발생 빈도가 높다

내 몸을 살리는 자세와 걸음

(WHO, 2019). 단순한 충격이나 작은 낙상에도 쉽게 골절이 발생할 수 있으며, 이는 곧 장기간 활동 제한과 근력 저하로 이어져 신체 기능이 급격히 악화될 위험이 있다.

나. 변형성 관절염(Osteoarthritis)

퇴행성 관절염은 노화나 잘못된 자세, 체중 과부하 등에 의해 관절 연골이 닳아 없어지고 염증이 발생하는 질환이다. 이로 인해 관절 통증과 부종이 생겨 걷기와 같은 일상적인 동작 수행이 점점 어려워진다(대한정형외과학회, 2020). 걷기 능력이 떨어지면 자연스럽게 활동량이 줄어들고, 이는 근육 위축을 가속화하여 악순환을 초래한다.

다. 척추관 협착증(Spinal Stenosis)

척추관이 좁아져 신경이 압박되는 질환으로, 허리 통증과 함께 하지(다리)의 저림, 무력감, 탈진감을 동반한다. 이 상태가 지속되면 보행 자체를 꺼리게 되며, 점차 운동 부족과 근육 약화로 이어진다(대한신경외과학회, 2021).

(3) 로코모티브 신드롬에 걸리기 쉬운 사람들의 특징

가. 여성

여성은 구조적으로 남성보다 골밀도가 낮고, 폐경 후 호르몬 저하로 인해 골다공증 위험이 크게 증가한다. 실제로 미국 연방정부의 보건복지부 산하 연구 기관으로, 생의학(Biomedical) 및 공중보건(Public Health) 연구의 최고 기관인 NIH(National Institutes of Health)에 따르면 골다공증 환자는 남성 대비 약 3배 이상 여성에서 많이 발생한다(NIH Osteoporosis Report, 2018). 또한 여성은 인대나 무릎 연골이 상대적으로 약해 관절 손상과 변형성 관절염 위험도 높다.

나. 고령자

노화는 근육량과 근력이 점진적으로 감소하는 근감소증(Sarcopenia)을 동반한다. 근력이 줄어들면 균형 유지가 어려워지고, 작은 충격에도 쉽게 넘어지며 골절 위험이 증가한다. 이 과정은 다시 활동량 저하로 이어져 로코모티브 신드롬을 악화시키는 악순환을 만든다.

다. 비만 체형

체중 과다는 무릎과 고관절 등에 지속적인 하중을 가해 관절 손상 위험을 높인다. 비만으

로 인한 관절 부담은 관절염을 악화시키며, 이로 인해 활동량이 줄고 근육은 더욱 약화된다
(Arthritis Foundation, 2020).

(4) 로코모티브 신드롬의 증상 변화 과정

로코모티브 신드롬은 단순히 '근육이 약해진 상태'로 끝나는 것이 아니라, 점진적으로 악화
되며 삶의 질 전반에 큰 영향을 미친다.

가. 1단계: 근력 저하

근육이 약해지면 작은 활동에도 쉽게 피로해지고, 활동량 감소는 다시 근육 약화를 촉진하
는 악순환(Negative Spiral)을 만든다.

나. 2단계: 균형성 저하 및 관절 통증

근력이 약해지면 균형 유지가 어려워지고, 관절의 가동 범위가 줄어들면서 통증이 심해진
다. 이는 넘어짐과 같은 낙상 사고 위험을 증가시킨다.

다. 3단계: 보행 감소

통증과 균형 저하는 환자가 외출이나 걷기를 꺼리게 만들고, 보행 빈도가 점점 줄어든다.
이는 사회적 고립감과 심리적 위축으로 이어질 수 있다.

라. 4단계: 누워 있는 시간 증가

걷기와 같은 신체 활동이 급격히 줄어들면 결국 침상 생활로 이어진다. 이 단계에 이르면
근력 감소는 더욱 심각해지고, 치매·우울증 같은 2차적인 합병증 위험도 높아진다(유자키 요
시오, 2015).

(5) 로코모티브 신드롬의 간이 체크와 초기 단계 평가

앞서 살펴본 바와 같이, 로코모티브 신드롬은 골다공증·퇴행성 관절염·척추관 협착증 등
으로 인해 보행 및 일상 동작 수행이 점차 어려워지는 퇴행성 증후군이다. 중요한 점은 이
러한 신체 기능 저하가 어느 날 갑자기 나타나는 것이 아니라, 서서히 진행되며 초기에는
가벼운 불편감으로 나타난다는 사실이다. 따라서 조기에 위험 신호를 감지하고, 적절한 생

활 습관 교정과 걷기 운동, 근력 운동을 통해 진행을 늦추는 것이 무엇보다 중요하다.

이를 위해 한국과 일본 등의 정형외과학회에서는 간이 체크(Preliminary Checklist)와 초기 단계 평가법을 제시하고 있다. 이는 누구나 일상에서 손쉽게 자신의 운동 기능 저하 정도를 확인할 수 있는 방법으로, 여러 연구를 통해서도 신체 기능 저하와 낙상 위험 예측에 유효한 것으로 확인되고 있다.

가. 로코모티브 신드롬의 간이 체크 방법

하나라도 해당되는 경우, 로코모티브 신드롬의 우려가 있다고 알려져 있다.

가) 계단을 올라가는 데 난간이 필요한가?
나) 2kg 정도의 가방을 드는 게 힘이 드는가?
다) 한 발로 양말을 신을 수 있는가?
라) 횡단보도에서 파란불 시간 내에 건널 수 있는가?
마) 집 안에서 걸려 넘어지거나 하지 않는가?
바) 다소 힘을 필요로 하는 가사 일이 어려운가?
사) 15분 정도 계속 걸을 수 있는가?

이 체크리스트는 단순해 보이지만, 하체 근력, 균형 감각, 협응력, 보행 지속 능력을 모두 포함하는 지표다. 예를 들어, 난간이 없으면 계단을 오르기 힘들다는 것은 무릎 관절 기능과 하지 근력 저하를 의미하며, 15분 이상 걷지 못한다는 것은 지구력 감소와 근감소증(Sarcopenia) 위험을 의미한다. 따라서 하나라도 해당된다면 적극적인 걷기 운동과 근력 운동, 생활 습관 개선이 필요하다.

나. 로코모티브 신드롬 초기 단계 평가 방법

(가) 의자에 앉았다 한 발로 일어서기
40cm 높이의 의자에 앉은 상태에서 양손을 사용하지 않고 한 발로 일어나는 것이다. 이때 양 손바닥은 가슴 중앙에 포개듯 위치하며, 일어날 때 손을 떼거나 몸이 흔들려 허우적거리거나 아예 일어나지 못한다면 로코모티브 신드롬 초기 단계로 본다. 이 검사는 하체 근력(대

퇴사두근·둔근), 균형 감각, 관절 안정성을 동시에 확인할 수 있으며, 실제 연구에서도 노인의 낙상 위험을 예측하는 효과적인 방법으로 활용된다(Tanimoto et al., 2012).

(나) 자신의 최대 보폭으로 두 걸음을 걷기

한 지점에서 반동이나 점프 없이 최대 보폭으로 두 걸음을 걸어 총 거리를 측정한다. 이때 보폭의 총길이가 자신의 키의 1.3배 미만이면 로코모티브 신드롬 초기 단계로 평가한다. 예를 들어 키가 170cm인 경우, 최대 보폭 두 걸음의 길이가 221cm 미만이면 위험 신호이다. 이 평가는 정적인 근력뿐만 아니라 실제 움직임에 필요한 동적 균형 감각과 기능적 다리 근력을 종합적으로 반영하며, 보행 능력 저하를 조기에 발견하는 데 유용하다.

로코모티브 신드롬은 단순한 노화 현상이 아니라, 조기 발견과 개입을 통해 충분히 예방 가능한 기능 저하 증후군이다. 간이 체크리스트와 초기 단계 평가법은 환자 스스로, 또는 의료진이 손쉽게 위험군을 가려낼 수 있는 도구로 활용되며, 실제 임상에서도 낙상 예방과 삶의 질 유지에 기여하고 있다.

특히 걷기 운동은 이러한 위험을 줄이는 가장 효과적인 방법 중 하나다. 걷기는 근육 강화, 골밀도 유지, 관절 가동성 확보, 균형 감각 향상에 직접적으로 작용하기 때문에, 로코모티브 신드롬의 예방과 개선에 핵심적이다(WHO Global Report on Falls Prevention in Older Age, 2007).

결국, 단순히 '걷는다'는 행위는 노화를 늦추고, 신체 기능을 지키며, 독립적인 생활을 유지하는 가장 기본적이고도 과학적인 처방이라 할 수 있다. 따라서 개인의 생활 속에서 정기적인 자기 점검(간이 체크, 초기 평가법)을 실시하고, 이를 토대로 걷기 운동과 근력 강화 운동을 병행하는 것이 로코모티브 신드롬 예방의 핵심이다.

2) 근감소증(Sarcopenia)

근감소증은 나이가 많아지면서 근육의 양, 근력, 근 기능이 모두 감소하는 질환을 의미한다. 2016년 WHO가 정식적인 질병 코드를 부여하면서, 근감소증은 더 이상 단순한 노화 현상이 아닌 예방과 관리가 필요한 의학적 질환으로 인정받게 되었다[50]. 노화 과정에서 누구나 어느 정도 근육이 줄어들지만, 근감소증은 정상적인 노화 범위를 넘어 근육의 현저한 감소로 인해 보행 능력과 일상생활 기능이 저하되고, 낙상이나 골절, 만성 질환 악화 등 다양한 합병증을 동반한다는 점에서 주목해야 한다.

(1) 근감소증 판단 체크 방법

가. 근감소증 자가진단표

국제적으로 널리 사용되는 간단한 자가진단표(SARC-F)를 소개한다. 총점이 4점 이상이면 근감소증 위험이 있으므로 전문가 상담을 권장한다[51].

근감소증 자가진단표(SARC-F)

항목	질문 내용	0점	1점	2점
1. 근력 (Strength)	4.5kg 이상 되는 물건(예: 쌀 5kg, 물병 2L 2개)을 들어 올리는 것이 얼마나 어렵습니까?	어렵지 않다	조금 어렵다	매우 어렵다 또는 불가능하다
2. 보행 (Assistance in walking)	방이나 복도 약 10m 정도를 걷는 것이 얼마나 어렵습니까?	어렵지 않다	조금 어렵다	매우 어렵다 또는 불가능하다
3. 의자에서 일어서기 (Rise from a chair)	팔의 도움 없이 의자에서 일어나는 것이 얼마나 어렵습니까?	어렵지 않다	조금 어렵다	매우 어렵다 또는 불가능하다
4. 계단 오르기 (Climb stairs)	10계단 이상 계단을 오르는 것이 얼마나 어렵습니까?	어렵지 않다	조금 어렵다	매우 어렵다 또는 불가능하다
5. 낙상 횟수 (Falls)	지난 1년 동안 넘어지거나 미끄러진 횟수는 몇 번입니까?	0회	1~3회	4회 이상

점수 계산

총점	평가
0~3점	근감소증 위험 낮음
4점 이상	근감소증 위험 높음 → 추가 검사(근력, 근육량 등) 필요

* 각 항목의 점수를 합산하여 총점(0~10점)으로 계산한다.

나. 핑거 링 테스트(Finger Ring Test)

근감소증 위험을 평가하는 데 특별한 장비 없이 어디서든 실행 가능한 초간단 방법이다. 일본국립순환기병연구센터(National Center for Geriatrics and Gerontology, NCGG)와 일본 노년학·지역보건 연구 팀에서 엄지와 검지 손가락을 링 형태로 만들어 종아리 둘레를 측정해 근감소증(Sarcopenia) 위험을 간단히 판단한다. 아주 단순하지만, 종아리 둘레는 고령층 근량을 반영하는 매우 좋은 지표로 알려져 있어, 일본노년의학회에서도 지역사회 스크리닝 도구로 활용되고 있다.

가) 검사 방법(Method)

(가) 양손의 엄지손가락과 집게손가락을 이용해 '반지 모양(링)'을 만든다.
(나) 자신의 '종아리 가장 두꺼운 부분'을 이 손가락 고리로 감싼다.
(다) 손가락 고리와 종아리의 관계로 판정한다.

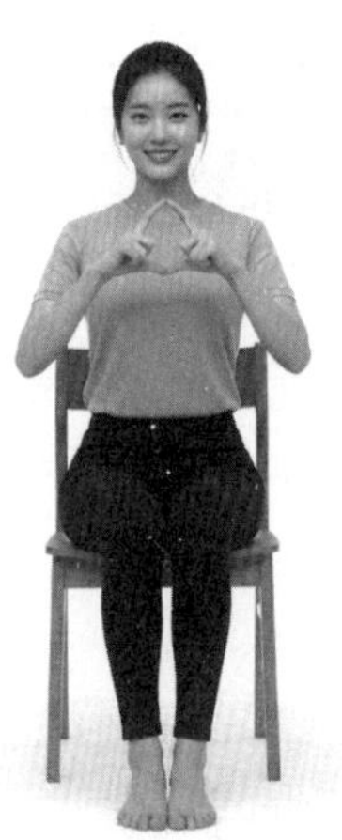

그림 27

나) 판정 기준(Evaluation Criteria)

손가락 고리와 종아리 둘레의 관계는 다음 3가지로 판정한다.

(가) Smaller(스몰러): 손가락 고리가 종아리보다 더 큼 → 근감소증 위험 높음
(나) Just fit(저스트 핏): 손가락 고리가 종아리와 정확히 맞음 → 주의 필요
(다) Larger(라저): 손가락 고리보다 종아리가 더 큼 → 근감소증 위험 낮음

일본의 대규모 연구(약 7,500명 조사)에서도 스몰러 그룹이 보행 속도 저하·악력 감소·체중 감소와 통계적으로 높은 연관이 있는 것으로 보고되었다. 다만 연령과 건강 상태에 따라 측정치와 실제 근육량, 지방량 등이 다를 수 있어 생활 습관 개선이나 하체 근력 운동의 동기를 부여하기 위한 정도로 활용하면 되겠다.

(2) 근감소증의 원인

근감소증의 원인은 다양하지만, 흔한 원인은 단백질 섭취 부족, 운동량 저하, 부적절한 운동 방법이다. 노년기에는 단백질이나 운동과 같은 근육 합성 자극에 대한 신체의 반응이 둔감해지는 '단백 동화 저항성(Anabolic Resistance)' 현상이 나타나, 젊은 시절보다 더 많은 단백질 섭취와 꾸준한 운동이 필요하다[52]. 특히 필수 아미노산의 섭취 및 흡수가 부족할 때 근육 합성이 원활히 이루어지지 않아 근육량 감소가 두드러진다. 또한 노화에 따른 성호르몬과 성장호르몬의 감소도 근육 유지에 부정적 영향을 미친다.

근감소증은 근육 자체의 변화뿐 아니라, 당뇨병, 암, 만성 폐 질환, 신부전, 호르몬 질환과 같은 전신 질환과도 밀접하게 관련되어 있으며, 척추 협착증이나 관절 질환 같은 퇴행성 질환에 의해 2차적으로 발생하기도 한다. 나아가 감염증 이후 회복이 지연되는 경우에도 근감소증이 동반될 수 있다는 연구도 있다.

(3) 근감소증의 증상

근감소증 환자의 주요 증상은 근력 저하, 하지 무력감, 피로감이다. 단순한 노화로 인한 근육 감소와 달리, 근감소증은 연령이나 성별을 감안하더라도 비정상적으로 빠른 근력 손실이 동반되며, 이로 인해 신체 기능 저하와 사망률 증가로 이어진다.

환자들은 보통 걸음 속도가 느려지고, 계단 오르기나 장시간 보행이 힘들어지며, 근지구력이 현저히 저하된다. 또한 일상생활에서 다른 사람의 도움이 필요한 경우가 많아지고, 골다공증과 낙상·골절의 위험이 높아진다. 근육의 완충 작용이 줄어들면서 기초대사량이 감소하고, 당뇨병이나 심혈관 질환 같은 만성 질환의 관리가 더욱 어려워지는 악순환이 생긴다(European Working Group on Sarcopenia, 2018).

(4) 근감소증의 예방과 운동

근감소증은 발병 후 치료보다는 예방이 핵심이다. 근력 저하가 나타나기 전에 위험 요인을 관리해야 한다. 우선 필수 아미노산이 풍부한 단백질을 적절히 섭취해야 하며, 근력 운동과 유산소 운동의 병행이 가장 효과적인 예방 방법으로 알려져 있다. 근력 운동은 근육 단백질 합성을 촉진하는 가장 강력한 신호 역할을 하며, 충분한 단백질 섭취는 이때 필요한 건축 자재를 공급해 준다. 여기에 걷기와 같은 유산소 운동은 근육 내 에너지 공장인 미토콘드리아의 기능을 향상시켜 근육의 효율성을 높이는 시너지 효과를 낸다[53].

대표적인 근력 강화 운동으로 스쾃(Squat), 런지(Lunge), 뒤꿈치 들기(Heel Raise), 눈 뜨고 한 쪽 다리로 서기가 있다. 이들은 특별한 기구 없이도 집이나 공원 등에서 쉽게 실천할 수 있어, 노인이나 초보자에게도 적합하다. 각 운동법 시행 시 처음부터 일반적인 권장량을 무리하게 하는 것보다는 점진성, 반복성, 개별성 등의 원칙을 적용하여 자신의 체력에 맞는 강도로 시작하여 점차 증가해 가야 한다.

가. 스쾃(Squat)

스쾃은 대표적인 하체 근력 강화 운동으로, 대퇴사두근(앞 허벅지), 대둔근(엉덩이 근육), 내·외측광근 강화에 효과적이다. 이는 의자에서 일어나거나 물건을 들어 올리는 등 일상생활의 기본 동작 능력을 직접적으로 향상시키는 가장 기능적인 운동 중 하나다.

가) 운동 방법

(가) 다리를 어깨너비 또는 두 배 정도 벌리고 선다.

(나) 등과 허리를 곧게 편 상태를 유지한다.

(다) 투명 의자에 앉는다는 느낌으로 천천히 아래로 내려간다.

(라) 무릎이 90도 정도 될 때 멈춘 후, 천천히 일어난다.

(마) 1세트 10~15회, 3세트 실시, 세트 간 2~3분 휴식한다.

나) 참고 사항

(가) 상체는 반듯하게 유지하고 시선은 전방을 본다.

(나) 무릎이 발끝보다 앞으로 과도하게 나가지 않도록 주의한다.

(다) 무릎 각도는 관절 건강에 따라 조절한다.

(라) 근력 수준에 따라 중량을 추가할 수 있다.

(마) 다리를 더 넓게 벌려 하는 변형 동작을 와이드 스쾃이라고 한다.

그림 28

나. 런지(Lunge)

런지는 한 발을 앞으로 크게 내밀어 앉았다 일어나는 동작으로, 대퇴사두근과 대둔근 강화에 효과적이다. 특히 각 다리를 독립적으로 단련시켜 좌우 균형을 개선하고 보행 시 안정성을 높이는 데 매우 유용하다.

가) 운동 방법

(가) 다리를 어깨너비로 벌리고 선다.

(나) 한 발을 앞으로 내밀어 앞굽이 자세를 취한다.

(다) 앞·뒤 무릎이 모두 90도가 되도록 앉은 뒤 일어나기를 반복한다.

(라) 좌우 교대하며 1세트 10~15회, 3세트 실시, 세트 간 2~3분 휴식한다.

나) 참고 사항

(가) 허리를 곧게 세우고 무릎이 발끝을 넘지 않도록 한다.

(나) 몸이 좌우로 흔들리지 않도록 복부에 힘을 주어 중심을 잡는다.

(다) 무릎·관절 상태에 맞게 각도를 조절한다.

(라) 뒷발을 의자에 올려 수행하는 불가리안 런지로 응용이 가능하다.

그림 29

내 몸을 살리는 자세와 걸음

다. 뒤꿈치 들기(Heel Raise)

뒤꿈치를 들었다 내리는 간단한 동작으로, 종아리 근육 강화 및 혈액 순환 촉진에 효과가 있다. 종아리 근육은 '제2의 심장'이라 불리며, 이 근육의 수축은 하체의 혈액을 심장으로 되돌려 보내는 펌프 역할을 한다[54].

가) 운동 방법

(가) 양발을 어깨너비로 벌리고 선다.

(나) 뒤꿈치를 최대한 높이 들어 2~3초간 멈춘 뒤, 저항을 느끼며 천천히 내린다.

(다) 1세트 10~15회, 3세트 실시, 세트 간 2~3분 휴식한다.

나) 참고 사항

(가) 벽이나 의자를 잡고 시행 가능하다.

(나) 덤벨을 들고 강도를 높일 수 있다.

(다) 발끝을 안쪽·바깥쪽으로 조절하여 종아리 근육에 다양한 자극을 줄 수 있다.

(라) 앞꿈치 들기, 발등을 안쪽 또는 바깥쪽으로 하는 응용도 가능하다.

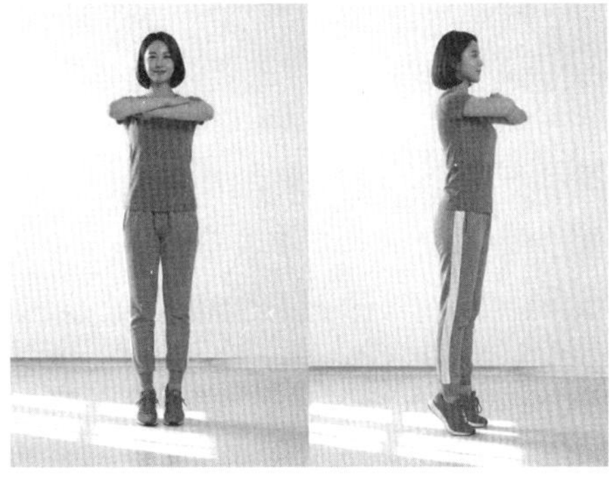

그림 30

라. 눈 뜨고 한쪽 다리로 서기

균형 감각과 종아리 근육을 강화하여 낙상 예방에 도움이 된다. 이 운동은 발바닥과 발목의 수많은 신경을 자극하여 뇌가 신체의 위치를 인지하는 능력, 즉 고유수용성감각(Proprioception)을 훈련시키는 효과가 있다[55].

가) 운동 방법

(가) 양발을 붙이고 바르게 선다.
(나) 한쪽 다리를 들어 올려 15초~1분 유지한다.
(다) 좌우 교대하여 반복한다.

나) 참고 사항

(가) 의자나 벽을 잡고 실시할 수 있다.
(나) 근력 수준에 따라 유지 시간을 조절한다.
(다) 눈을 감고 하는 것은 낙상 위험이 있어 권장되지 않는다.

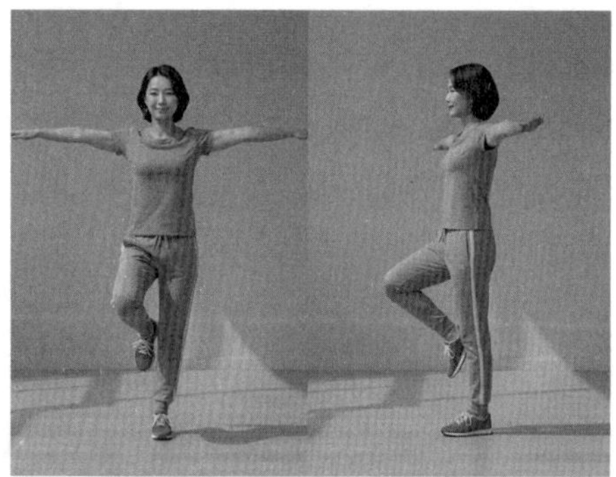

그림 31

내 몸을 살리는 자세와 걸음

7. 걷기 운동의 복장과 휴대 물품

걷기 운동은 특별히 고가의 장비나 의류가 필요하지 않지만, 올바른 복장과 적절한 휴대 물품은 운동 효과를 높이고 부상을 예방하는 데 중요한 역할을 한다. 국민생활체육조사 결과에 따르면, 우리 국민의 약 34.2%가 최근 1년간 운동용품을 구매한 경험이 있으며, 이 중 가장 많이 구매한 품목은 스포츠 의류(83.1%)와 스포츠 신발류(71.6%)였다. 또한 평균 구매 비용은 30만 원 이상이 가장 높은 비율(35.5%)을 차지했으며, 연령대별로는 40대에서 운동용품 구매 비용이 가장 높았다. 이는 중장년층이 건강한 삶을 유지하기 위한 스포츠 활동에 적극적으로 투자하고 있음을 보여 준다(문화체육관광부, 2023 국민생활체육조사).

걷기 운동의 복장은 단순히 미적 요소가 아니라 체온 조절, 충격 완화, 안전 확보를 위해 반드시 고려해야 할 중요한 요소다. 기능성 의류는 피부와 옷 사이의 공기층, 즉 '미세 기후(Microclimate)'를 쾌적하게 관리하여 운동 수행 능력을 유지시키는 과학적인 장비다[56]. 여름과 겨울은 기후적 차이가 크기 때문에 계절별로 적절한 복장과 장비를 준비해야 하며, 기본적으로 신발, 양말, 모자, 피복, 휴대 물품은 필수 항목이다.

1) 하계(여름철 복장과 준비물)

(1) 모자

여름철에는 자외선과 열 손상을 막기 위해 챙이 넓은 모자를 착용하는 것이 좋다. 햇빛을 반사하는 밝은 색상의 모자가 더욱 효과적이다. 이는 탈모 예방뿐 아니라 벌·모기 등 해충으로부터 피부를 보호하는 데도 효과적이다. 실제로 벌 쏘임 사고는 8~9월에 집중되므로 야외 걷기 운동 시 반드시 모자를 착용하는 것이 권장된다.

(2) 피복

여름에는 가볍고 통풍이 잘 되며 땀 배출이 원활한 기능성 소재가 적합하다. 최근에는 자외선 차단 지수(UPF, Ultraviolet Protection Factor)가 표기된 의류도 출시되어 피부 보호에 도움을 준다[57]. 반바지는 시원해 보일 수 있으나, 산책로와 숲길에서 해충이나 긁힘의 위험이 있어 긴바지를 권장한다.

(3) 양말

순면 양말보다는 흡습성과 건조성이 뛰어난 기능성 양말이 발의 습기를 효과적으로 조절한다. 발목을 보호하기 위해 목이 있는 양말을 착용한다.

(4) 신발

걷기는 특별한 장비가 필요 없는 운동이지만, 유일하게 필요한 장비가 바로 '신발'이다. 신발은 단순한 패션 아이템이 아니라, 발이 받는 충격을 흡수하고 추진력을 만드는 '제2의 발'이어야 한다. 미국정형외과학회(AAOS), 미국족부족관절학회(AOFAS), 족부 및 발목 연구 저널 등의 자료를 바탕으로 내 발을 살리는 워킹화 선택의 7가지 골든룰은 다음과 같다.

가. 오후 3시~5시에 쇼핑한다(Time)

사람의 발은 아침보다는 활동을 하며 혈류가 아래로 쏠리는 현상으로 인해 오후가 되면 붓게 되며, 부피가 약 5~10% 정도 커진다. 오전에 딱 맞는 신발을 사면 오후에는 꽉 껴서 통증을 유발할 수 있다. 따라서 발이 가장 커져 있는 오후 3시에서 5시 사이에 매장을 방문하는 것이 좋다.

나. 엄지발가락 앞 '1.5cm의 여유'를 확보한다(Length)

걷는 동안 발은 신발 안에서 앞뒤로 미세하게 움직인다. 딱 맞는 신발은 발톱 손상이나 내성 발톱의 원인이 될 수 있다. 신발을 신고 발뒤꿈치를 뒤에 딱 붙였을 때, 앞코 부분에 엄지손가락 한 마디(약 1.0~1.5cm) 정도가 눌러지는 여유 공간이 있어야 한다.

다. 내 발볼의 가장 넓은 곳과 신발의 가장 넓은 곳을 일치시킨다(Width)

신발의 길이도 중요하지만 더 중요한 것이 '발볼(Width)'이다. 한국인은 서양인에 비해 발볼이 넓은 편이다. 엄지발가락 뿌리와 새끼발가락 뿌리를 잇는 발의 가장 넓은 부분이 신발의 볼 부분에 조임 없이 편안하게 안착해야 한다. 신발 끈을 묶었을 때 11자 모양이 적절히 나오고, 벌어지거나 너무 조여지지 않아야 한다.

내 몸을 살리는 자세와 걸음

라. 신발의 '허리'가 단단한지 확인한다(Torsion)

걸을 때 신발이 뒤틀리면 발목과 무릎에 부하가 걸린다. 신발을 양손으로 잡고 걸레 짜듯이 비틀어 보았을 때 신발의 허리(중창, Shank) 부분이 쉽게 비틀리지 않고 단단해야 한다. 이곳이 단단해야 아치를 받쳐 주고 장거리 보행 시 피로도를 줄여 준다.

마. 접히는 위치가 '내 발'과 같은지 확인한다(Flexibility)

사람의 발은 걸을 때 발가락 뿌리 부분에서만 굽혀진다. 신발도 정확히 그 지점에서 굽혀져야 한다. 신발을 바닥에 대고 뒤꿈치를 들어 앞코를 눌렀을 때 신발의 정중앙(아치 부분)이 꺾이면 안 된다. 정확히 앞쪽 1/3 지점에서 부드럽게 꺾여야 자연스러운 보행(Rolling)이 가능하다.

바. 뒤꿈치 컵(Heel Counter)은 딱딱해야 한다(Stability)

많은 사람들이 뒤꿈치가 말랑한 신발이 편하다고 생각한다. 하지만 걷기 운동용 신발은 뒤꿈치를 꽉 잡아 줘야 발목이 흔들리지 않는다. 신발의 뒤꿈치 부분을 엄지와 검지로 눌렀을 때 쉽게 찌그러지지 않고 적당히 딱딱한 것이 좋다. 뒤꿈치 뼈를 수직으로 잡아 주는 것이 바른 자세의 시작이다.

사. 반드시 '양말'을 착용하고 양쪽 발에 다 신어 보고 걸어 본다(Trial)

운동할 때 실제로 신을 양말을 챙겨 가서 신어 보는 것이 좋다. 또한 사람의 발은 짝짝이인 경우가 많으므로 반드시 왼발, 오른발을 다 신고 매장 내를 걸어 보면서 뒤꿈치가 들썩이지 않는지(슬립 현상), 발등이 눌리지 않는지 체크해야 한다.

이 외에도 끈이 있는 신발을 선택해 안정성을 확보하는 것이 좋으며, 여름에는 통기성·배수성이 고려된 제품이 바람직하다. 많은 사람들이 쿠션이 풍부한 러닝화를 걷기용으로 사용하는데, 과도한 쿠션은 마치 모래사장을 걷는 것처럼 발목의 불안정성을 높일 수 있다. 걷기 운동이 목적이라면 지나치게 푹신한 신발보다는 지면의 반발력을 적당히 느낄 수 있는 '탄탄한 쿠션감'의 워킹화를 선택하는 것이 좋다.

발 모양에 따른 맞춤형 끈 묶기

발의 특징	해결을 위한 끈 묶기 전략
발등이 높은 발(요족)	발등 부분의 구멍을 하나 건너뛰고('X' 자가 아닌 '11' 자로 통과) 묶어 압박을 줄여 준다.
발볼이 넓은 발(평발)	신발 앞쪽(발가락 쪽) 구멍 2~3개는 느슨하게 묶고, 발목 쪽으로 갈수록 단단하게 조여 묶는다.
엄지발가락 통증 발	엄지발가락 쪽 구멍에서 시작한 끈을 대각선 맨 위 구멍까지 한 번에 연결해(사선 당김), 엄지 쪽 공간을 확보한다.

(5) 허리 색 · 히프 색 및 수분 보충

휴대전화, 물병, 수건 등은 작은 히프 색이나 허리 색에 보관하는 것이 안전하다. 물건을 손에 들고 걷다 넘어질 경우 대처가 어려워 상해로 이어질 수 있다. 특히 여름철 1시간 이상 걷기 시에는 단순한 물뿐만 아니라, 땀으로 손실된 나트륨, 칼륨 등을 보충할 수 있는 전해질 음료나 보충제를 준비하는 것이 탈수와 근육 경련 예방에 효과적이다[58].

그림 32

2) 동계(겨울철 복장과 준비물)

(1) 모자

겨울철에는 체열의 약 30%가 머리를 통해 손실되므로 귀를 덮는 보온 모자를 착용하는 것이 좋다. 필요에 따라 얼굴과 목을 보호할 수 있는 넥 게이터(Neck Gaiter, 목 토시, 넥워머)나 바라클라바[Balaclava, 머리 전체를 감싸는 보온 마스크형 복면(覆面)]를 착용하면 동상과 바람으로 인한 피부 손상을 막을 수 있다. 이는 저체온증과 동상 예방에도 도움이 된다.

(2) 피복

겨울에는 보온성과 통기성을 동시에 갖추어야 한다. 레이어링 시스템(Layering System) 방식을 권장하며, 땀에 젖으면 체온을 급격히 떨어뜨리는 면(Cotton) 소재는 피하는 것이 좋다. 레이어링 시스템 방식의 피복 착용으로 상황에 따라 겹쳐 입거나 벗어서 체온을 조절하는 것이 효과적이다.

가. 베이스 레이어
메리노 울이나 폴리에스터 등 땀을 흡수하여 빠르게 외부로 배출하는 속건성 소재의 피복을 착용한다.

나. 미들 레이어
플리스(Fleece)와 같이 공기층을 형성하여 보온을 하는 소재의 피복을 착용한다.

다. 쉘 레이어
바람과 비, 눈을 막아 주는 방수·방풍 기능이 있는 고어텍스 등의 기능성 소재의 피복을 착용한다.

(3) 양말

겨울철에는 보온성과 흡습성이 뛰어난 순모 양말이나 기능성 양말을 선택한다. 걷기운동 중 발에서 하루 평균 한 컵(약 200ml) 정도의 땀이 배출되므로 발을 따뜻하고 건조하게 유지하는 것이 중요하다.

(4) 신발

겨울철 신발은 발목과 뒤꿈치를 안정적으로 지지하면서도 보온성을 갖춘 제품이 적합하다. 메리노 울이나 고어텍스 소재의 신발은 가볍고 보온성이 뛰어나며, 눈길이나 빙판길을 대비해 미끄럼 방지 기능이 있는 신발을 선택하는 것이 권장된다. 미끄럼으로 인한 낙상 예방을 위해 스틱이나 아이젠 등을 활용할 수 있다.

(5) 소형 배낭

겨울 걷기에서는 보온 물병, 장갑, 아이젠, 스틱, 보온 피복 등을 휴대할 수 있는 15L 내외의 소형 배낭이 필요하다. 해가 짧은 동절기에는 예상치 못하게 어두워질 경우를 대비해 작은 헤드램프를 준비하는 것이 안전하다. 특히 눈길에서는 아이젠과 같은 보조 장비가 낙상 예방에 큰 도움이 된다.

그림 33

3) 기타 휴대 물품

(1) 스틱(폴)

노약자, 장거리 걷기에 유용하다. 바른 자세를 유지하는 데 도움이 되며 무릎과 발목에 가해지는 하중을 줄여 준다. 특히 내리막길에서 스틱을 사용하면 무릎 관절에 가해지는 충격을 효과적으로 분산시킬 수 있다.

(2) 고글 또는 선글라스

겨울철에는 눈부심과 강한 자외선 차단을 위해, 여름철에는 먼지와 벌레로부터 눈을 보호하기 위해 유용하다. 단순한 멋이 아니라, 밝은 빛에 계속 찡그리면서 생기는 눈의 피로와 두통을 줄여 주는 기능적 역할도 한다. 자외선(UVA/UVB)을 100% 차단하는 제품을 선택하는 것이 좋다.

(3) 상비 약품 및 비상 용품

간단한 상비 약품(소독약, 밴드, 파스 등)을 준비하는 것이 안전하다. 특히 장거리 걷기에서는 물집 방지용 밴드와 진통제를 챙기는 것이 권장된다. 또한, 만일의 사태를 대비해 비상 연락처, 작은 간식(에너지바 등), 그리고 완전히 충전된 휴대전화와 보조 배터리를 휴대하는 것이 현명하다.

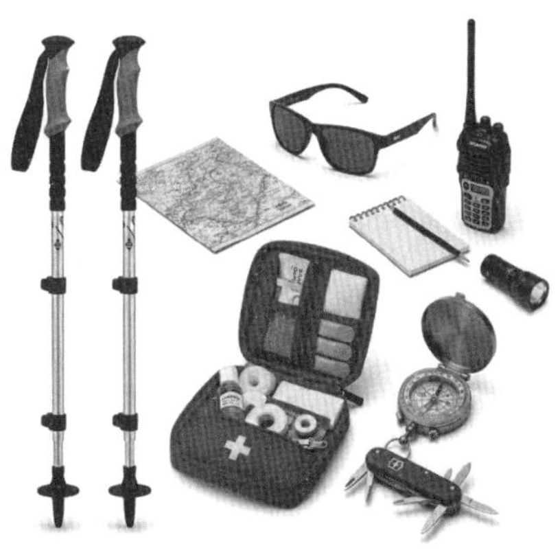

그림 34

걷기 운동은 특별한 장비 없이도 누구나 쉽게 시작할 수 있지만, 적절한 복장과 준비물은 운동의 안전성과 효과를 극대화한다. 여름에는 자외선과 열 손상, 해충으로부터 보호하는 복장이 필요하며, 겨울에는 체온 유지와 안전사고 예방이 핵심이다. 또한 신발 선택은 계절과 무관하게 가장 중요한 요소로, 올바른 신발 착용은 발 건강뿐 아니라 무릎·허리·척추 등 전체 근골격계 건강을 좌우한다.

결론적으로, 걷기 운동에서 복장과 휴대 물품은 단순히 부수적인 요소가 아니라 안전한 걷기, 지속 가능한 운동 습관, 그리고 삶의 질 향상에 직접적으로 기여하는 핵심 요인이라 할 수 있다.

아름다운 걷기 패션 사진 콘테스트 입상작

내 몸을 살리는 자세와 걸음

CHAPTER Ⅲ
걷기의 실천,
그리고 걷기 지도자의 소명

—

걷기는 모든 운동의 시작이자 끝이며, 인간다움의 완성이다.
Walking is the beginning and the end of all exercise,
and the completion of our humanity.

1. 걷기 지도자

바다를 동경하듯, 걷기를 동경하라. "큰 배를 만들게 하고 싶다면, 나무와 연장을 주고 배 만드는 법을 가르치기 전에 먼저 바다에 대한 동경을 심어 줘라."[프랑스 작가 생텍쥐페리 (Antoine de Saint-Exupéry), 『인간의 대지(Terre des Hommes)』 중에서]

사람이 바다를 향한 동경으로 거대한 배를 띄우듯, 우리가 걷기 운동을 실천하는 시작점도 결국 마음속의 동경이다. 바른 자세를 만들고, 상황에 따라 속도를 조절하며, 적정한 보폭을 익히는 일보다 먼저 필요한 것은 걷고 싶은 마음, 그리고 움직임을 통해 자신을 회복하고자 하는 열망이다.

걷기는 단순한 이동이 아니다. 두 발로 걷는다는 것은 자신과의 대화이자 세상과의 소통이다. 도시의 소음 속에서도 리듬을 찾고, 바쁜 하루 속에서도 호흡을 느끼게 하는 행위 그것이 걷기다. 몸이 움직이면 마음이 깨어나고, 마음이 깨어나면 삶의 방향이 정돈된다. 바른 자세는 근골격의 배열에서 시작되지만, 진정한 균형은 마음의 중심에서 완성된다. 그래서 걷기 지도자는 '어떻게 걷는가'를 가르치는 사람을 넘어 '왜 걷는가'를 일깨우는 안내자이며, 실천적 걷기를 통해 삶을 새롭게 바라보게 하는 길라잡이다.

지식은 머리로 전해질 수 있지만, 동기는 마음에서 피어난다. 걷기 지도자는 그 마음의 불씨를 지피는 사람이다. 누군가의 마음에 '걷고 싶은 이유'를 심어 줄 수 있다면, 그 한 걸음은 곧 그 사람의 삶을 바꾸는 첫걸음이 된다. 바다를 향한 동경이 배를 띄우듯, 걷기에 대한 동경이 몸과 마음을 움직인다. 그 동경이 깨어나는 순간, 걷기는 단순한 운동을 넘어 삶의 태도이자 회복의 예술이 된다.

1) 걷기 지도자의 정의

걷기 지도자는 기본적으로 바르게 앉고, 서고, 걷기와 같은 바른 자세 전문가이며, 다양한 걷기 운동 방법을 과학적으로 지도하고 실천하는 걷기 운동의 총체적 전문가이다. 또한 걷기 문화를 확장하는 활동가이며 함께 걷는 동반자다. 걷기 지도자는 건강 코치(Health Coach)이며 내적 동기를 이끄는 동기 부여자(Motivator)이다.

걷기 지도자는 외적으로 「자격기본법」에 근거해 국무총리 산하 국책연구기관인 한국직업능력연구원에 민간자격으로 등록된 '걷기 지도자 자격증'을 취득해야 하며, 자격은 1급과 2급으로 구분된다. 이들은 걷기 클럽, 학교, 복지관, 보건소, 기업, 지역사회 등 다양한 현장에서 과학적 근거를 바탕으로 걷기 운동을 지도한다.

요약하자면, 걷기 지도자란 제도적 자격을 갖추고 걷기에 대한 과학적·전문적 지식을 바탕으로 사람들의 건강한 걸음을 이끌며, 인간적 공감으로 마음을 움직이고, 공동체의 문화 속에서 새로운 길을 여는 사람이다.

2) 걷기 지도자의 정체성

정체성(正體性)은 어떤 존재가 본질적으로 가지고 있는 특성과 그 존재를 존재답게 만드는 근원적 특징을 의미한다. 걷기 지도자의 정체성은 단순히 걷기 기술을 가르치는 기능적 역할을 넘어, 참가자들이 건강하고 안전하게 걷도록 돕고, 올바른 문화를 만드는 전문적 리더십에서 비롯된다. 즉, '걸음을 가르치는 사람'을 넘어 '건강한 길을 함께 만들어 가는 사람'이자, 개인과 공동체를 연결하는 촉진자이다. 걷기 지도자는 전문성과 사명감이 결합될 때 비로소 완성된다. 이러한 의미에서 걷기 지도자의 정체성은 다음 세 가지 차원으로 정의할 수 있다.

(1) 전문성의 정체성

걷기 지도자의 전문성은 과학적 지식을 기반으로 한 지도 능력에서 출발한다. 단순히 "많은 길을 걸어 봤다."라는 경험만으로는 충분하지 않다. 걷기의 생체역학, 보행 자세, 보폭과 속도 조절, 운동 강도 설정, 상해 예방, 응급처치, 보행 영상 분석 등 객관적 근거에 기반한 지도 역량이 필수적이다. 또한 다양한 연령과 체력 수준에 맞는 맞춤형 프로그램을 설계할 수 있어야 하고, 참가자의 신체 상태와 위험 요인을 파악하여 적절한 피드백을 제공할 수 있어야 한다.

이러한 전문성은 지속적인 학습과 훈련을 통해 유지·발전된다. 세계보건기구(WHO)와 미국스포츠의학회(ACSM)가 제시하는 신체 활동 가이드라인에 따르면, 걷기는 모든 연령층에게 안전하고 효과적인 신체 활동이지만, 올바른 강도 조절과 준비 운동·정리 운동이 필수적이라고 강조된다. 걷기 지도자는 최신 지식을 습득하고, 국내외 걷기 길, 걷기 대회, 걷기 동호회, 걷기 강습 등 다양한 현장에서 전문성을 확장해야 한다.

(2) 윤리 · 안전의 정체성

걷기 지도자의 정체성을 이루는 두 번째 축은 '윤리'와 '안전'이다. 걷기는 비교적 안전한 활동이지만, 지도자의 미숙함, 부주의, 무리한 진행, 부적합한 장비 안내, 기상 및 지형 분석 부족 등은 참가자의 부상과 사고로 이어질 수 있다. 따라서 걷기 지도자는 모든 활동에서 안전을 최우선으로 고려해야 하며, 참가자의 건강 상태를 확인하고, 코스 위험 요소를 사전에 점검하며, 비상 상황에 대처할 수 있는 건전한 판단력과 적시 적절한 조치 능력을 갖추어야 한다.

윤리는 지도자의 신뢰를 결정하는 기준이 된다. 지도자는 참가자의 개인 정보를 보호하고, 상업적 목적이나 특정 이익을 우선하지 않으며, 참가자의 자율성과 존엄을 존중해야 한다. 지도자가 갖추어야 할 태도는 솔선수범과 몸을 지도하는 것보다 마음을 해치지 않는 것이다. 지도자의 한마디 말, 시선, 상호작용 방식은 참가자에게 동기부여가 될 수도, 상처가 될 수도 있다. 결국 윤리와 안전은 전문성을 지탱하는 기반이자 지도자가 신뢰받는 가장 중요한 이유이다.

(3) 관계 · 공동체의 정체성

걷기 지도자는 '함께 걷는 사람들'을 확장해 나아가야 한다. 걷기는 단순한 운동을 넘어 소통과 감정 교류를 촉진하는 활동이며, 함께 걸을 때 삶의 회복력과 사회적 지지가 강화된다. 지도자는 참가자들이 서로 인사를 나누고, 격려하고, 성취를 공유하도록 돕는 촉진자(Facilitator) 역할을 수행한다.

걷기 지도자는 지역사회 건강 문화를 선도하는 공공적 리더로서, 사익보다 봉사와 공익을 우선하는 자세를 지닌다. 또한 지역사회와 연결되는 걷기 문화 형성도 중요한 역할이다. 지

걷기의 실천, 그리고 걷기 지도자의 소명

역의 자연과 길, 공원, 문화유산, 환경, 안전 인프라 등과 협력하면서 걸으며 역동하는 도시와 마을을 만들어 가는 데 기여할 수 있다. 건강한 공동체는 건강한 사람들로부터 시작되고, 건강한 사람은 건강하게 걷는 생활에서 만들어진다. 걷기 지도자는 이러한 선순환을 이끌어 내는 사회적 리더이다.

3) 걷기 지도자의 철학과 사명

저자는 Pathfinder(길을 여는 사람)라는 단어를 특별히 아끼며 늘 마음속에 새긴다. 이 단어에는 걷기 지도자가 걸어야 할 철학과 사명이 고스란히 담겨 있다. Pathfinder는 아직 아무도 걷지 않은 길을 먼저 걸으며, 다른 이들이 안전하고 의미 있게 나아갈 수 있도록 길을 닦는 사람이다. 걷기 지도자 또한 그렇다. 걷기 지도자는 단순한 강사가 아니라, 새로운 길을 열어 사람들에게 방향을 제시하고 길 위에 설 용기를 심어 주는 사람이다.

걷기 운동은 단순한 건강 실천을 넘어 생활체육 종목으로 자리 잡고, 나아가 스포츠로 확장되어야 한다. 이 변화와 전진의 중심에 바로 걷기 지도자가 있어야 한다. 걷기 지도자는 개인의 걸음이 건강한 습관으로 이어지도록 돕고, 그 걸음이 모여 사회의 걷기 문화를 형성하도록 이끈다. 걷기 지도자는 몸을 통해 길을 가르치지만, 그의 궁극적인 가르침은 마음을 일깨우는 데 있다. 지도자는 사람들에게 '어떻게 걷는가'보다 '왜 걷는가'를 먼저 일깨워야 한다. 그 마음의 불씨가 피어날 때, 비로소 걷기는 습관이 되고 문화가 된다. 오늘의 걷기 지도자는 단순한 프로그램 운영자나 강사를 넘어 건강한 사회를 향해 길을 여는 문화의 창조자이다.

걷기 지도자 한 사람 한 사람의 한 걸음은 한 시대의 걷기 문화를 이끄는 걸음이며, 생활체육과 스포츠로서의 걷기가 확산되기 위해서는 누군가가 먼저 그 길을 찾아내고 걸어 내며 사람들을 이끌어야 한다. 따라서 걷기 지도자의 사명은 단순히 지식을 전하는 데 있지 않다. 걷기 지도자의 역할은 '걷는 문화를 새롭게 설계하는 일'이며, 그의 철학은 '한 걸음의 가치를 믿는 것'이다. 한 사람의 발걸음이 한 사회의 건강 문화로 이어지도록 다리를 놓는 사람, 그가 바로 Pathfinder, 걷기 지도자이다.

4) 걷기 지도자의 역할과 소양

(1) 걷기 지도자의 역할

걷기 지도자의 역할은 단순히 걷기 운동 지도에 그치지 않는다. 그들은 건강한 개인과 사회를 만들어 가는 생활체육 전문가이자, 지역의 활동가이며 공동체의 리더로서 다음과 같은 역할을 수행한다.

가. 건강 증진의 촉진자

걷기 지도자는 참여자의 신체적 건강뿐 아니라 정신적 회복을 돕는 건강 촉진자이다. 연령과 체력 수준에 맞는 바른 걷기 자세, 운동 형태와 강도 등을 세심하게 계획하고 지도함으로써 국민 건강 증진과 유지에 기여한다. 또한 지도자는 스스로 건강한 생활 습관과 바른 걸음을 실천함으로써 참여자의 본보기가 되어야 한다. 말로만 강조하고 행동으로 실천하지 않는 지도자는 참여자의 신뢰를 얻기 어렵다.

나. 안전 관리자

걷기 프로그램에서 안전은 최우선 가치다. 걷기 지도자는 이동 경로, 기상 상황, 참가자의 건강 및 체력 상태를 종합적으로 판단해 위험을 예측하고 사고를 예방해야 한다. 또한 응급 상황 발생 시 적시 적절한 판단과 조치를 시행할 수 있어야 한다. 세계보건기구(WHO, 2020)는 생활체육 지도자의 전문적인 안전 관리 개입이 참여자의 사고 발생률을 약 30% 이상 낮춘다고 보고했다. 따라서 걷기 지도자는 단순한 운동 지도자를 넘어 안전 관리 전문가의 역할을 함께 수행해야 한다.

다. 공동체의 길잡이

걷기 지도자는 학교, 기업, 복지기관, 지자체 등 다양한 현장에서 걷기 프로그램을 기획하고 운영하며, 참여자 간 소통과 유대를 활성화하는 공동체의 매개자이다. 걷기 동호회나 걷기 클럽의 조직과 지원, 걷기 대회 및 행사의 기획과 운영을 통해 지역사회의 화합과 건강 문화를 촉진하고 확산시킨다.

라. 걷기 문화의 확산자

걷기 지도자는 개인을 넘어 사회 전반에 '걷는 문화'를 확산시키는 문화 운동가이다. 걷기의 철학과 가치, 자연환경과의 조화를 전하며, 생활체육으로서의 걷기뿐 아니라 스포츠 종목으로 성장할 수 있는 기반을 마련한다.

즉, 걷기 지도자는 참여자의 건강을 지키는 교육자이자, 지역사회와 문화를 변화시키는 Pathfinder(길을 여는 사람)이다.

(2) 걷기 지도자의 소양

걷기 지도자는 전문적인 지식과 기술뿐만 아니라 인성과 실천력을 겸비해야 한다. 걷기 지도자의 소양은 단순한 강습 능력을 넘어, 사람과 사회를 이끄는 지도자의 품성과 철학을 포함한다.

가. 전문성(Professionalism)

걷기 지도자는 인체해부학, 운동생리학, 스포츠심리학, 보행 분석, 스트레칭과 근력 운동 등 다양한 운동학적 기초 지식을 바탕으로 지도해야 한다. 또한 목적에 합당한 다양한 형태의 걷기 프로그램을 계획하고 운영할 수 있는 능력을 갖추고, GPS·모바일 앱·나침반·무전기, 지도 등 보행 관련 도구를 능숙하게 활용해야 한다. 안전 관리와 응급처치 교육을 이수하여 현장에서 필요한 능력을 갖추는 것은 필수이다. 지속적인 연수와 경력 축적 등 전문 지식과 경험의 확장을 통해 전문성을 유지하고 발전시켜야 한다.

나. 소통(Communication)

효과적인 지도와 강습은 일방적인 지시가 아니라 참여자 중심의 이해와 소통에서 출발한다. 참여자가 스스로 목표를 설정하고 변화의 주체가 되도록 돕는 '동기 강화 상담(Motivational Interviewing)'과 같은 코칭 기술은 지도자의 핵심 역량이다[59]. 소통은 참여자와의 신뢰 관계 속에서 내적 동기를 일깨우는 힘이 된다.

다. 공감(Empathy)

걷기 지도자는 참여자의 신체적 상태와 감정을 이해하고 존중할 줄 알아야 한다. 참여 동기, 연령과 성별, 장애인, 저체중, 과체중, 보유 질환 등 다양한 대상의 특성을 고려하여 상황에 맞는 언어와 속도로 접근하며, 따뜻한 격려로 참여를 지속시키는 공감적 태도가 필요하다.

라. 책임(Responsibility)

걷기 지도자는 자신의 건강을 유지함으로써 모범을 보여야 하며, 걷기 활동 중 발생할 수 있는 위험과 돌발 상황에 책임감을 가지고 대처해야 한다. 또한 국민의 건강 증진에 기여한 다는 공공적 리더십과 봉사 정신을 가져야 한다.

정리하면, 걷기 지도자는 건강을 증진시키고, 안전을 지키며, 공동체를 연결하고, 문화를 확산시키는 사람이다. 걷기 지도자는 기본적으로는 걷기 운동 지도자이면서, 삶의 길을 함께 걷는 길잡이이자 문화의 Pathfinder이다. 걷기 지도자의 전문성과 인성, 소통과 책임은 곧 우리 사회의 건강한 걷기 문화를 만들어 가는 근본이 된다.

5) 걷기 지도자 활동 시 준수 사항

걷기 지도자는 강습의 전 과정에서 지도자로서의 책임감과 품위를 유지해야 한다. 무엇보다 시간 약속을 철저히 지키고, 강습 전에는 반드시 현장 답사와 지형 분석, 안전 점검을 실시해야 한다. 참여자의 건강 상태와 복장, 휴대 물품 등을 사전에 확인하여 안전사고를 예방하고, 강습 전후로는 충분한 준비 운동과 정리 운동을 지도하여 부상 위험을 최소화한다. 모든 상황에서 걷기 지도자는 참여자에게 신뢰감을 주는 태도와 언행을 유지해야 하며, 강습 대상의 연령, 체력, 목적에 따라 프로그램을 맞춤형으로 조정·운영해야 한다. 또한 지도자는 참여자의 개인 정보를 보호하고, 직무 범위를 벗어난 월권행위나 사적 개입을 삼가야 한다.

위와 같은 걷기 지도자의 기본적인 실천 사항은 걷기 강습의 질을 높이고, 지도자의 전문성과 윤리를 함께 확립하는 바탕이 된다는 측면에서 다음과 같은 내용을 한 번 더 강조한다.

(1) 시간 준수 및 사전 준비
가. 강습 시간과 약속을 철저히 지킨다.
나. 현장 답사 및 지형 연구를 통해 코스의 안전을 확보한다.
다. 기상 상황과 노면 상태, 안전사고 발생 요인을 사전에 점검한다.
라. 강습에 필요한 장비나 물품의 작동 상태와 수량 등도 확인해야 한다.

걷기의 실천, 그리고 걷기 지도자의 소명

(2) 참여자 상태 확인

가. 참여자의 건강 상태, 복장, 신발, 휴대 물품을 점검한다.

나. 개인의 체력 수준에 따라 걷기 코스, 형태, 강도, 휴식 등을 조절한다.

(3) 준비 운동과 정리 운동 지도

가. 충분한 준비운동으로 부상 위험을 줄이며 운동의 효과를 증진한다.

나. 정리운동으로 상해 여부를 파악하고 회복을 돕는다.

(4) 지도자의 품위와 언행 유지

가. 강습 전 과정에서 지도자로서의 모범적인 태도와 품격 있는 언어를 유지한다.

나. 불명확한 말투, 구부정한 자세, 잘못된 걸음걸이 등에 주의한다.

다. 참여자에게 존중과 신뢰를 주는 자세로 임한다.

(5) 맞춤형 강습 운영

가. 대상자의 연령, 체력, 목적에 적합한 프로그램을 구성한다.

나. 프로그램 중 유연하게 강도와 속도를 조정한다.

(6) 개인 정보 보호 및 윤리 준수

가. 참여자의 개인 정보를 안전하게 관리하며 교육 목적 외 사용을 금지한다.

나. 직무 범위를 벗어난 월권행위나 사적 지시를 하지 않는다.

6) 걷기 지도자 활동 분야

걷기 지도자는 생활체육 현장과 지역사회, 교육기관 등 다양한 영역에서 활동할 수 있다. 걷기 지도자는 걷기 운동을 단순한 신체 활동으로 한정하지 않고 건강을 증진과 유지하며, 교육, 문화 확산, 사회 공헌의 영역으로 확장시키는 실천적 리더이며 활동가이다. 걷기 지도자의 활동 분야는 다음과 같이 구분할 수 있다.

(1) 걷기 지도자 양성 과정 및 자격 교육 분야

가. 걷기 지도자 자격 교육 및 연수 과정 등에서 전문 강사로 활동한다.

나. 걷기 운동의 이론과 실기를 지도한다.

다. 강사 워크숍, 세미나 등의 프로그램을 담당할 수 있다.

(2) 학교 · 보건소 · 복지관 · 기업 등 생활 현장 교육 분야

가. 청소년 대상의 생활체육 프로그램에서 바른 자세·걷기 교육을 진행한다.

나. 보건소 등에서는 만성 질환 예방·재활 프로그램의 강사로 활동한다.

다. 기업체 및 근로자 등 직장인 대상의 맞춤형 걷기 운동을 지도한다.

(3) 걷기 동호회 및 클럽 운영 분야

가. 지역 걷기 동호회, 직장인 클럽 등에서 조직·운영·회원 관리를 담당한다.

나. 코스 개발, 주기적 모임 운영, 걷기 문화 확산을 위한 리더로서 활동한다.

다. 참여자 유대와 공동체 의식을 높이는 걷기 문화 촉진자 역할을 수행한다.

(4) 지역 걷기 이벤트 및 대회 운영 분야

가. 지역 축제, 건강 걷기 대회, 테마형 이벤트 등의 기획·운영자로 참여한다.

나. 안전 관리, 코스 설계, 참여자 안내 등 현장 운영의 핵심 역할을 맡는다.

다. 행사 전반 언론이나 기관과의 협업을 통해 걷기 문화 활성화에 기여한다.

(5) 지역사회 건강 증진 및 생활체육 봉사 분야

가. 지역 주민의 건강 향상을 위한 생활체육 봉사자로 활동한다.

나. 취약 계층, 노인, 장애인 대상으로 걷기 재활·낙상 예방 교육을 실시한다.

다. 걷기 지도를 통한 사회 공헌 활동과 지역 건강 문화 확산에 기여한다.

참고로 일본에서는 걷기 지도자가 실버 세대를 위한 낙상 예방 교육에 적극 참여하여 노인의 보행 안정성 향상에 큰 효과를 보였다는 연구가 보고된 바 있다(일본정형외과학회, 2018). 따라서 걷기 지도자는 단순한 강사의 영역을 넘어 사람과 지역, 그리고 사회를 건강하게 연결하는 공공적 리더십으로 확장된다. 또한 교육, 복지, 산업, 지역사회의 다양한 현장에서 국민과 지역민의 건강 증진을 위해 봉사하는 활동가이자, 걷기 문화를 확산하는 길잡이(Pathfinder)이다.

7) 걷기 지도 계획서 작성 시 포함 사항

걷기 지도 계획서는 단순 일정표가 아니라, 참여자의 건강·안전·효과를 보장하는 종합 문서이다.

(1) 신체 균형과 보행 자세 측정 및 분석
(2) 바른 자세 및 바른 걷기 필요성 교육
(3) 바른 자세(앉기, 서기, 걷기) 및 바른 걸음걸이 지도
(4) 참가자의 특성과 욕구(Needs)에 맞는 걷기 운동 시행
(5) 준비 운동·정리 운동·근력 운동 시행
(6) 기타 걷기 관련 프로그램

체계적이고 과학적인 계획서를 바탕으로 강습이 진행될 때, 참여자의 운동 만족도와 재참여율은 현저히 높아진다(대한생활체육학회, 2022). 걷기 지도자는 바르게 걷기와 걷기 운동 전문가로서 단순한 강습자가 아니라, 국민 건강을 책임지는 생활체육 지도자이자 봉사자이다. 전문 지식과 실천적 소양을 바탕으로 올바른 보행법을 전파하고, 다양한 현장에서 활동하며, 지역사회 건강 증진에 기여한다. 또한, 과학적 근거에 기반한 교육과 체계적인 지도 계획을 통해 안전하고 효과적인 걷기 운동을 이끌어 가는 핵심 역할을 수행한다.

8) 걷기 지도자 선언문

(1) 나는 길 위의 건강 안내자이며 동반자다
나는 사람들과 같이 걸으며 길을 안내하고,
걷기를 통해 건강을 증진하고 삶의 질을 높이는 데 기여한다.

(2) 나는 패스파인더(Pathfinder)다
아직 닦이지 않은 길 위를 먼저 나아가 걸으며,
생활체육과 스포츠로의 걷기로 제도화되고 확장되도록 앞장선다.

(3) 나는 걷기 문화 활동가다

나의 한 걸음이 건강한 사회로 나아가는 촉매가 되고,
걷기의 의미와 즐거움이 사람들의 삶 속에 스미도록 확산시킨다.

(4) 나는 동기부여자다

걷기를 향한 마음의 불씨를 일으키고,
걷기를 통해 사람들의 몸과 마음이 함께 단단해지도록 이끈다.

(5) 나는 안전 관리자다

모든 걸음은 안전에서 시작되고 안전으로 끝이 난다.
모든 성취는 안전 위에서 세워진다는 것을 잊지 않는다.

(6) 나는 오늘도 사유하고 걷는다

걷기를 통해 몸과 마음의 조화를 찾고,
걷기 지도자로서 길 위에서 사유하며 걷기를 실천한다.

걷기의 실천, 그리고 걷기 지도자의 소명

2. 걷기 동호회(Club)

걷기 동호회(club)는 특정 분야나 스포츠 종목에 대한 관심과 목적을 공유하는 사람들이 자발적으로 모여 정기적 또는 비정기적으로 함께 활동하는 모임이다. 규모는 소규모의 2~3명에서부터 수천 명에 이르는 대규모 조직까지 다양하다. 특히 걷기 운동은 남녀노소 누구나 쉽게 참여할 수 있고 준비물이 간단하기 때문에, 동호회 활동을 통해 사회적 교류, 건강 증진, 여가 선용을 동시에 충족할 수 있다.

1) 걷기 동호회 조직과 운영

동호회의 기본 구성은 일반적으로 정관, 운영진, 회원으로 이루어진다. 체계적 운영을 위해 명시적인 정관이 필요하기도 하고, 소규모 모임의 경우 간단한 규칙을 정하여 공유하는 정도로도 가능하다. 효율적인 운영을 위해서는 최소한의 운영 주체가 필요하며, 이를 흔히 임원진 또는 스태프(Staff)라고 부른다. 규모와 성격에 따라 회장, 부회장, 대장, 총무 등의 직책으로 나눌 수 있다.

걷기 동호회의 운영진에는 가급적 걷기 지도자가 포함되는 것이 권장된다. 걷기 지도자는 바른 자세와 올바른 걷기법, 다양한 걷기 운동 방법뿐만 아니라 스트레칭, 상해 예방, 응급 처치 등의 전문적 능력을 갖추고 있어 동호회 회원의 안전과 효과적인 운동을 보장한다. 또한, 운영진은 발생 가능한 위험을 사전에 예측하고 대비하는 위기 관리(Risk Management) 계획을 수립하여 모든 회원과 공유해야 한다.

운영에 필요한 예산은 보통 회원 회비나 참가비로 충당하며, 행사 운영비·보험료·장비 구입비 등으로 사용된다. 회원과의 의사소통 및 정보 제공 수단은 시대적 변화에 따라 다양해지고 있다. 과거에는 안내문이나 전화 연락이 일반적이었다면, 최근에는 인터넷 카페, 동호회 홈페이지, SNS 밴드, 카카오톡 단체방 등이 주요 소통 창구로 활용되고 있다. 동호회 회원들에게 제공되는 정보의 주요 내용은 다음과 같으며 문서나 핸드폰(밴드, 카카오톡, 문자) 등을 이용할 수 있다.

(1) 걷기 일시 및 장소(코스) 안내

(2) 준비물 및 복장 지침

(3) 안전 수칙 및 응급 상황 대처 요령

(4) 자연 보호 관련 '흔적 남기지 않기(Leave No Trace)' 원칙 안내[60]

(5) 건강 관리 및 운동 효과 관련 자료

(6) 교통편 및 집결 장소 안내

(7) 비영리 동호회 특성에 따른 안전사고에 대한 책임 한계

(8) 비상 연락처(회장, 총무, 인솔자, 기사 등)

이는 단순한 정보 제공을 넘어, 참여자들의 안전 확보와 활동 지속성, 공동체 의식 형성에 큰 역할을 한다. 실제로 국민생활체육조사(2024년 예측)에 따르면 동호회 형태의 생활체육 활동 참여율은 꾸준히 증가하고 있으며, 걷기·등산·자전거와 같은 유산소 운동 기반 동호회가 가장 활발한 것으로 나타났다. 이는 건강 증진, 사회적 유대, 스트레스 완화 효과가 입증되고 있기 때문이다(대한체육회, 2023).

2) 걷기 동호회 형태

걷기 동호회는 목적, 규모, 운영 방식에 따라 다양한 형태로 나눌 수 있다. 독일에서 시작되어 전 세계로 퍼진 '폴크스마르슈(Volkssmarch, 국민 행진)'와 같이, 비경쟁적으로 정해진 코스를 완보하고 기념 메달, 증서, 스탬프 등을 받는 형태의 국제적인 걷기 클럽 문화도 존재한다[61].

(1) 소~중 규모형 걷기 동호회

친구, 지인, 직장 동료, 지역 주민 등이 20~30여 명이 월 1회 정기적으로 모여 걷기 운동을 통해 건강을 증진하고 친목을 도모하려는 목적으로 운영할 수 있으며 주로 동네 공원, 둘레길, 하천 변 산책로 등 근거리 코스를 활용한다. 분기 또는 연간 1회 정도는 전국의 걷기 좋은 길을 선정해 걷기도 한다. 특별한 회칙이나 운영 체계보다는 친목 위주로 유연성이 크다.

* 동호회명: ○○걷기
* 조직구성: 상임대표(1), 공동대표(2), 총무(1), 이사(회원) 등
* 시행일시: 매월 첫째 토요일 10:00~17:00
* 프로그램: 한강길 15km 내외 걷기
* 회   원: 걷기 지도자 등 30여 명(매회 10~20여 명 참가)
* 기   타: 동호회 밴드 운영, 참가비 있음

그림 36

(2) 중~대 규모형 걷기 동호회

수십 명에서 수백 명이 참여하는 형태로, 전국의 걷기 좋은 길을 선정하여 월 1~2회 정기 모임과 테마형 걷기 행사를 병행할 수 있다. 다수의 인원이 참여하는 만큼 회장, 부회장, 총무, 기획이사, 인솔대장, 운영위원 등 규모에 적정한 직책을 편성하여 조직을 안전하고 효율적으로 운영할 수 있어야 한다. 가급적 걷기 지도자와 응급처치 능력을 보유한 회원이 동행하여 올바른 걷기 자세와 스트레칭, 응급 상황에서의 적시적인 처치를 할 수 있는 체계를 구축하여야 한다.

* 동호회명: ○○ 걷기 클럽
* 조직구성: 회장, 부회장, 기획, 총무, 홍보, 감사, 대장(3명), 운영위원 등
* 시행일시: 매월 둘째 토요일 06:00~17:00
* 프로그램: 전국 걷기 좋은 길 15km 내외 걷기
* 회   원: 200여 명(매회 40~45명 참가)
* 기   타: 45인승 버스 운행, 동호회 밴드 운영, 참가비 있음

그림 37

(3) 테마형 동호회

한강을 배경으로 진행되는 '한강길 별밤걷기'는 서울, 경기 등 수도권 지역에 거주하는 걷기 매니아들이 참가하여 퇴근 후 밤 시간을 이용한 걷기를 통해 힐링을 목적으로 운영되고 있다. 걷기 운동과 야간 경관을 동시에 즐기는 인기 프로그램으로 자리 잡았다. 특히 광역시·도, 시·군·구 단위로 별밤걷기 동호회를 운영하고, 연 1회 '전국 별밤걷기' 이벤트도 진행할 수 있다.

* 동호회명: ○○ 한강길 별밤걷기
* 조직구성: 걷기 지도자(1명), 지역별 20여 명
* 시행일시: 매월 셋째 금요일 19:00~21:00
* 프로그램: 한강걷기길 10km 내외 걷기
* 회   원: 서울, 경지 지역 거주 일반인, 걷기 지도자 등 30여 명
* 특이사항: 집합 및 출발 시간과 장소 고정(별도 공지 없음)

그림 38

걷기의 실천, 그리고 걷기 지도자의 소명

3) 걷기 동호회 활동 시 10대 준수 사항

걷기 동호회는 기본적으로 비영리 구조이며, 회장을 비롯한 운영 스태프(Staff)의 자율적 봉사와 공동체 책임감을 기반으로 유지된다. 따라서 참가자 역시 동호회의 취지에 부합하는 상호 존중과 배려, 시간 준수, 안전 의식, 환경 보호 등 책임 있는 태도를 갖추어야 한다. 아래 준수 사항은 저자가 참가하고 있는 걷기 동호회 운영 방침과 여러 동호회, IVV·IML 등 국제 생활체육연맹에서 권장하는 비경쟁·건강 지향 동호회 활동 원칙 등을 참고하여 구성하였다(International Federation of Popular Sports, 2024).

(1) 참가 신청 후 불참 금지—공동체 존중의 기본

참가 신청을 했다면 특별한 사정이 없는 한 반드시 참석해야 한다. 무단 불참은 인원 제한 때문에 참여 기회를 놓친 타 회원, 그리고 생수·간식 준비, 차량 동선, 식당 예약 등 운영 전체에 피해를 준다. 일부 동호회에서는 신청 후 무단 불참을 반복할 경우 일정 기간 참여 제한을 두기도 한다(국민생활체육 참여지침, 문화체육관광부 2023).

(2) 시간 준수—모든 안전 · 진행의 출발점

출발 시간, 중간 휴식, 점심시간 등 모든 일정은 전체 흐름을 고려해 편성된다. 한 명의 지각은 전체 인원의 출발 지연뿐 아니라 해가 지기 전에 완주해야 하는 산길·둘레길 안전 관리에도 직접적인 영향을 준다. 특히 산악형 코스에서는 지각으로 인해 조난 위험이 증가한다는 국내 등산 사고 분석 결과도 있다(소방청 산악사고 통계, 2022).

(3) 걷기 진행 중 음주 금지—'가벼운 건배'는 예외지만, 안전이 원칙

정상주나 휴식 중 소량 음주는 동호회 문화에 따라 허용될 수 있으나, 장시간 음주와 과음은 안전사고를 유발하며 동행자까지 위험에 빠뜨린다. 미국심장협회(AHA, 2020)는 걷기·러닝·등산 시 알코올 섭취가 균형 감각과 판단력을 저하시켜 부상 위험을 높인다고 경고한다.

(4) 정해진 화장실 · 흡연 구역 이용—공공장소 예절

출발 전 충분히 개인 용무를 해결하는 것이 좋다. 또한 흡연은 반드시 지정된 흡연 구역에서만 해야 하며, 걷기 코스나 산림 지역에서의 흡연은 산불 및 환경 훼손 위험 때문에 절대 금지된다. 산림청은 2023년 전국 산불의 약 12%가 부주의한 흡연에서 발생한다고 발표했다.

(5) 쓰레기 회수—'Leave No Trace' 원칙 실천

1회용 도시락 용기, 생수병, 캔, 과일 껍질 등 모든 쓰레기는 반드시 개인이 되가져오기(패킹아웃)로 한다. 'Leave No Trace(흔적 남기지 않기)' 원칙은 국제적인 친환경 아웃도어 규범으로, 국내 둘레길 조성 기준(한국관광공사, 2024)에서도 채택되고 있다.

(6) 적절한 개인 간격 유지—안전과 소통의 균형

걷기 동호회에는 빠르게 걷고 땀을 흘리고 싶은 사람, 담소를 나누며 여유롭게 걷고 싶은 사람 등 다양한 목적이 공존한다. 운영진은 이를 고려해 체력 수준이나 욕구에 부합할 수 있도록 코스를 2~3개로 구분하여 진행하는 것이 가장 이상적이다. 그룹 내에서는 1~2m 정도의 안전 간격을 유지하여 밀집으로 인한 충돌이나 미끄러짐 사고를 예방하고, 갈림길에서의 방향 상실 예방, 위급한 상황에 대한 적시적 전파 등이 가능할 수 있어야 한다. 다만 내리막 길에서는 앞사람과의 간격이 3m 이상 필요하다는 분석도 있다(국립공원공단 안전 매뉴얼, 2023).

(7) 언행 주의—성희롱 · 비속어 · 차별적 표현 금지

동의 없는 신체 접촉, 음란한 농담, 차별적 발언, 불쾌한 별칭 사용 등은 절대 금지된다. 이는 명확히 금지되어야 하는 행동이며, 상황이나 정도에 따라 법적 문제가 될 수 있다. 건강한 문화를 유지하기 위해 일부 동호회는 활동 규정에 '안전·존중 언행 의무 조항'을 명시하고 수시로 교육을 하기도 한다.

(8) 스스로 안전 책임 의식—지도자 지침 준수

걷기 동호회에는 길을 안내하기 위한 목적만이 아니라 참가자의 안전을 위해 인솔자가 있으므로, 인솔자의 정당한 안내나 통제에 협조를 하여야 한다. 인솔자는 반드시 사전에 계획된 코스대로 이동해야 하며, 참가자는 인솔자의 안내에 따라야 한다. 단독 행동, 무단이탈, 임의로 다른 길로 빠지는 행동은 조난·실종·낙상 위험을 높이며 전체 그룹의 안전 관리에 큰 부담을 준다. 한국산악회 사고사례집(2022)에서도 '단독 이탈은 산악 사고 주요 원인'으로 반복 언급된다.

⑼ 뒤풀이에서 과도한 음주 지양—건강과 공동체 배려

뒤풀이 문화는 동호회의 유대감을 높일 수 있으나, 과도한 음주는 건강을 해칠 뿐 아니라 타 회원에게 불쾌감을 주거나 사고로 이어질 수 있다. 일부 걷기 동호회는 걷기 전반에 음주를 아예 허용하지 않거나 '과도한 음주 금지'에 관한 내부 규칙을 통해 건전한 뒤풀이 문화를 유지하고 있다.

⑽ 적절한 피드백—공동체 성장의 에너지

걷기가 끝난 후 동호회 밴드나 카카오톡 등에 사진 공유, 간단한 후기, 코스 개선 제안 등을 남기는 것은 운영진에게 큰 도움이 된다. 특히 IVV·IML 해외 걷기 이벤트에서도 참가자 후기 공유를 공식 권장할 정도로, 후기 문화는 건강한 공동체 유지에 중요한 역할을 한다(IVV Event Guide, 2024).

기타 알게 된 개인 정보(연락처, 소속, 거주지 등)를 이용하여 동호회 회원에게 동의하지 않은 연락을 하거나, 불법적인 영업 활동, 정치적 선전·후원 요청, 종교적 권유·포섭 활동 역시 공동체 활동에서 절대 지양해야 한다. 이러한 행동은 「통신매체이용음란·스토킹처벌법·개인정보보호법(개인정보보호위원회, 2024)」 등과도 연관되어 법적 문제가 될 수 있으며, 무엇보다 참여자의 안전한 동호회 활동을 침해하여 공동체 신뢰를 크게 훼손한다. 실제로 국내 여러 생활체육 동호회에서 특정 종교나 단체 가입 권유, 건강 기능 식품 판매 시도, 정치적 모임 참여 요청 등을 이유로 갈등이 발생하여 회원 탈퇴 또는 활동 중단 사례가 보고된 바 있다(국민생활체육 설문조사, 2023). 따라서 동호회에서 개인 정보는 오직 정당한 동호회 운영과 안전 관리 목적으로만 사용하며, 그 외 어떠한 사적·상업적·이념적 목적에도 이용되지 않도록 명확한 규범을 유지하는 것이 중요하다.

3. 걷기 대회와 걷기 이벤트

걷기 대회 또는 걷기 이벤트는 광역시·도나 시군구 등의 지방자치단체(地方自治團體), 기업, 단체들이 다양한 형태와 규모로 개최하고 있다. 먼저 대회와 이벤트의 개념을 이해하고 걷기 대회와 걷기 이벤트의 사례를 참고하여 걷기 운동이 생활체육을 넘어 스포츠로 발전할 수 있도록 하여야 한다.

1) 대회(Competition, Contest)

(1) 대회의 정의

대회는 특정 종목이나 활동에서 참가자 간의 경쟁을 통해 성과를 겨루는 공식적인 행사를 의미한다. 스포츠학에서는 '규칙(Rule)에 의해 통제된 상황에서 기술·체력·전략을 동원해 우열을 가리는 활동'으로 정의된다[Coakley, J. (2015). Sports in Society]. 걷기 대회는 '누가 더 빠르고, 오래, 효율적으로 걷는가'를 겨루는 성격이 강하다.

(2) 대회의 특징

가. 순위나 성과가 존재: 기록, 점수, 완주 여부 등에 따라 순위가 매겨짐
나. 규칙 준수: 주최 또는 주관자가 정한 규칙에 따라 진행
다. 경쟁성 강조: 참가자 간 경쟁이 본질
라. 공식적 절차: 심판·운영위원회·규정집 등 제도적 장치가 마련됨

(3) 걷기 대회

가. 울트라걷기대회
가) 유형: 장거리 걷기
나) 기간: 10일
다) 장소: 해파랑길, 코리아 둘레길 등 장거리 코스

걷기의 실천, 그리고 걷기 지도자의 소명

라) 거리: 400km

마) 인원: ○○명

바) 내용: 1일 40~50km 걷기

사) 방법: 도착순, 정해진 루트 이용, 체크 포인트 경유, 방향 유지 병행 등

네덜란드의 '네이메헌 4일 행진(Nijmeegse Vierdaagse)'은 매년 수만 명이 참가하여 나흘간 매일 30~50km를 걷는 세계 최대 규모의 걷기 대회로, 경쟁보다는 완주 자체에 의미를 두지만 극한의 인내력을 시험한다는 점에서 울트라 대회의 성격을 띤다[62].

나. 철인걷기대회

가) 유형: 중거리 걷기

나) 기간: 1일(24시간)

다) 장소: 지역 둘레길 등 중거리 코스

라) 거리: 100km

마) 인원: ○○명

바) 내용: 24시간 무박으로 100km 걷기

사) 방법: 도착순, 정해진 루트 이용, 체크 포인트 경유, 방향 유지 병행 등

24시간 내 100마일(약 161km) 완주자에게 주어지는 센추리온(Centurion) 자격은 국제적으로 인정받는 명예로운 칭호다. 철인 3종 경기와 같이 걷기, 수영, 자전거 등 혼합 가능하다.

다. 러킹(Rucking)대회

가) 유형: 중거리 걷기 + 중량 배낭 부하

나) 기간: 1일(24시간)

다) 장소: 도심 둘레길, 산악 코스, 군사 훈련 루트 등

라) 거리: 50~100km

마) 인원: ○○명

바) 내용: 10~20kg 내외의 배낭(Ruck Sack)을 메고 지정된 루트 걷기

사) 방법: 중량 배낭 착용, 체크 포인트 경유, 도착순(완주 시간) 경쟁 형식

사례

러킹은 군(軍)의 훈련인 행군에서 비롯된 활동으로, 등에 일정한 무게를 짊어진 채 걷거나 행군하는 운동 방식을 말한다. 단순한 걷기보다 근력·지구력·심폐 지구력을 동시에 사용하기 때문에 체력 향상 효과가 높으며, 미국과 유럽에서는 러닝과 걷기를 대체하는 워킹 스포츠로 확산되고 있다.

미국의 고럭(GORUCK, 러킹 전용 백팩과 웨이트 플레이트를 제작·판매)이 주최하는 '고럭 챌린지(GORUCK Challenge)'는 미국 전역과 해외 주요 도시에서 개최되는 대표적인 러킹 이벤트로 알려져 있다. 고럭 측 자료에 따르면 2010년 이후 현재까지 1만 회 이상의 챌린지를 주관했으며, 러킹을 단순한 보행 운동이 아닌 전신 체력 단련과 협동 중심의 스포츠 활동으로 확장시킨 사례로 평가된다.

라. 노르딕워킹대회(Nordic Walking)

가) 유형: 중거리 걷기 + 폴(스틱) 사용

나) 기간: 1일 또는 주말형(6~8시간)

다) 장소: 공원, 자연 트레일, 도시 둘레길 등

라) 거리: 10~30km(종목 및 난이도에 따라 변동)

마) 인원: ○○명

바) 내용: 노르딕워킹 폴을 이용하여 상·하지 근육을 모두 사용하며 걷는다.

사례

국제노르딕워킹연맹(INWA)이 주관하는 유럽 선수권대회가 2025년 핀란드 라흐티에서 개최되었다. 종목 구성은 5km, 10km, 21km 등 다양하고, 남녀 연령별 카테고리로 나

걷기의 실천, 그리고 걷기 지도자의 소명

뉘고 연중 누구나 참가 가능한 '오픈' 형태의 대회로, 노르딕워킹 기술 규정(폴 사용, 보행 기술) 등을 심사한다. 겨울 스포츠로 명성이 높은 라흐티 지역의 인프라(스키점프 힐, 경기장 등)를 활용하여 대회 인지도를 높였다. 일반 참가 이벤트(Fun Run)를 포함하여 경쟁과 참여형 복합 프로그램을 설계하여 초심자부터 숙련된 워커까지 다양하게 참여하게 하였다. 현재 국내에서는 대규모 국제노르딕워킹 챔피언십 수준으로 정립된 대회는 없으나 완도군 등 일부 지방자치단체에서 노르딕워킹 교육과 해변 걷기 등 다양한 이벤트를 진행하고 있다.

마. 피겨워킹(Figure Walking)대회

가) 유형: 무대 경연(예술 스포츠)

나) 기간: 1일

다) 장소: 실내 체육관, 운동장 등

라) 거리: 10~100m

마) 인원: ○○명

바) 내용: 바른 자세 걷기, 주제별 걷기, 걷기 퍼포먼스 등

사) 방법: 개인 및 단체의 걷기 자세 또는 예술적 내용 등을 평가

사례

2013~2016년 청소년 걷기 국토순례 기간 중 참가자 대상 개인 및 단체 피겨워킹대회를 개최하여 청소년들의 바른 자세 및 바른 걷기에 대한 중요성을 고취시키고 스포츠로의 걷기 가능성을 검증한 바 있다.

바. 아름다운 걷기 패션 영상 · 사진 콘테스트

가) 유형: Contest

나) 기간: 4개월

다) 장소: 전국

라) 거리: 없음

마) 인원: 제한 없음

바) 내용: 자신 또는 동행인의 걷기 모습(영상), 복장(사진) 응모
사) 방법: 기능, 안전, 패션, 조화 등 심사 규정에 의한 평가 및 시상

2020년부터 시행되고 있으며 단독 또는 400km 걷기 대회 등의 프로그램과 병행하여 운영
이 가능하다. 매년 국내외에서 500여 명이 참가를 하고 있다.

(4) 스포츠 걷기 대회 및 장거리 걷기 시 발생 가능한 문제의 예방과 대책

100km, 400km 같은 초장거리를 완보하는 일은 단순한 체력 테스트가 아니다. 신체적, 정
신적 한계를 경험하는 일로 기술, 체력, 영양, 수면, 장비나 물품, 심리까지 총체적인 준비가
이루어져야 한다. 작은 물집 하나가 발을 디딜 때마다 칼로 찌르는 듯한 고통을 만들고, 무
릎 통증과 졸음, 사타구니 쓸림 등은 남은 여정을 버텨 내기 어렵게 한다. 철저히 준비에도
불구하고 어느 순간 한계와 위기가 찾아오는 것이 장거리 걷기의 현실이다.

그렇기 때문에 장거리 걷기를 앞두고 가장 중요한 것은 문제 발생을 막는 예방 전략과 문제
가 생겼을 때 포기하지 않고 지속하도록 돕는 대처 기술이다. 많은 사람들은 체력과 의지만
준비하지만, 실제로 완보를 가르는 요소는 발, 관절, 영양, 졸음, 심리적 동요 같은 '사소하
지만 치명적인 변수들'이다. 장거리 걷기를 하는 사람들에게 힘들고 고통스러운 순간은 올
수도 있고 오지 않을 수도 있다. 또한 물집이나 통증 등의 문제가 발생하는 시기와 체감도,
이에 대한 처치나 극복하는 방법 등도 각기 다르고 다양하다. 다만 다음의 내용은 저자가
24시간 철야 100km 걷기, 9박 10일 400km 걷기, 급속 산악 지형 걷기 등을 계절과 기상, 그
외의 다양한 환경에서 직접 수행하며 얻은 성공과 실패의 경험과 국내외 장거리 걷기 및 스
포츠 의학 분야에서 검증된 원칙들을 바탕으로 정리한 것이다. 장거리 걷기를 계획하고 있
다면 철저한 준비와 적절한 대처로 상해를 예방하고 완보의 기쁨을 느끼기를 바란다.

가. 발바닥 물집(Blisters)

장거리 걷기에서 가장 먼저, 그리고 가장 높은 확률로 마주하는 문제는 물집이다. 물집은
단순한 피부 손상이 아니라 '걸음을 멈추게 만드는 통증'이 된다. 물집은 주로 마찰·열·습

기(땀)라는 세 가지 요인이 동시에 작용할 때 생긴다.

가) 이중 양말(Double-socking) 방식은 가장 확실한 예방책 중 하나다
1단계 양말인 속 양말은 쿨맥스(CoolMax)나 합성섬유 라이너를 사용해 땀을 밖으로 내보내고, 그 위에 울(Wool) 양말을 덧신어 쿠션을 제공한다. 1단계 양말로 여성용 스타킹을 착용하기도 하나 이것은 고강도 마찰에 적응하도록 제작된 제품이 아니기 때문에 쉽게 손상되고, 손상된 부분이나 봉제선은 오히려 물집 발생의 원인이 될 수 있다.

나) 발가락 양말(Toe socks)은 발가락 사이 땀과 피부 마찰을 줄인다
발가락이 서로 직접 닿지 않고 각각 감싸지기 때문에, 물집이 생기기 쉬운 '발가락 사이' 부위를 효과적으로 보호한다.

다) 내 발에 맞게 길들여진 신발은 장거리 걷기의 기본 중 기본이다
어떤 신발이든 내 발에 맞게 '길들여지는 시간'이 필요하다. 새 신발을 구입했다면 최소 몇 주간은 미리 신으면서 길을 들여야 한다.

라) 통증이 느껴지기 전 또는 통증 즉시 스포츠테이프나 몰스킨을 붙인다
걷기 출발 전, 물집이 잘 생기는 부위(발뒤꿈치, 새끼발가락, 엄지발가락 옆)나 걷기 도중 '아, 이 부분이 자꾸 쓸리네.', '따끔거린다.' 하는 핫스팟(Hotspot)에 스포츠테이프나 몰스킨을 붙이는 것이 좋다.

마) 휴식 시마다 신발과 양말을 벗고 통풍을 시켜 발을 최대한 건조하게 말려 주는 것도 도움이 된다
발가락 사이나 발바닥에 파우더나 바셀린을 미리 바르는 것도 마찰을 줄이는 데 도움이 된다.

기타 물집이 잡혔을 때 터뜨리지 않는 것이 원칙이다. 다만 계속해서 걸어야 한다면 소독된 바늘로 물집 가장자리에 작은 구멍을 2~3개 내어 물을 빼낸다. 물집 부위의 들뜬 껍질을 벗겨 내거나, 면실을 물집에 끼워 놓는 것은 세균 번식, 지속적인 자극, 감염(봉와직염)의 위험이 있어 하지 말아야 한다.

나. 관절 통증(Joint Pain)

평지를 걸을 때 체중의 약 2~3배 정도의 하중이 무릎에 전달된다. 특히 배낭을 메거나 오르내림이 반복되는 둘레길에서는 충격이 더 크게 누적된다. 장거리 걷기에서 완보를 결정짓는 것은 속도보다는 근지구력과 관절 보호 능력이다.

가) 하체 근육을 강화해야 한다

대회 참가나 장거리 걷기 도전을 계획했다면 근력을 강화해야 한다. 스쿼트, 런지, 뒤꿈치 들기와 같은 기초적인 운동은 간단하면서도 어디서든 할 수 있다.

나) 배낭의 결속과 착용 역시 중요하다

자주 꺼내 사용해야 하는 물건, 무거운 짐, 가벼운 짐, 침낭을 등 위쪽부터 아래쪽으로 차례대로 넣어 무게 중심을 잡는다. 어깨와 가슴 끈을 적당하게 당겨 메어 배낭과 상체가 밀착되게 하여 안정감을 높인다.

다) 스틱(Poles)은 선택이 아니라 필수다

장거리 걷기에서는 두 개의 스틱 사용을 권장한다. 이는 무릎과 발목으로 전달되는 하중을 20~30% 줄인다고 알려져 있으며, 실제로 장거리 걷기에서 대부분이 사용하는 장비다.

라) 적절한 보폭을 유지한다

보폭을 너무 넓게 하거나 종종걸음을 하지 않는 것도 중요하다. 피로할수록 적정한 수준에서 보폭을 줄이고 보행 속도(Pace)를 일정하게 유지하는 것이 관절 부담을 줄인다.

마) 수시로 근육을 마사지하고 스트레칭한다

휴식 시마다 아킬레스건, 종아리, 허벅지 근육을 부드럽게 마사지하고 스트레칭한다. 통증이 시작되면 무릎 보호대를 착용하거나 탄력붕대, 키네시오 테이프를 이용하여 관절을 잡아 준다.

바) 비상용으로 소염진통제(NSAIDs)나 붙이는 파스를 준비한다

통증이 극심하여 안전한 이동이 어려운 경우에만 제한적으로 사용해야 한다. 만약 약물에 의존해 통증을 억누르고 오버페이스를 강행한다면, 관절과 근육은 심각한 손상을 입을 수 있다.

걷기의 실천, 그리고 걷기 지도자의 소명

다. 사타구니 쓸림(Chafing)

장거리 걷기에서 사타구니 쓸림도 고통스럽게 한다. 사타구니 쓸림은 대부분 '맨살(허벅지 안쪽)'끼리 쓸리거나 속옷 또는 바지 봉제선과의 피부 마찰 등에 의해 발생한다.

가) 기능성 속옷을 착용한다

면(Cotton) 소재의 속옷을 입지 않아야 한다. 면 소재는 땀을 머금어 피부에 들러붙고, 걸음마다 강한 마찰을 일으킨다. 쓸림을 예방하기 위해서는 컴프레션 쇼츠(Compression Shorts) 또는 드로즈(Trunks) 형태의 합성 섬유(폴리에스터, 라이크라) 속옷이 좋다. 이런 형태의 속옷은 허벅지까지 내려와 피부끼리의 마찰을 원천 차단한다.

나) 쓸림 예상 부위에 바셀린, 안티-채프 밤 등을 미리 충분히 바른다

장거리 걷기 전, 사타구니와 겨드랑이, 어깨 등 쓸림이 예상되는 부위에 바셀린이나 안티-채프 밤(Anti-chafe Balm, 바셀린, 왁스)을 미리 충분히 바르는 것도 도움이 된다. 쓸림이 시작되면 즉시 바셀린 등을 덧발라 마찰을 줄인다.

다) 휴식 시 땀을 닦아 내고 최대한 청결하고 건조하게 유지한다

베이비 파우더나 전용 파우더는 건조에는 도움이 되나, 땀과 뭉치면 오히려 역효과가 날 수 있으니 소량만 사용한다.

라. 졸음(Drowsiness)

장거리 걷기에서 졸음은 언제든 찾아온다. 졸음은 단순히 피곤해서 생기는 것이 아니라, 탈수, 저혈당, 수면 부족, 단조로움 등이 복합적으로 작용해 나타난다.

가) 사전 수면 관리가 필요하다

걷기 며칠 전부터 충분한 수면을 취해 '수면 뱅크'를 만들어 둔다.

나) 카페인 내성 관리와 전략적 섭취도 중요하다

걷기 1~2주일 전부터 커피 등 카페인 섭취를 줄이거나 끊어, 걷기 중 섭취 시 카페인 효과를 높일 수 있도록 준비한다. 걷는 도중에 가장 졸린 새벽 시간대나 고비 때 커피믹스, 카페인 알약, 커피 사탕 등의 카페인을 적절히 섭취한다.

다) 버디 시스템(Buddy System)을 활용한다

2명 이상의 인원을 하나의 '조(Buddy)'로 짝지어, 활동 시간 동안 서로의 안전과 안녕을 상호 책임지게 하는 버디 시스템 (Buddy System) 또는 전우조(戰友組)를 활용한다. 걷는 동안 옆 사람과 계속 대화를 나누고 서로의 상태를 확인하면서 걸어야 한다.

라) 전략적으로 영양과 수분을 공급한다

단순당(사탕, 초콜릿, 에너지젤)은 즉각적인 각성 효과를 준다. 지속적인 칼로리 공급(에너지바 등) 으로 혈당이 떨어지지 않게 해야 한다. 탈수는 피로와 졸음을 급격히 유발한다. 단순히 물만 마시지 말고, 소금 정제 보충제(Salt Tabs)나 전해질 보충제(이온음료 분말)를 함께 섭취해야 한다.

마) 짧고 굵은 휴식(Power Nap)을 취한다

예를 들어 40분~50분을 걷고 10~20분간의 짧은 수면은 피로 회복에 효과적이다.

바) 페이스 변화

단조로운 걸음에 변화를 준다. 잠시 속도를 높이거나, 노래를 부르거나, 5분간 다른 생각을 하는 등 뇌를 환기시킨다.

마. 배고픔과 에너지 고갈(Bonk)

근육 속 글리코겐이 바닥나 몸이 움직일 수 없는 상태인 봉크(Bonk)에 이를 수 있다. 극심한 피로, 어지러움, 판단력 저하까지 동반되며 이런 증상이 느껴지면 즉시 휴식을 취하고 에너지젤이나 사탕, 콜라 등 흡수가 가장 빠른 단순당을 섭취해서 체력을 회복하고 회복된 이후에는 복합 탄수화물(에너지바, 육포 등)을 추가로 섭취하여 에너지가 다시 고갈되는 것을 막아야 한다. 대회를 한다면 주최 측은 일정한 거리마다 짧은 시간의 휴식과 에너지를 제공할 수 있도록 계획하는 것도 필요하다.

가) 배고프기 전에 먹는다

정해진 휴식 시간(예: 1~2시간마다)에 배가 고프지 않아도 기계적으로 음식과 수분을 섭취하여 필요한 칼로리를 보충한다. 에너지바, 초콜릿, 사탕, 말린 과일, 빵, 견과류, 스포츠젤 등 빠르게 흡수되는 탄수화물이 도움이 된다.

걷기의 실천, 그리고 걷기 지도자의 소명

나) 탄수화물 비중을 높이는 카보 로딩(Carbo-Loading)을 시행한다

걷기 시작 2~3일 전부터 의식적으로 복합 탄수화물(에너지바, 빵)과 단순당(사탕, 초콜릿, 에너지젤)을 균형 있게 섭취하여 근육 내 글리코겐 저장량을 최대로 채워 둔다. 장거리 스포츠 분야에서 널리 쓰는 방법이다.

다) 휴대와 섭취가 편한 상태의 행동식을 준비한다

껍질을 까기 어렵거나 부피가 큰 음식은 피하고, 즉시 먹을 수 있는 형태로 준비한다. 필요한 경우 걸으면서도 섭취가 가능하면 좋다.

바. 탈수 · 전해질 불균형(Dehydration & Electrolyte Imbalance)

탈수는 단순히 갈증이 나는 상태가 아니라 몸의 냉각 능력·심혈관 기능·근육 수축 기능이 떨어지는 위험 상태이다. 물만 계속 마시면 저나트륨(저염분) 문제가 생기기 때문에, 이온음료·전해질 분말·소금을 적절히 섞는 것이 중요하다.

가) 갈증 나기 전에 마신다

'목마르다'는 느낌은 이미 1~2%의 탈수가 진행되었다는 신호로 볼 수 있으므로 수시로 수분을 조금씩 보충하여야 한다. 소변 색이 진한 노란색 또는 갈색이라면 심각한 탈수 신호이다. 즉시 물과 전해질 섭취를 늘려야 한다.

나) 물과 전해질의 균형이 있어야 한다

맹물만 과도하게 마시면 전해질 농도가 낮아져 '저나트륨혈증'으로 위험해질 수 있다. 소금 정제 보충제(Salt Tabs) 또는 이온음료 분말을 함께 섭취해야 한다. 땀으로 빠져나간 나트륨, 칼륨 등을 보충하는 것이 물을 마시는 것만큼 중요하다.

다) 근육 경련(쥐) 발생은 위험 신호다

쥐가 나면 단순한 근육 피로가 아니라 전해질 불균형 신호일 수 있다. 즉시 스트레칭을 하고, 물과 함께 소금(전해질)을 섭취한다.

사. 정신적 고통과 포기의 유혹(Mental Anguish/Giving Up)

400km 같은 초장거리에서 마지막에 남는 것은 체력이 아니라 강한 의지와 정신력이다. 정신적인 고통과 포기에 대한 강력한 유혹은 400km 정도의 초장거리 걷기 마지막 부분에서

모두에게 닥치며 완보자와 포기자를 가르는 최종 관문이다.

가) '왜' 걷는가(동기)에 대한 강력한 인식이 필요하다.

나) '당연히 고통스러울 것이고, 그것은 지극히 정상'이라고 받아들이고 충분히 극복할 수 있다는 마음가짐이 중요하다

다) 시각화 훈련을 시행한다
출발 전, 고통스러운 순간과 그것을 극복하고 완보하는 순간 성취감에 환호하는 모습을 반복적으로 이미지 트레이닝을 하듯이 상상하는 훈련도 도움이 된다.

라) 목표 쪼개기(Salami Slicing)를 한다
아직 300km나 남았다고 걱정하듯 생각하는 것보다는 목표를 잘게 쪼개어 생각하면 좋다. '앞으로 30분만 더 가자.', '다음 휴식 지점까지만 가자.', '저 앞 코너까지만 가자.' 같은 작은 목표들이 모여 어느덧 400km가 된다.

마) 전우(버디 시스템)의 힘을 공유한다
졸음 대처와 마찬가지로, 정신적 고통 극복에 가장 중요한 요소이다. 동행이 있다면 유쾌한 농담을 하거나, 서로 격려하고, 물이나 간식을 나누어 먹거나, 배낭을 서로 들어 주기도 하고 때로는 그냥 묵묵히 함께 걷는 것만으로도 큰 힘이 된다.

바) 긍정적 자기 암시를 한다
'힘들다.', '죽을 것 같다.'라는 말이나 생각보다는 '나는 할 수 있다.', '괜찮다.', '거의 다 왔다.' '충분히 가치가 있는 도전이다.'라고 생각하는 것이 도움이 된다.

사) 자신에 대한 보상 시스템을 적용한다
작은 목표(예: 10km마다)를 달성할 때마다 자신을 격려하며 작은 보상(물, 껌, 초콜릿 한 조각 등)을 준다.

아) 주변의 자연환경에 집중한다
발바닥의 고통에서 주의를 다른 곳으로 돌린다. 주변의 풍경, 바람 소리, 밤하늘의 별 등 외

걷기의 실천, 그리고 걷기 지도자의 소명

부 환경에 의식을 집중하는 것도 고통을 잊는 방법이다.

자) 자신만의 애창곡을 부른다

장거리 걷기에는 누구나 각자의 리듬을 버텨 내는 도구가 필요하다. 누군가는 기도문을, 누군가는 가족을 떠올리고 누군가는 자신의 애창곡을 흥얼거린다. 특히 걸어도 걸어도 끝이 보이지 않는 길, 체력도 정신력도 한계를 느낄 때 자신만의 애창곡을 부르는 일은 다시 일어설 힘을 준다. 노래는 작지만 확실한 회복의 힘이 있다. 저자에게도 그런 '정신적 버팀목'이 있다. 비바람과 눈보라가 몰아치는 길, 칠흑같이 어두운 밤길을 걸을 때, 양희은의 목소리로 불린 노래 「한계령」은 언제나 함께였다. 천 리 행군 길의 거친 숨결 사이로 흥얼거린 그 노래는 지친 육체와 영혼을 다시 일으켜 세우는 저자만의 비장한 군가(軍歌)이기도 했다.

당신을 다시 일으켜 세울 '당신만의 군가'는 무엇인가? 그 노래는 고비마다 마음과 몸을 다시 일으켜 세우는 보이지 않는 지렛대와 동력이 되고, 긴 인생길을 걸어가는 데에도 작은 등불이 되어 줄 것이다.

2) 이벤트(Event)

(1) 이벤트의 정의

이벤트는 특정 목적을 위해 계획되고 조직된 비경쟁적 활동 또는 축제적 성격의 행사를 의미한다. 학문적으로는 '참가자, 관람객, 지역사회가 함께 경험하고 공유하는 일시적·비일상적 활동'으로 정의된다(Getz, D. (2008). Event Tourism). 즉, 걷기 이벤트는 '누구나 즐기고 경험을 공유하는 참여형 활동'이라는 성격이 강하며 현재의 '○○○ 걷기 대회' 등은 걷기 이벤트적 성격이 강하다고 할 수 있다.

(2) 이벤트의 특징

가. 경쟁이 필수 요소가 아님: 참여와 체험, 교류가 중심
나. 축제적 성격: 즐거움, 체험, 문화적 교류 강조
다. 다양한 형태: 축제, 퍼포먼스, 전시, 걷기 캠페인 등

라. 지역사회 또는 관광과 연계: 참여자의 경험과 지역 활성화 중시

(3) 걷기 이벤트

가. 청소년 걷기 국토순례
가) 유형: 장거리 걷기 이벤트
나) 기간: 3박 4일, 5박 6일, 9박 10일 등
다) 장소: 서울~강원 등 장거리 코스
라) 거리: 40km~300km
마) 대상: 중학생 이상~성인
바) 인원: ○○○명
사) 내용: 1일 25km 내외 걷기, 유적지 탐방 등
아) 성과: 청소년에게 교육적 효과, 성인의 건강 증진, 성취감

나. 건강체중관리걷기대회
가) 유형: 중거리
나) 기간: 6박 7일
다) 장소: 둘레길 등 중거리 코스
라) 거리: 150km
마) 대상: 걷기운동으로 건강 체중 유지를 희망하는 성인
바) 인원: ○○명
사) 내용: 1일 20km 내외 둘레길 걷기, 금주 및 금연, 맞춤식 식단 제공 등
아) 성과: 건강 체중 달성, 생활 습관 개선, 지속 가능한 걷기 운동 동기부여

다. 가족사랑걷기대회
가) 유형: 단거리
나) 기간: 당일 2시간~4시간
다) 장소: 둘레길, 공원, 강변길 등
라) 거리: 6km 내외
마) 인원: ○○○○명
바) 대상: 대한민국 국민 누구나

걷기의 실천, 그리고 걷기 지도자의 소명

사) 내용: 태권도 시범, 부모 손잡고 걷기, 자녀 목말 태워 걷기, 보물찾기

아) 성과: 걷기 이벤트 참가를 통한 가족애 증진, 세대 간 소통과 화합 등

라. 비대면 400km 걷기대회

가) 유형: 비대면 자율 걷기

나) 기간: 9.1.~12.31.(4개월)

다) 장소: 국내외 참가자 거주 지역 일원 걷기 길

라) 거리: 200~1,000km

마) 인원: ○○○○명

바) 내용: 자율적 목표 설정 걷기(200km, 400km, 1000km)

사) 방법: 비대면 자율적 걷기 시행 후 걷기 앱 자료 등 객관적 자료 제출

아) 성과: 앱을 통해 자신의 누적 거리를 확인하며 가상의 국토 종주 체험

마. 걷기 좋은 길 지방자치단체 상 시상

가) 유형: Contest(인증 제도)

나) 기간: 4개월

다) 장소: 전국 걷기 길 및 해당 지방자치단체

라) 거리: 없음

마) 인원: 제한 없음

바) 내용: 자신이 직접 걸어 본 길에 대한 소감과 추천 글 응모

사) 방법: 안전, 접근, 관리 등 심사 규정에 의한 평가 후 인증패 수여

아) 성과: 지역 관광 자원 개발과 지방자치단체의 걷기 길 개발과 관리 촉진

대회와 이벤트 비교

구분	대회(Competition)	이벤트(Event)
목적	경쟁, 우열 가리기	체험, 참여, 즐거움
본질	순위·기록 중심	축제·문화 중심
참가 동기	성취감, 기록 단축, 승리	여가, 건강, 공동체 교류
운영 방식	규칙·심판·순위 결정	자유로운 참여, 프로그램 다양성
걷기 사례	철인 걷기, 울트라 걷기	건강 걷기, 비대면 챌린지, 패션 콘테스트

이상과 같은 대회와 이벤트를 정리하자면 '대회'는 경쟁성을 기반으로 성과를 겨루는 행사이며, 철인·울트라 대회 같은 스포츠적 성격이 강하다. 이벤트는 참여와 축제성을 중심으로 한 행사이며, 걷기에서는 가족건강걷기·비대면 챌린지·걷기 축제처럼 문화·관광과 결합되는 사례가 많다.

3) 걷기 대회와 이벤트의 효과

걷기 행사는 단순한 '걷기'의 집합이 아니라, 지역과 사람을 움직이는 촉매다. 잘 설계된 대회·이벤트는 건강 증진이라는 1차 목표를 넘어 지역 경제, 공동체, 문화·관광까지 파급 효과를 낳으며 구체적인 효과는 다음과 같다.

(1) 경제적 효과

지역경제에 대한 공헌은 단순히 직접적인 소득의 증가나 고용 증가 외에도 경기장, 숙박 시설, 교통망 등 이벤트 관련 시설 건설, 선수 및 관계자와 관광객을 위시한 사람, 물건, 정보, 자본의 유입과 더불어 비즈니스 기회나 투자 기회의 발생 등 활발한 경제활동을 일으킨다. 이는 관광객의 소비가 지역 내 여러 산업으로 연쇄적으로 퍼져 나가는 '승수 효과(Multiplier Effect)'를 통해 초기 투자 대비 몇 배의 경제적 가치를 창출할 수 있다[63].

직접 효과로는 참가비·스폰서십·부스 판매·숙박·식음료·교통 지출 등이 있으며 간접 효과로는 행사 운영을 위한 용역·물류·미디어·안전 관리 발주 등이 있다. 나아가 유발 효과로는 재방문·구전 효과에 따른 장기 관광 수요, 도시 이미지 상승에 따른 투자 유입 등이 있다.

국내에서의 성공적인 사례로 평가되는 신안군 주최의 '퍼플섬 걷기대회', '모랫섬 걷기대회'와 같은 다양한 형태의 걷기 축제를 들 수 있다. 행사 기간에 숙박 시설, 음식점, 기념품과 농수산품 등의 매출이 유의하게 상승한 것으로 분석되었다.

(2) 사회적 효과

개최지로 되어 있는 지역사회의 일체감과 지역 주민과의 연대, 자신의 긍지를 높이고 주민과 지역사회의 연대를 높여 양자의 일체화를 강화하는 것 외에도 지역사회의 인지도, 지명도의 향상이나 이미지를 높이는 데 공헌한다. 사회적 자본 형성 면에서 자원봉사·동호회·학교·기업의 참여가 연결망을 촘촘히 하고 신뢰를 높인다. 참여형 축제성 성격이 강하여 세대·계층이 함께 걷고, 로컬 스토리(길·마을·유산)를 공유하면서 공동체 정체성을 강화한다. 또한 건강 형평성 측면에서 걷기 운동은 진입 장벽이 낮아 남녀노소의 차별 없이 참여가 가능하며 취약 계층도 참여 가능하다.

실제로 영국의 커뮤니티 기반 '파크런(Parkrun)'은 무료 주말 걷기·달리기 이벤트로, 참여자의 사회적 연결감과 정신적 웰빙 향상을 다수의 연구가 보고했다. 파크런 성공의 핵심은 경쟁이 아닌 참여에 가치를 두고, 모든 운영을 지역 자원봉사자들이 주도하는 '커뮤니티 중심 모델'에 있다.

(3) 문화 · 관광적 효과

스포츠와 문화는 공생한다. 문화적 가치 중 가장 두드러진 가치는 스포츠관광(Sport Tourism)이라고 할 수 있다. 스포츠관광은 스포츠 참여를 위한 여행과 스포츠 관람을 위한 여행이라는 두 가지 특징을 가지고 있다.

참여형 관광은 '길' 그 자체가 콘텐츠(생태·역사·미식·로컬 마켓)로 연결된다. 또한 브랜드 스토리텔링으로 코스·메달·완주 스탬프·공연·로컬 아트가 도시의 문화 브랜드를 강화한다. 단기 집중형 관광을 비수기, 주중, 사계절 관광으로 분산이 가능하다.

산티아고 순례길은 종교·문화·관광이 융합된 대표적 걷기 이벤트로, 연간 수십만 명이 참여하며 지역 경제·문화 자산을 동시에 살린다. 국내에서의 다양한 '둘레길·올레길 페스티벌'은 지역 문화 해설, 전통 시장 연계, 지역 예술 공연을 결합해 체험형 관광 모델을 확산시켰다.

(4) 건강 · 의료비 관점의 사회 · 경제적 편익

걷기 이벤트는 참여자의 일일 걸음 수와 활동 시간 증가를 통해 만성 질환 위험을 낮춰 의료비 절감과 생산성 향상으로 이어질 수 있다. 또한 참여를 통해 걷기 운동의 저변을 넓힌다. 걷기 대회는 경쟁과 성취를 통해 동력을 만든다. 이 두 유형이 균형 있게 시행될 때, 지역은 경제가 활성화되고 공동체는 단단해지며, 도시는 고유한 문화와 관광 브랜드를 얻게 된다.

4) 걷기 대회(이벤트) 계획

걷기 대회(이벤트)를 단순히 날짜와 장소를 정하고 참가자들을 모아 걷는 1회성 행사로 생각해서는 안 된다. 걷기 대회를 개최하려면 목적이 명확해야 하며, 그 목적을 달성하기 위해서는 안전사고 예방, 참가자 통제, 코스 설계, 예산 운영, 행정 절차 등 다양한 요소가 종합적으로 작용한다. 따라서 성공적인 대회를 위해서는 체계적 절차에 따라 실행 가능하고 구체적인 계획을 수립하는 것이 필수적이다.

이러한 이유로 기업의 전략 기획이나 리더십 교육에서도 미 육군의 군사결심절차(MDMP, Military Decision Making Process)를 응용하는 사례가 많다. 군사결심절차(MDMP)는 미 육군의 공개(Unclassified) 교리이며, 실제로 민간 조직에서도 효율적인 의사 결정 체계로 널리 활용되고 있다고 알려져 있다(U.S. Army, ADP 5-0: The Operations Process, 2019).

MDMP는 일반적으로 임무 분석 → 상황 평가 → 방안 개발 → 방안 분석(비교) → 방안 결심 → 명령·계획서 작성 → 준비 및 연습 → 시행 및 감독(AAR)의 단계로 진행된다. 이 절차는 목표 달성을 위한 가장 논리적이고 체계적 사고 과정을 제공하기 때문에, 대규모 걷기 대회 기획에도 그대로 적용할 수 있다. 즉, 걷기 대회는 단순한 행사 진행이 아니라, 참가자 안전·코스 환경·의료 지원·리스크 관리 등을 종합적으로 고려하는 정밀한 프로젝트이므로, MDMP와 같은 분석적 계획 수립 방식이 효과적이다. 아래는 MDMP를 걷기 대회 계획 수립에 적용한 예시이다.

(1) 1단계: 임무 분석(Mission Analysis)

첫 단계는 '왜 이 걷기 대회를 개최하는가?'를 명확히 하는 과정이다. 주최 기관(주최자)의 목표·철학·핵심 요구 조건을 명확히 해야 한다.

가. 대회 목적(주최자 의도)
가) 국민 건강 증진
나) 가족 참여 기반의 생활체육 활성화
다) 걷기 문화 저변 확장

나. 대회 방침(Principles)
가) 안전사고가 없는 대회
나) 지역민·가족이 부담 없이 참여할 수 있는 내실 있는 프로그램 운영

다. 핵심 요소(Constraints)
가) 일시: 2026.10.10.(토) 09:00~12:00
나) 장소: ○○공원 일원
다) 인원: 1,000명
라) 예산: 1,000만 원

결론
국민 건강 증진과 걷기 문화 저변 확장을 위해 2026년 10월 10일 09:00~12:00까지, ○○공원 일원에서 1,000명 규모의 걷기 대회를 개최한다.

(2) 2단계: 상황 평가(Situation Assessment)

걷기 코스 조건, 기상 변수, 리스크, 협력 기관을 분석하는 단계이다.

가. 지형 분석
가) 출발과 도착 지점의 수용 능력(무대·주차·화장실·휴게 장소 등)
나) 코스 길이, 포장 상태, 폭, 난이도

다) 유모차, 휠체어, 어린이, 고령자 등 보행 약자 접근성

라) 교차로, 급경사, 횡단보도, 공사 구간 등 위험 및 관심 요소

나. 기상 분석

가) 10월 중순 평균 기온, 강수 확률

나) 우천 시 운영 방안(대회 중지, 실내 대피, 우의 지급, 코스 단축 등)

다) 폭염, 한파, 미세먼지 등 특이 상황 대응 매뉴얼

다. 위험 분석

가) 낙상, 탈진, 응급 환자, 교통 통제, 민원 발생

나) 식사, 간식, 음료 위생 관리(식중독 예방)

다) 동일 날짜 인근 행사로 인한 도로, 주차, 혼잡 가능성

라. 가용 자원

가) 스태프 및 자원봉사자 규모

나) 경찰서, 지자체, 소방서, 보건소, 병원 등 협조 범위

다) 국비, 지방비, 기업 후원, 자체 예산, 참가비

이 단계는 '대회가 가능한가? 어떤 위험이 있는가? 보완할 것은 무엇인가?'를 판단하는 과정이다. 사전 답사와 위험 분석이 부족하면 안전사고로 직결될 수 있다.

(3) 3단계: 방침(방안) 수립(COA Development)

COA(Course of Action)는 '성공 가능한 현실적 대안'을 뜻한다. 걷기 대회에서도 최소 2~3개의 실현 가능한 계획안을 만들어 장단점을 비교하는 것이 바람직하다.

걷기의 실천, 그리고 걷기 지도자의 소명

방안	규모	유형	핵심 개념	장점	단점
#1	대규모	가족형	• 비경쟁성 • 단거리 쉬운 코스(5km) • 개인, 가족 누구나 참가 • 참가비 없음	• 생활체육 목적 • 안전성 높음	• 수익성 없음
#2	중규모	경기형	• 경쟁성 • 규칙, 심판, 기록 판정 필요 • 중거리 어려운 코스(10km) • 숙달된 걷기 매니아 참가 • 참가비 있음	• 스포츠로 발전 • 홍보 효과 큼	• 위험 요소 내재 • 민원 발생 가능 • 가족 참가 제한
#3	소규모	테마형	• 별, 밤, 길을 테마로 걷기 • 자선 기부 연계 100명 한정 • 참가비(기부금) 있음	• 차별성 • 홍보 효과 큼	• 참가 미달 가능 • 위험 요소 내재

(4) 4단계: 방침(방안) 분석 및 비교(COA Analysis/Wargaming)

3단계에서의 2~3개 안을 시뮬레이션하여 최선의 안을 찾는다. 각 안을 실행했을 때 발생할 수 있는 문제점을 예측하고(워 게임), 객관적으로 비교 분석한다.

가. 1안(가족형)으로 하는데, 참가 신청이 초과하여 대회장이 밀집 또는 혼잡하면?
→ ○○공원 수용 불가, 안전사고 위험(참가 인원 제한 조치 필요!)

나. 2안(경쟁형)으로 하는데, 당일 폭우 등의 기상이변이 발생하면?
→ 시행과 기록 측정이 제한되고, 참가자 안전사고 위험(사고 발생 가능!)

다. 3안(야간형)으로 하는데, 참가자가 저조하면?
→ 대회 개최 취지 약화, 주최 및 주관자에 대한 신뢰도 하락(주최 취지 무색!)

평가 기준	1안 가족형	2안 경쟁형	3안 야간형
목적 적합성(건강 · 생활체육)	상	중	중
1천만 원 예산 적합성	상	중	중
안전 및 민원 부담	하	상	중
참가자 모집 용이성	상	중	중
홍보 및 차별성	중	상	상

(5) 5단계: 방침(방안) 건의 및 결심(Recommendation & Decision)

주최자에게 최적의 안을 건의하고 최종 결심을 받는다.

가. 방안을 종합 분석한 결과

가) 1안(대규모·가족형)이 국민 건강 증진 목적에 부합한다.

나) 또한 안전사고 위험성이 낮고 예산 부담이 없어 1안을 최종 선택한다.

다) 단, 밀집과 혼잡에 대비 '참가 인원을 신청순 1,000명으로 제한'한다.

(6) 6단계: 세부 계획 수립(OPORD, Operation Order)

MDMP 이후 단계로, 5단계의 결심(1안)을 '누가, 무엇을, 언제, 어디서, 어떻게' 실행할 것인지 구체적인 문서로 만든다. 이는 '걷기 대회 세부 실행 계획서'이며 포함할 내용은 다음과 같다.

가. 대회 목적(국민 건강 증진, 걷기 문화 확장)

나. 대회 방침(안전한 대회, 참가 인원 1,000명 제한, 내실 있는 프로그램 운영)

다. 일반 계획(대회명, 장소, 주최, 주관, 참가 인원, 거리, 시간, 참가비, 복장)

걷기의 실천, 그리고 걷기 지도자의 소명

라. 세부 계획

가) 준비 계획: 추진위 구성, 홍보, 모집, 협조, 물품, 기타

나) 실행 계획: 세부 시간 계획, 코스 지도, 부스 운영, 업무 분장, 프로그램별 계획

다) 예산 계획: 국비, 지방비, 후원금, 자체, 참가비

마. 안전 계획

가) 실행 단계별 발생 가능성 있는 사고 도출 및 구체적인 대비책 별도 수립

나) 안내 및 안전 활동 인력 배치, 단계(상황)별 개인 및 팀 단위 임무와 행동 요령

다) 우천, 이상 기온, 화재, 응급 환자, 소란, 폭발 등의 상황 시 안내용 멘트 작성

라) 앰뷸런스, 의료 인원, 응급 약품, 자동심장충격기, 구조 용품 등 배치 및 운영

(7) 7단계: 준비 · 답사 · 연습(ROC drill)

7단계는 리허설(Rehearsal)이다. 즉, 최종 점검 차원의 종합적인 예행연습을 통해 변수와 오차를 제거한다. 이 단계가 미흡하게 시행되는 경우 대회 당일 문제 발생 시 즉각 대응 또는 적절한 조치가 원활하지 않을 수 있다.

가. D−30일

가) 대회 홍보 및 참가자 모집 상황

나) 대회 장소 협조 결과

다) 대회 물품 주문

나. D−14일

가) 물자 검수(생수, 기념품, 경품)

나) 운영 인력(스태프, 자원봉사자) 업무 배정 및 교육

다) 관할 지역 경찰, 지자체 등 관계 기관 신고 및 협조 요청

라) 보험 가입, 응급처치 교육

다. D−7일

가) 추진위원 및 팀장급 대회장(코스) 답사

나) 위험 요소 발굴 및 제거

라. D-1일

가) 행사장 중앙 무대, 부스, 음향, 화장실, 주차장, 코스 등 최종 점검

나) 사회자, 안전 인원 전체 운영 리허설(시뮬레이션)

(8) 8단계: 시행 및 감독, 사후 평가(Execution & AAR)

대회 종료 후 사후 평가(AAR, After Action Review)를 실시한다. 이 단계는 한 차원 더 높은 다음 대회를 위한 데이터가 되며 지속 가능한 대회로 전통을 세워 가는 데 중요한 단계이다.

가. D-Day

가) 계획에 따라 행사 운영

나) 현장 상황실 운영(문제 즉시 조치)

다) 안전 평가 팀 운영

나. 대회 종료 후

가) 참가자 만족도, 사고 여부, 대회 성과 등 분석

나) 예산 집행 결과, 잔여 물품 처리, 자료 존안 등

다) 차후 대회의 발전이나 개선할 사항 발굴 등

라) 필요시 결과 보고서, 백서 등의 발간

걷기의 실천, 그리고 걷기 지도자의 소명

4. 대한민국 체육 및 걷기 단체

1) 대한체육회

대한체육회(Korean Sport & Olympic Committee, KSOC)는 대한민국의 스포츠와 올림픽 관련 사무를 총괄하는 기구로, 문화체육관광부 소관의 특수법인이자 기타 공공기관이다. 현재의 대한체육회는 2016년, 기존의 대한체육회와 국민생활체육회가 통합되면서 새롭게 출범하였다. 조직은 대의원총회, 이사회, 각종 위원회, 사무처 등으로 구성되어 있으며, 산하에는 약 70여 개의 종목단체와 17개 시·도 체육회가 존재한다. 이를 통해 국가 차원의 엘리트 체육과 생활체육을 아우르는 종합적 체육 거버넌스를 실현하고 있으며, 올림픽 대표단 파견, 국가대표 양성, 국민 체육 진흥과 같은 공적 책무를 수행한다.

한편, 통합 대한체육회의 출범은 전문체육과 생활체육의 자원 공유와 체계적 연계를 도모한 의의가 있지만 아쉬움도 남는다. 국민생활체육회 시절 종목단체로서 국민 건강 증진과 생활체육 활성화를 위해 활동해 온 걷기와 같은 생활 친화적 종목들은 통합 후 대한체육회의 정식 종목단체로 가입되지 못하였다. 이는 생활체육 중심 종목들이 제도적 기반을 확보하지 못한 채 주변부에 머무르게 된 사례로, 생활체육이 전문체육에 비해 제도적·재정적 면에서 상대적 한계를 가진 현실을 드러낸다.

걷기를 비롯한 생활체육 종목단체들은 지역사회 건강과 여가 활성화에 있어 중요한 역할을 담당해 왔지만, 대한체육회 내 종목단체로 자리 잡지 못함으로써 제도적 대표성을 충분히 확보하지 못한 점은 현재까지도 개선이 필요한 과제로 지적된다. 이는 한국 체육 행정이 여전히 엘리트체육 중심으로 운영되는 구조적 특성을 반영하는 동시에, 생활체육의 사회적 가치와 기여도를 더욱 제도적으로 인정하고 반영해야 할 필요성을 보여 준다.

2) 국민생활체육회

국민생활체육회(國民生活體育會, Korea Council of Sport for All)는 대한민국의 생활체육을 총괄하던 스포츠 행정 기구였다. 생활체육 보급과 동호인 조직 활성화를 목표로 다양한 사업을 수행하였으며 생활체육 저변 확대의 핵심 허브 역할을 했으며, 동호인 조직망을 전국적으로 구축하는 데 큰 기여를 했다. 또한 다양한 체육 행사를 통해 지역사회 참여를 촉진하고, 여가와 건강 증진의 문화적 기반을 마련했다. 최초 설립일은 1991년 2월 6일이며, 설립 당시 명칭은 국민생활체육협의회였다. 2009년 6월 17일 명칭이 국민생활체육회로 변경되었고 2016년 3월 7일에 대한체육회(KSOC)와 통합하면서 독립적 조직으로서의 국민생활체육회 기능은 종료되었다.

3) 걷기 단체

국내에는 다양한 걷기 관련 단체가 활동하고 있다. 이들 가운데는 비영리를 기반으로 국민 건강 증진을 목적으로 내실 있게 소명을 다하는 단체가 있는가 하면, 영리를 목적으로 하거나 실체조차 불분명한 단체도 존재한다. 이러한 상황은 일견 백화제방(百花齊放), 백가쟁명(百家爭鳴)과 같은 현상으로 볼 수 있다. 긍정적으로는 걷기 운동이 다채롭게 발전 또는 확장되고, 새로운 시도와 전문화의 기회를 마련하는 계기가 될 수 있지만, 한편으로는 제도적 정착과 대표성 확보라는 측면에서 한계를 드러낸다. 즉, 이제는 각 단체가 목소리를 내는 '쟁명(爭鳴)'의 단계를 넘어, 걷기 운동의 발전을 위해 공동의 목표를 설정하고 힘을 합치는 '협력(協力)'의 단계로 나아가야 할 시점이다.

특히 대한체육회의 정식 종목단체로 가입하기 위해 여러 단체들이 광역시·도 걷기협회 조직, 걷기의 스포츠화, 단체 간 통합 논의 등 다방면으로 노력을 기울여 왔음에도 불구하고, 현재도 가시적인 성과가 멀게 느껴지는 점은 아쉬움으로 남는다. 이는 생활체육 종목으로서 걷기가 지닌 사회적 가치와 대중성을 고려할 때 아쉬움을 넘어 답답한 부분이다. 그럼에도 불구하고 일부 성과는 주목할 만하다. 과거 국민생활체육회 종목단체로 활동할 당시 몇몇 광역시·도 걷기협회는 해당 지역 체육회에 종목단체로 정식 가입하여, 지역 단위에서 걷기 운동을 체계적으로 전개해 왔다. 이는 걷기 운동이 단순한 개인적 활동을 넘어 제도적

틀 안에서 지속성과 공공성을 확보할 수 있음을 보여 주는 중요한 사례다. 이를 토대로 향후 더 많은 광역시·도 걷기협회가 기반을 확장하여, 장기적으로 대한체육회 종목단체 가입의 길을 모색해야 할 것이다. 현재 서울특별시걷기협회, 부산광역시걷기협회, 광주광역시 걷기협회, 대구광역시걷기협회, 경상북도걷기협회 등이 시·도체육회 종목단체로 가입되어 활동하고 있으며, 그 외 다수의 광역시·도 걷기협회도 탄탄한 조직과 성과를 바탕으로 제도권 진입을 위해 꾸준히 노력하고 있다. 또한 중앙회 차원에서는 전국의 광역시·도 걷기협회와 더불어 미국, 중국, 러시아, 독일, 호주, 태국, 베트남, 필리핀 등 약 25개국에 해외 지회를 두고 국제적 교류와 활동을 이어 가고 있다.

4) 국제기구

(1) IVV(국제생활체육연맹, International Federation of Popular Sports)

IVV는 독일어 Internationaler Volkssportverband 이며 영어로 International Federation of Popular Sports 를 병행 사용하고 있다. IVV는 1968년 독일 린다우(Lindau)에서 시작한 국제 비영리 단체로, 독일·오스트리아·스위스·리히텐슈타인이 주축이 되어 시작되었다. 현재는 전 세계 40여 개국 이상이 회원으로 활동하고 있으며, 걷기, 하이킹, 사이클링, 수영 등 비경쟁·대중 참여형 생활체육 이벤트를 인증·연결하는 글로벌 네트워크를 운영하고 있다. 참가자들은 각국의 인증된 이벤트에 참여할 때마다 스탬프나 기록을 누적하여, 국제적으로 통용되는 인증서를 획득할 수 있다. 이를 통해 단순한 일회성 체험을 넘어, 개인의 건강 관리와 평생 스포츠 경험을 확장할 수 있다는 점에서 큰 의의가 있다.

(2) IML Walking Association(국제걷기연맹, International Marching League Walking Association)

IML은 1986년 벨기에에서 시작된 국제 연맹으로, 장거리 걷기 대회를 국가 간에 상호 인증하는 방식으로 운영된다. 회원국 참가자는 특정 거리(예: 20km, 30km, 40km 등)를 완주하면 포인트를 부여받고, 이를 누적해 국제 인증서·배지를 획득할 수 있다. 특히 장거리 걷기를 통한 도전 정신과 국제 교류를 강조한다. 예를 들어 일본의 나가노 국제 워킹, 네덜란드의 나이메헌 행군, 대만의 타이베이 워킹 페스티벌 등은 대표적인 인증 대회다.

(3) TAFISA(세계생활체육연맹, The Association For International Sport for All)

1991년 설립된 TAFISA는 유네스코와 IOC가 인정하는 세계 최대 규모의 생활체육 국제기구다. 특정 종목이 아닌 '모두를 위한 스포츠(Sport for All)' 확산을 목표로 하며, 걷기는 남녀노소 누구나 참여할 수 있는 가장 기본적인 신체 활동으로서 TAFISA의 핵심적인 캠페인 분야 중 하나다[65]. 매년 '세계 걷기의 날(World Walking Day)'을 주관하며 세계적인 걷기 운동 참여를 독려하고 있다.

5. 걷기 좋은 길

걷기 길은 유구한 세월 동안 사람들이 오가며 자연스럽게 만들어진 길이기도 하고, 국가·지방자치단체·민간 차원에서 걷기 운동과 여행을 목적으로 자연환경·역사·문화적 요소를 접목하여 의도적으로 조성된 길이기도 하다. 특히 사계절의 변화가 뚜렷한 우리나라에서는 산·강·해안·숲길·들판 등 자연과 가까운 다양한 걷기 길이 존재한다. 문화체육관광부와 한국관광공사가 운영하는 '두루누비'에 등록된 걷기 길은 약 530여 개이며, 이 길들의 세부 코스는 2,700여 개에 달한다(2025년 10월 기준).

대표적인 형태로는 전국 각지의 둘레길과 제주도의 올레길이 있다. 둘레길은 특정 지역의 주변을 걷도록 조성된 길로, 산과 강, 해안, 농로 등을 따라 이어진다. 반면 올레는 제주 방언으로, 집에서 큰길까지 이어지는 좁은 골목길을 뜻한다. 둘레길과 올레길은 등산로처럼 험하지 않고 경사가 완만하며, 흙길·데크·시멘트·아스팔트 등 다양한 지면을 활용해 조성되는 것이 특징이다. 한국관광공사는 이를 '걷기 여행길'이라 부르며, 이 밖에도 '걷기 길', '도보 여행길' 등 다양한 명칭으로 불린다. 영어권에서는 일반적으로 Trail(트레일)이라는 용어를 사용한다.

현재 전국 각 시·도와 군·구 단위 지방자치단체, 산림청, 환경부, 문화체육관광부, 국토교통부 등 다양한 정부 부처가 걷기 길을 조성하고 있으며, 그 수는 수백 개 노선, 수천 개 구간에 이른다. 이처럼 여러 기관이 길 조성에 참여하는 것은 긍정적이나, 통일된 안내 체계나 관리 표준이 다소 부족한 실정이다. 같은 길에 각기 다른 기관에서 명칭을 부여하거나 필요 이상으로 코스의 지선을 조성하여 이용자에게 혼란을 주는 경우도 있다. 향후 '통합적인 길 관리 시스템'과 '표준화된 안내 표지'를 마련하는 것이 중요한 과제다. 사실상 도시의 도로·시골의 오솔길·강변 산책로·논밭 둑길 모두가 잠재적으로 걷기 길이 될 수 있다. 다만 일부 구간은 관리 부재로 위험 요소가 존재하거나, 과도하게 인공적인 포장으로 인해 걷기의 본질적 매력을 저해하는 경우도 있어 개선이 필요하다.

걷기 여행을 계획할 때는 한국관광공사, 산림청, 걷기 여행 전문 매체에서 계절별·지역별로 추천하는 길을 참고하는 것이 바람직하다. 무엇보다 출발 전, 해당 길의 공식 홈페이지나 관리 기관을 통해 최신 통행 정보를 확인하는 습관이 중요하다. 기상 악화나 공사 등으로 인해 일부 구간이 통제될 수 있기 때문이다. 낯선 곳을 혼자 걷는 즐거움도 있지만, 조난이나 안전

사고 위험을 고려할 때 2인 이상이 함께 걷는 것이 권장된다. 또한 걷기 동호회나 지역 모임에 가입하면 비용 부담을 줄이고 동행의 즐거움과 안전을 동시에 얻을 수 있다.

1) 걷기 좋은 길이란

걷기 좋은 길은 목적·체력·취향에 따라 달라질 수 있다. 따라서 보편적인 최고의 길을 단정하기는 어렵지만, 일반적으로는 접근성, 안전성, 경제성, 다양성, 편의성, 스토리성, 그리고 지속 가능성을 기준으로 평가할 수 있다.

(1) 접근성

사람들은 좋은 길을 걷고 싶어 먼 곳으로 떠나기도 한다. 그러나 걷기 길은 반드시 멀리 떠나야만 찾을 수 있는 것은 아니다. 오히려 거주지 근처의 도심, 산과 들, 하천 길도 충분히 걷기 좋은 길이 될 수 있다. 걷기 운동의 장점 중 하나가 언제, 어디서나 할 수 있어 시간과 장소의 제약이 적다는 점이다.

(2) 안전성

걷기는 다른 종목에 비해 상해의 위험이 낮고 안전한 운동이지만 노면의 상태와 주변 환경이 안전해야 하고 상시 관리되어야 한다. 특히 응급 상황 발생 시 신속한 구조를 위해 국가지점번호 표지, 구조 접근로, 응급 의료 장비 비치 등이 필요하다. 안전은 무엇보다 중요한 요소다.

(3) 경제성

걷기는 특별한 장비나 복장에서 자유로운 경제적인 운동이다. 그러나 먼 지역을 걷기 위해 이동·숙박·식비·입장료 등이 추가될 수 있다. 따라서 비용 대비 효율성을 고려해 합리적인 걷기 여행을 계획해야 한다.

(4) 다양성

걷기 길 자체의 매력에 더해 주변 환경과 인프라가 어우러져야 한다. 예를 든다면 인근에 관광지, 체험 프로그램, 지역 특산품 등이 있으면 만족도가 높아질 것이다. 특히 지역의 토

걷기의 실천, 그리고 걷기 지도자의 소명

속 음식점이나 맛집을 방문하거나 전통시장을 찾아가 둘러보며 지역 특산물을 구입하는 것은 부가적인 즐거움이며 공정한 걷기 여행의 한 방법이다.

(5) 편의성

좋은 길은 단순히 노면의 상태나 주변 경관뿐만 아니라 교통, 종합안내소, 이정표, 화장실, 식수대, 휴식 장소, 통신 같은 편의 시설을 얼마나 잘 갖추고 관리되고 있는가도 중요한 요건이다.

(6) 스토리성

길에는 이야기가 있다. 지명의 유래, 전설, 길이 만들어진 역사적 배경 등이 걷기에 의미를 더한다. 이러한 길의 스토리텔링은 걷기를 단순한 신체 활동을 넘어 문화적 체험으로 확장시킨다.

(7) 지속 가능성 및 환경 보호

좋은 길은 자연에 미치는 영향을 최소화하며 조성되고 관리되어야 한다. 과도한 인공 구조물을 지양하고, 지역 생태계를 존중하며, 탐방객에게 환경 보호의 중요성을 알리는 길이야말로 진정으로 지속 가능한 걷기 좋은 길이라 할 수 있다.

2) 문화, 스토리, 지역성이 담긴 길

걷기 좋은 길의 대표적 사례로 제주 올레길과 스페인 산티아고 순례길을 들 수 있다. 제주 올레길은 세계적으로 알려진 트레일 브랜드로, 국내외 관광객 유치에 크게 기여하고 있다. 이는 단순한 길 조성이 아니라 지역 스토리텔링과 관광 상품화가 결합된 성공 사례다. 스페인 산티아고 순례길(Camino de Santiago)은 단순한 종교적 순례길을 넘어 세계인의 문화적 체험 코스로 자리 잡으며, 매년 수십만 명이 찾는 글로벌 관광 명소로 발전했다. 걷기 좋은 길은 단순한 보행로 이상의 의미를 가진다. 건강·안전·경제성을 바탕으로 하면서도, 문화·스토리·지역성과 결합될 때 진정한 가치를 발휘한다. 이는 걷기 운동을 생활체육 차원을 넘어 문화·관광·지역 발전으로 연결할 수 있는 중요한 토대가 된다. 고(故) 개그맨 전유성은 "안 가 보고 아는 건 아는 게 아니다."라는 말을 남겼다. 이는 직접 경험의 중요성을 강조하는 표현으로, 걷기 길을 소개하는 데도 그대로 적용된다. 아래에 제시하는 길들은 저자가 전부 또는 일부의 구간이라도 직접 걸어 본 길을 토대로 선정한 것이기에 다소 주관적일수 있다. 다만 길의 세부 소개는 문화체육관광부, 산림청, 한국관광공사, 지방자치단체 등의 공식 자료를 인용하여 객관성을 보완하였다.

(1) 국내 대표 종주 길

대한민국을 대표하는 이 장거리 트레일들은 단순히 긴 길이 아니라, 국토의 아름다움과 역사, 문화를 온몸으로 체험할 수 있는 '길 위의 국토박물관'과도 같다.

가. 제주올레길

제주올레길은 제주 전역을 잇는 장거리 도보 여행길로, 현재 총 27개 코스 437km에 이른다. 비영리 단체인 사단법인 제주올레가 2007년 발족하여 같은 해 1코스(시흥리 정류장~광치기해변)를 개장하였다. 올레길은 옛 제주 사람들이 다니던 길을 복원해 최소한의 손질만을 더하여 자연 그대로의 길을 유지하는 것이 특징이다. 지금은 국내뿐 아니라 세계인이 찾는 대표적인 걷기 길로 자리매김하였다(사단법인 제주올레, 2024).

나. 지리산둘레길

2008년 시범 구간 개방을 시작으로 2012년에 21개 구간, 총 275km의 환형 루트가 완성되었다. 지리산 인근 5개 시·군, 20개 읍·면, 100여 개 마을을 잇는 길로, 사단법인 숲길이 관리·운영한다. 이 길은 단순한 도보 여행이 아니라 지역 공동체와 자연이 함께 살아가는 '상생의 길'로 평가된다(사단법인 숲길, 2023).

다. 평화누리길

2010년 개장된 평화누리길은 김포·고양·파주·연천 등 DMZ 접경 지역을 연결하는 총 12개코스, 189km의 도보 길이다. 분단의 아픔을 간직한 지역을 따라 걸으며 평화와 생태를 체험할 수 있는 상징적인 길이다. 관리 주체는 경기도 및 경기도관광공사다(경기도관광공사, 2024).

라. 코리아둘레길

한반도의 외곽을 연결하는 초장거리 도보 네트워크로, 총길이는 약 4,500km에 이른다. 동쪽의 해파랑길, 남쪽의 남파랑길, 서쪽의 서해랑길, 북쪽의 DMZ 평화의 길로 구성되어 있다. '평화·만남·치유·상생'을 비전으로 하며, 한국관광공사가 관리한다. 이는 대한민국을 재발견하고 지역을 아우르는 대표적인 국가 브랜드 길이다(한국관광공사 두루누비, 2025).

마. 해파랑길

부산 오륙도에서 시작해 강원도 고성 통일전망대까지 이어지는 750km 길로, 총 50개 코스로 이루어져 있다. 이름은 '해(태양)+파랑(푸른 바다)+길'의 조합으로, 동해안의 해변·숲길·마을길을 아우른다. 한국관광공사가 관리하며, 동해안의 관광과 문화를 연결하는 대표 루트다(한국관광공사 두루누비, 2025).

(2) 지역별 스토리가 있는 길

단순한 풍경이나 출렁다리 등을 넘어, 발걸음마다 이야기가 스며 있는 특별한 길들을 광역시·도별로 소개하고자 한다. 길 위에 깃든 역사의 숨결과 사람들의 사연을 느끼며 걸을 수 있는 곳들이다.

가. 서울특별시

가) 순종의 마지막 길(융릉천장 · 순종국장 행렬길)

(가) 소재지: 서울특별시 중구, 종로구 일대

(나) 총거리: 약 7.7km

(다) 스토리: 1926년 4월 26일, 마지막 황제 순종의 관이 창덕궁 돈화문을 떠나 지금의 경기도 남양주 융릉에 묻히기까지, 수많은 백성이 오열하며 뒤따랐던 국장(國葬) 행렬의 경로이다. 일제의 감시 속에서도 '대한독립 만세'를 외쳤던 6.10 만세운동의 현장이기도 하다. 창덕궁에서 시작해 종로, 동대문을 거쳐 청량리까지, 망국의 슬픔과 꺼지지 않았던 독립의 의지를 함께 느낄 수 있는 역사적인 길이다.

나) 서대문형무소 순국선열 추모길(서대문 독립민주 올레길 4코스)

(가) 소재지: 서울특별시 서대문구

(나) 총거리: 약 2.5km

(다) 스토리: 서대문형무소에서 옥고를 치르다 순국하시거나 사형이 집행된 독립운동가들의 시신이 버려지듯 옮겨졌던 비통의 경로를 따라 걷는 길이다. 서대문형무소 역사관에서

시작해 독립문, 그리고 과거 공동묘지였던 서대문독립공원을 거닐며, 우리가 누리는 자유를 위해 모든 것을 바쳤던 선열들의 숭고한 희생을 되새길 수 있는 숙연한 순례길이다.

나. 경기도

가) 3.1운동 만세길
(가) 소재지: 경기도 화성시
(나) 총거리: 31km
(다) 스토리: 1919년 4월 3일, 화성시 우정면과 장안면 일대에서 치열하게 전개된 만세운동의 족적을 따라 걷는 역사 테마 길이다. 일본 순사들의 총칼에 맞서 싸우고, 제암리·고주리 학살 사건의 아픔을 간직한 역사의 현장을 직접 발로 밟으며 100여 년 전 그날의 함성과 정신을 느낄 수 있다.

나) 평화누리길(12개 코스)
(가) 소재지: 경기도 연천군, 파주시 일대
(나) 총거리: 189km
(다) 스토리: 대한민국 최북단, 민간인 출입 통제선과 가장 가까운 길이다. 한국전쟁의 상흔과 분단의 아픔이 고스란히 남아 있는 철책선을 따라 걸으며, 자유와 평화의 소중함을 온몸으로 체감하게 된다. 고요하지만 팽팽한 긴장이 흐르는 길 위에서, 전쟁의 기억과 평화의 염원을 동시에 품고 걸을 수 있는 특별한 경험을 선사한다.

다. 강원특별자치도

가) 국토 정중앙 DMZ 펀치볼 둘레길
(가) 소재지: 강원특별자치도 양구군
(나) 총거리: 73.2km(4개 코스, 예약 탐방제)
(다) 스토리: 한국전쟁 당시 수많은 젊은이의 피로 물들었던 격전지 '펀치볼(Punch Bowl)' 분지를 따라 걷는 길이다. 전쟁 후 60년 넘게 사람의 발길이 닿지 않은 덕분에 원시 자연의 보고가 된 이곳은, 전쟁의 비극과 생명의 경이로움이 공존하는 아이러니한 공간이다. 숲 해설가의 안내를 들으며 걸어야만 하는 이 길 위에서, 전쟁의 상처를 보듬고 피어난 자연의 위대함을 마주하게 된다.

걷기의 실천, 그리고 걷기 지도자의 소명

나) 김삿갓길

(가) 소재지: 강원특별자치도 영월군

(나) 총거리: 약 14km

(다) 스토리: 조선 후기 방랑 시인 '난고 김병연(김삿갓)'이 생전에 가장 오래 머물며 생을 마감한 영월의 발자취를 따라가는 길이다. 조상의 죄 때문에 벼슬길을 포기하고 평생을 떠돌며 시대의 아픔과 서민의 삶을 노래했던 그의 해학과 기개가 길 곳곳에 서려 있다. 김삿갓 문학관, 묘역, 계곡 등을 지나며 그의 시처럼 자유롭고 풍류 넘치는 걷기를 체험할 수 있다.

라. 충청북도

가) 산막이옛길

(가) 소재지: 충청북도 괴산군

(나) 총거리: 약 4km

(다) 스토리: 1957년 괴산댐이 건설되면서 산속에 갇힌 오지 마을 '산막이' 주민들이 읍내를 오가기 위해 깎아지른 절벽을 따라 냈던 좁은 길이다. 수십 년간 잊혔던 이 길은 옛사람들의 땀과 애환이 담긴 흔적을 그대로 간직하고 있다. 단순한 산책로가 아니라, 척박한 환경 속에서도 삶을 이어 갔던 선조들의 강인한 생명력을 느낄 수 있는 생활사(生活史) 박물관 같은 길이다.

나) 속리산 둘레길

(가) 소재지: 충청북도 보은군~괴산군, 경상북도 상주시

(나) 총거리: 233km(9개 코스)

(다) 스토리: 신라 시대부터 수많은 승려와 묵객들이 깨달음을 얻기 위해 걸었던 수행과 사색의 길이다. 특히 법주사에서 시작되는 세조길은 피부병으로 고생하던 세조가 이곳에서 요양하며 마음의 병까지 치유했다는 이야기가 전해진다. 천년 고찰과 오래된 암자를 잇는 이 길을 걸으며, 속세를 떠나 자신을 돌아보는 깊은 사유의 시간을 가질 수 있다.

마. 충청남도

가) 서산 아라메길(6개 코스)

(가) 소재지: 충청남도 서산시

(나) 총거리: 127km

(다) 스토리: 백제의 불교 예술을 가장 찬란하게 꽃피웠던 내포 지역의 흔적을 따라 걷는 순
례길이다. 특히 '백제의 미소'라 불리는 서산 마애삼존불로 향하는 길은, 1,400년 전 불자들
이 부처를 만나기 위해 걸었던 그 간절한 마음을 고스란히 느껴 볼 수 있다. 불교 유적뿐만
아니라 천주교 순교성지, 동학혁명 유적지까지 있어 종교와 역사를 아우르는 깊이 있는 걷
기가 가능하다.

나) 내포 천주교 순례길

(가) 소재지: 충청남도 예산군, 홍성군

(나) 총거리: 44.1km(4개 코스)

(다) 스토리: 한국 천주교의 요람이자 가장 혹독한 박해의 현장이었던 내포 지역의 성지를
잇는 길이다. 신앙을 지키기 위해 기꺼이 목숨을 바쳤던 순교자들의 삶과 죽음이 배어 있는
이 길은, 종교를 떠나 굳건한 신념과 인간의 존엄성에 대해 깊이 생각하게 한다. 순교자의
묘와 생가터를 지나며 숭고한 희생의 의미를 되새기는 묵상의 시간을 가질 수 있다.

바. 전라북도

가) 정읍 동학농민혁명 녹두길

(가) 소재지: 전라북도 부안군, 김제시, 정읍시

(나) 총거리: 약 100km(4개 코스)

(다) 스토리: 1894년, 낡은 세상을 바꾸기 위해 죽창을 들었던 동학농민군의 함성이 서려 있
는 길이다. 농민군이 처음 봉기했던 고부에서부터 황토현 전투의 승전지까지, 혁명의 시작
과 끝을 함께한다. 불평등에 맞서 싸웠던 민초들의 발자취를 따라 걸으며, 아래로부터의 위
대한 변화를 꿈꿨던 그들의 열망과 좌절을 생생하게 느낄 수 있는 역사 교육의 현장이다.

나) 군산 구불길(7개 코스 중 '탁류길', '큰길' 등)

(가) 소재지: 전라북도 군산시

(나) 총거리: 코스별 상이(탁류길 약 6km)

(다) 스토리: 일제강점기 쌀 수탈의 전초기지였던 군산의 아픈 역사를 고스란히 간직한 길
이다. 소설 『탁류』의 배경이 된 원도심을 걸으며, 당시 민중의 고단했던 삶과 저항의 흔적
을 발견할 수 있다. 지금은 레트로 감성의 관광지로 유명하지만, 그 이면에 숨겨진 근대사

걷기의 실천, 그리고 걷기 지도자의 소명

의 아픔과 교훈을 되새기며 걸을 수 있는 다크 투어리즘(Dark Tourism)의 대표적인 길이다.

사. 전라남도

가) 남파랑길 76코스(득량만 갈대길)

(가) 소재지: 전라남도 보성군 득량면 일원

(나) 총거리: 13.6km

(다) 스토리: 보성군과 고흥군 구간이 섞여 있으며, 득량만 일대의 아름다운 경관을 감상할 수 있는 코스이다. 특히 장선포 해변에서 제2수문로를 거쳐 예당에 이르는 득량만길은 저자가 아주 어린 시절, 한여름 뙤약볕을 온몸으로 받으며 할머니의 손을 잡고 걸었던 곳이자, 소년 시절에는 친구들과 함께 전어와 문절이(망둑어)를 잡아 허기와 청춘의 시간을 달랬던 추억이 깃든 길이다. 기쁨과 자유로움만 있었던 것은 아니다. 돌아보면 개인적인 아픔과 성장의 순간들도 이 해안 길 곳곳에 남아 있어, 저자에게는 단순한 길을 넘어 생(生)의 장면들을 품은 장소로 기억된다.

이러한 개인의 기억과 역사적 배경 위에 서 있는 남파랑길 76코스는 오늘날 오염되지 않은 청정 해역 득량만을 따라 펼쳐지는 광활한 갯벌과 황금빛 갈대밭을 품은 평화로운 해안 길이다. 과거의 시간과 현재의 풍경이 자연스럽게 겹쳐지며, 걷는 이로 하여금 자연·추억·사색이 한데 어우러지는 특별한 경험을 제공한다. 살아 숨 쉬는 갯벌의 생명력, 철새가 쉬어 가는 습지의 숨결, 바람에 서걱이는 갈대 소리가 어우러져 깊은 사색에 잠기기 좋다. 특히 해 질 무렵이면 붉은 노을이 갯벌과 바다를 물들여 환상적인 풍경을 자아낸다. 코스 대부분이 평지로 이루어져 있어 남녀노소 누구나 편안하게 걸으며 득량만의 고즈넉한 정취를 만끽할 수 있다.

그러나 이 고요한 풍경 속에는 근현대사의 상흔이 함께 남아 있다. 득량만 일대는 일제강점기 동안 대규모 간척과 어장·염전 수탈의 대상이 된 지역으로, 당시 조선총독부는 식량 확보와 군수물자 기반 확대를 명분으로 해안 습지와 갯벌을 체계적으로 개발·간척하였다(조선총독부「농업생산력개발계획」, 1937). 1920~40년대에 걸쳐 보성·고흥·벌교 일대의 갯벌이 농지와 염전으로 전환되었으며, 이 과정에서 지역 주민들은 생계 기반이던 전통 어장과 갯벌 자원을 잃는 피해를 겪었다는 기록이 남아 있다(해양수산부「한국 간척지 조사보고서」, 2013).

또한 이 지역을 지나는 경전선 철도 부설(1930~1935)은 외면상 지역 운송 개선을 명분으로 했지만, 실제로는 쌀·소금·해산물 등 전남의 생산물을 일본으로 신속히 반출하기 위한 목적이 컸다고 연구된다(한국철도학회, 『일제강점기 철도정책 연구』, 2019). 이러한 철도망 확장은 남해 연안 물자 수탈을 더욱 효율적으로 만드는 데 기여했다. 오늘날 남파랑길 76코스는 이러한 아픈 역사를 지나 자연이 스스로 회복하고 되살아난 생태 환경 위에 조성된 길이다. 과거 간척과 개발로 훼손된 갯벌 일부는 되려 갈대와 저서생물이 되살아나는 생태 재생지로 주목받고 있으며, 해안선을 따라 걷다 보면 사람의 손과 자연의 시간이 함께 만든 층위 깊은 풍경을 경험할 수 있다. 따라서 이 길을 걷는다는 것은 단순한 힐링을 넘어, 자연·역사·문화가 공존하는 해안 길을 온몸으로 체험하는 일이기도 하다.

나) 청산도 슬로길

(가) 소재지: 전라남도 완도군 청산도

(나) 총거리: 42.195km(11개 코스)

(다) 스토리: 단순한 풍경 길이 아니라, 섬 주민들이 밭과 마을을 오가던 애환 어린 길을 그대로 살린 곳이다. 구불구불한 돌담길과 다랑논 사이를 걸으며, 척박한 자연환경에 순응하며 살아온 섬사람들의 삶의 지혜와 끈기를 엿볼 수 있다. '느림'의 미학을 통해 진정한 쉼과 여유를 찾을 수 있는, 사람과 자연이 함께 만든 길이다.

아. 경상북도

가) 외씨버선길

(가) 소재지: 경상북도 영덕군, 울진군, 봉화군, 청송군

(나) 총거리: 249km(13개 코스)

(다) 스토리: 시인 조지훈의 시 「승무」에 나오는 '외씨버선'처럼 아름다운 길이라는 뜻을 가졌다. 김주영의 『객주』 속 보부상들이 온갖 애환을 짊어지고 넘나들던 옛길을 복원한 코스가 많다. 특히 울진과 봉화를 잇는 '보부상길'은 등짐을 지고 험한 산길을 오가며 가족의 생계를 책임졌던 옛사람들의 땀과 눈물이 서려 있어, 길의 의미를 더욱 깊게 한다.

나) 퇴계 이황 예던길(안동 선비순례길 1코스)

(가) 소재지: 경상북도 안동시

(나) 총거리: 13.6km

(다) 스토리: 조선 최고의 성리학자 퇴계 이황이 관직을 내려놓고 고향에 돌아와 후학을 양

성하며 거닐던 사색의 길이다. 도산서원에서 청량산까지, 퇴계가 자연을 벗 삼아 학문과 인격을 수양했던 발자취를 그대로 따라간다. 낙동강의 수려한 풍경을 따라 걸으며, 자연에 순응하고 학문에 정진했던 대선비의 고고한 정신과 삶의 자세를 배울 수 있다.

자. 경상남도

가) 박경리 토지길

(가) 소재지: 경상남도 하동군

(나) 총거리: 약 40km(3개 코스)

(다) 스토리: 대하소설 『토지』의 실제 배경인 하동 평사리를 중심으로, 소설 속 인물들의 희로애락이 펼쳐졌던 공간을 잇는 길이다. 최 참판 댁에서 시작해 섬진강을 따라 걷다 보면, 마치 소설 속 서희와 길상이가 된 듯한 기분을 느낄 수 있다. 격동의 근현대사를 살아 낸 우리 민초들의 삶과 한이 녹아 있는 문학적인 길이다.

나) 남해 바래길

(가) 소재지: 경상남도 남해군

(나) 총거리: 233.5km(19개 코스)

(다) 스토리: '바래'는 남해 어머니들이 가족의 생계를 위해 갯벌이나 바다로 나가 해산물을 채취하는 작업을 뜻하는 토속어이다. 이 길은 화려한 관광지가 아닌, 어머니들이 물질을 하러 나가던 실제 생활의 길을 따라 조성되었다. 척박한 섬에서 강인하게 살아온 여인들의 삶과 애환이 고스란히 묻어나는 길로, 진정한 남해 사람들의 이야기를 만날 수 있다.

차. 부산광역시

가) 피란 수도 부산 갈맷길(원도심 스토리 투어 코스)

(가) 소재지: 부산광역시 서구, 중구, 동구 일대

(나) 총거리: 코스별 상이(약 3~5km)

(다) 스토리: 한국전쟁 당시 임시수도의 역할을 했던 부산의 역사를 따라 걷는 길이다. 전국에서 몰려든 피란민들이 힘겹게 삶을 일궜던 산복도로의 비좁은 골목과 40계단, 국제시장 등을 지나며 전쟁의 아픔과 그 속에서도 희망을 잃지 않았던 피란민들의 강인한 생명력을 느낄 수 있다. 부산의 화려함 뒤에 숨겨진 역사의 흔적을 발견하는 의미 있는 길이다.

나) 갈맷길

(가) 소재지: 부산광역시

(나) 총거리: 278.8km(총 9개 코스, 23개 구간)

(다) 스토리: 부산 갈맷길은 사포지향(바다, 강, 산, 온천)인 부산의 지역적 특성을 담고 있다. 부산의 상징인 갈매기에서 이름을 딴 길로 바다·산·도심을 아우르며 부산광역시가 관리한다.

카. 제주특별자치도

제주특별자치도 서귀포시와 제주시 일원에 조성된 '제주 4·3길'은 대한민국 현대사의 가장 큰 비극 중 하나인 제주 4·3사건의 아픔이 서려 있는 길이다. 제주안덕 동광마을, 제주남원 의귀마을, 제주조천 북촌마을, 제주한림 금악마을, 제주표선 가시마을, 제주 오라동, 제주애월 소길마을, 제주 아라동 등지에 마련된 여러 코스는 제주의 아픈 역사인 4·3을 기억하고 '화해와 상생'의 미래를 모색하기 위한 역사 현장으로 구성되어 있다(제주4·3평화재단).

코스는 대체로 5~9km 내외의 다양한 거리로 이루어져 있으며, 걷는 이들은 마을 곳곳에 남아 있는 사건 흔적을 따라간다. 특히 당시 주민들이 군경을 피해 숨어 지내던 큰넓궤(동굴), 학살의 현장이자 추모 공간으로 조성된 너븐숭이 4·3 기념관 등을 지나며 무고하게 희생된 영혼들을 기릴 수 있다. 아름다운 제주의 자연을 걷는 동안, 그 속에 감춰진 슬픈 역사를 마주하게 되며, 걷는 이들은 자연스레 화해·상생·평화의 의미를 되새기는 숙연한 순례길을 경험하게 된다.

타. 인천, 대구, 울산, 대전, 세종, 광주광역시

가) 인천광역시: 인천둘레길

총연장 110.28km로, 계양산에서 장봉도까지 16개 코스로 구성된다. 도심과 해안, 습지를 아우르는 길로 인천광역시가 관리한다(인천광역시, 2023).

나) 대구광역시: 팔공산둘레길, 대구둘레길

팔공산권역에는 8개 코스의 팔공산 올레(57.8km), 왕건길(35km), 녹색길(29.1km) 등이 있으며, 달성군·달서구에는 다양한 녹색길이 조성되어 있다. 대구광역시가 체계적으로 관리하며, 총연장 138.6km의 대구 둘레길은 대표적 장거리 코스다(대구광역시, 2023).

걷기의 실천, 그리고 걷기 지도자의 소명

다) 울산광역시: 울산어울길, 태화강 100리길

울산어울길(75km)은 울산 전역을 한 바퀴 도는 7개 구간이며, 태화강 100리길(48km)은 태화강을 중심으로 생태와 문화를 경험할 수 있는 길이다. 울산광역시가 관리한다(울산광역시, 2024).

라) 대전광역시: 대청호 오백리길

대전광역시 동구, 대덕구 및 충북 옥천군, 보은군 일원의 총거리 220km(본선 21개 코스+지선)의 걷기 길이다. '한국관광공사 걷기 여행길 10선'에 꾸준히 선정되는 대한민국 대표 생태 탐방로이다. 대청호반의 수려한 경관을 따라 걸으며 호수와 산이 어우러진 그림 같은 풍경을 만끽할 수 있다. 특히 4코스(호반 낭만길)는 드라마 촬영지로도 유명하며, 갈대밭과 물 위에 뜬 전망대가 어우러져 사계절 내내 아름다운 경치를 자랑한다. 각 코스마다 색다른 풍경과 난이도를 갖추고 있어 누구나 즐겨 찾는 명품 걷기 길이다.

마) 세종특별자치시: 원수산 누리길

연기면 세종리 원수산 일원에 총거리 10km(3개 코스)의 길로 세종시 신도심의 중심부에 위치한 원수산을 순환하는 숲길이다. 경사가 완만하고 길이 넓어 아이부터 어르신까지 모든 세대가 부담 없이 산책을 즐길 수 있다. 잣나무, 소나무 등이 울창한 숲을 이루고 있어 상쾌한 공기를 마시며 삼림욕을 즐기기에 최적의 장소이다. 정상 부근의 전망대에 오르면 세종시의 전경을 한눈에 담을 수 있어, 도심 가까이에서 자연의 정취를 느끼고 싶은 이들에게 안성맞춤인 길이다.

바) 광주광역시: 빛고을 산들길, 무등산 옛길, 무돌길

빛고을 산들길(81.8km), 무등산 옛길(22.9km), 무돌길(51.8km)은 광주의 자연과 역사, 문화를 연결하는 대표적인 도보 길이다. 광주광역시가 조성 및 관리한다(광주광역시, 2022).

위에서 소개한 길들은 국내외적으로 이미 잘 알려져 있으며, 각 지자체와 공공기관이 관리 체계를 갖추고 있다. 따라서 걷기 여행을 계획하는 개인이나 단체는 공식 홈페이지와 최신 자료를 참고하여 안전하고 의미 있는 경험을 설계해야 한다.

6. 공정 여행(Fair Travel) 행동 가이드

길은 지역 주민에게는 삶의 통로이고 쉼터이자 건강 증진의 공간이 되고, 방문객에게는 그 지역만의 고유한 매력을 느낄 수 있는 소규모 체험 관광(Micro-tourism)의 무대가 된다. 걷기 좋은 길은 단순한 이동로가 아니라 건강·문화·관광·지역 발전을 연결하는 복합적 공간이다. 따라서 걷는 사람은 그 공간의 구성원으로서 공정 여행(Fair Travel)의 가치를 실천해야 한다. 공정 여행은 단순한 소비가 아니라, 지역의 환경과 문화를 존중하고 지역 경제에 지속 가능한 방식으로 기여하는 여행 방식을 의미한다(UNWTO, Global Code of Ethics for Tourism, 2019). 동시에 오버투어리즘(Over-tourism)을 경계해야 한다. 이는 특정 지역에 관광객이 과도하게 몰려 환경 훼손, 쓰레기 증가, 지역 주민의 생활 불편, 문화적 피로감을 초래하는 현상을 말한다.

결국 걷기 여행자는 단순한 방문객이 아니라 지역의 삶과 자연을 존중하는 동행자이며, 지속 가능한 관광(Sustainable Tourism)의 주체로서 행동해야 한다. 걷기 여행은 자연과 지역을 직접 체험하는 활동이기 때문에, 여행자의 태도와 행동은 지역사회와 환경에 즉각적인 영향을 미친다. 공정 여행의 실천은 매너가 아니라, 길과 지역을 오래 지키기 위한 문화적 책임이다. 아래는 걷기 여행자가 실천할 수 있는 공정 여행 행동 가이드이다.

1) 자연 훼손 최소화

정해진 탐방로를 벗어나지 않고, 야생식물 채취나 현지의 나무, 돌, 흙 등을 가져오는 행위를 하지 않는다. 생태 보전은 길의 미래를 지키는 가장 기본적인 실천이다.

2) 쓰레기 제로(Zero-waste) 실천

플라스틱 생수병이나 종이컵 등 일회용품 사용을 줄이고, 개인 텀블러, 보틀, 컵 등 다회용품을 사용한다. 발생한 쓰레기는 반드시 되가져오며, 남이 버린 쓰레기를 함께 수거하는 '플로깅(Plogging)'도 좋은 실천이다.

3) 소음 최소화 및 생태계 존중

확성기, 스피커, 고성방가는 동물과 지역 주민에게 피해가 된다. 조용한 보행은 자연의 소리를 즐기는 길 문화의 기본이다.

걷기의 실천, 그리고 걷기 지도자의 소명

4) 지역 상권과 지역 생산품 이용

대형 프랜차이즈보다 지역의 작은 상점, 식당, 카페, 농산물 직거래, 전통 시장, 숙박업소를 이용해 지역 경제에 직접 기여한다. 걷기 여행은 곧 지역사회와의 동행이다.

5) 문화 · 주민 생활권 존중

마을에서는 주민의 사생활을 침해하지 않도록 조용히 통행하며, 무단 촬영·사유지 출입을 하지 않는다. 특히 무단으로 농작물을 취득하거나 훼손하는 것은 범죄행위가 될 수 있다. 지역의 문화와 일상은 '구경거리'가 아니라 '존중'의 대상이다.

6) 공식 코스 · 안내 시스템 준수

지자체와 공공기관이 제공하는 공식 지도, 안전 안내, 통제 구역, 기상 정보를 확인한다. 이는 본인의 안전뿐 아니라 구조·환경 관리 체계와도 연결된다.

7) 과밀 시간 · 구간 피하기

오버투어리즘 방지를 위해 특정 시간과 코스에 집중되지 않도록 탐방 시간을 분산하고, 덜 알려져 비교적 한산한 길을 활용한다. 단체로 방문 시 단일 팀과 단일 코스보다는 체력에 맞게 2~3개의 팀과 코스로 나누어 분산하는 것도 한 방법이다.

8) 환경 · 지역 문제에 대한 책임 있는 태도

길에서 마주한 문제(쓰레기, 위험 요소, 훼손 구간 등)는 지자체·관리 기관의 신고 채널에 공유한다. 사용자 참여는 장기적으로 길의 품질을 높인다.

이러한 실천들은 한국관광공사(KTO)가 「지속가능한 관광 가이드라인(2023)」에서 제시하는 지역사회 존중, 환경 보전, 지역 경제 기여, 책임 있는 소비, 탐방객 분산 정책 등의 원칙과 UN세계관광기구가 발표한 「세계관광윤리강령(Global Code of Ethics for Tourism, UNWTO, 1999/2017)」에 명시한 지속 가능한 관광, 지역사회 존중, 경제적 혜택의 공정한 배분, 관광객의 책임 있는 행동, 여행자의 안전과 권리 보장, 유산(문화·역사) 보호, 지속 가능한 교육과 홍보의 원칙과도 같은 방향성을 지닌다. 특히 UNWTO의 「세계관광윤리강령」은 지속 가능한 관광과 공정 여행을 위한 국제적 윤리 기준이다.

7. 걷기 길 개발 단계와 고려 사항

걷기 대회 계획 수립이 특정 시점의 이벤트(Event)에 초점을 맞춘 설계 작업이라면, 걷기 길 개발은 국가와 지역사회를 건강하게 변화시키는 장기적 인프라(Infra) 구축이며, 주민과 방문객이 세대를 이어 경험을 축적하는 지속 가능한 문화·관광 자산 형성의 과정이다. 좋은 길은 단순히 산의 둘레를 잇거나, 호수·계곡·마을 사이를 연결한다고 해서 자연스럽게 탄생하지 않는다. 좋은 길은 인간의 이동 동선, 자연의 결을 읽는 감각, 지역성(Place-identity), 안전과 환경에 대한 전문성, 그리고 사람들의 삶을 담아낼 수 있는 이야기(Storytelling)가 조화되어야 완성된다.

걷기 길을 만든다는 것은 단순한 '길 조성'이 아니라, 하나의 문화적·사회적 작품을 창조하는 일이다. 그래서 걷기 길 개발은 예술가가 세심한 붓질로 그림을 완성하듯, 단계마다 깊은 고민과 충분한 검토가 동반되어야 한다. 길을 내는 과정에서의 작은 선택 하나가 수십 년 후 그 길의 가치와 지속성을 결정하기 때문이다. 따라서 걷기 길 개발 단계에서는 환경적 영향 평가, 이용자 안전, 지역 경제 활성화, 생태계 보전, 문화·역사 자원의 통합, 그리고 무엇보다 누구나 안전하고 편안하게 걸을 수 있는 보편적 접근성을 종합적으로 고려해야 한다.

이는 좋은 길을 만드는 데에 그치지 않고, 지역이 스스로 성장하고 시민이 더 건강해지는 생활체육·관광·교육·공동체 활성화 플랫폼을 구축하는 과정이다. 이러한 이유로, 걷기 길을 개발할 때는 단순한 공공사업이 아니라 과학적 분석과 인문학적 감수성이 함께 요구되는 종합적 프로젝트로 접근해야 한다.

다음은 걷기 길을 체계적이고 정밀하게 개발하기 위해 고려해야 할 주요 단계와 핵심 사항들로 미네소타주 트레일 계획·설계·개발 지침(Trail Planning, Design, and Development Guidelines), 미국산림청(USDA Forest Service) 트레일 시스템 계획, 국내의 생태관광 활성화를 위한 장거리 생태문화탐방로 조성 방안 연구(김보국 외, 2022), 걷기 길 조성과 시민 건강 및 두루누비 플랫폼 활용에 관한 연구(정욱재, 2022) 등을 참고하였다.

걷기의 실천, 그리고 걷기 지도자의 소명

1) 기초 조사 단계: 현장의 '원형'을 읽는 과정

걷기 길 개발의 첫 단계는 현장을 충분히 이해하는 것이다. 지형, 생태, 기후, 토지 이용 현황, 접근성, 역사·문화 자원 등에 대한 조사가 이루어져야 한다. 충분한 기초 조사 없이 설계로 진입하면, 길의 본질적 매력과 지속성을 확보하기 어렵다. 기초 조사는 길의 방향성, 테마(스토리), 난이도를 결정하는 가장 근본적인 기초 자료이며, 훗날 유지 관리와 안전성에도 직결된다.

(1) 지형·환경 조사: 경사도, 토양 상태, 수로, 식생, 생태 민감 구역 확인
(2) 접근성 분석: 대중교통, 주차, 인근 생활권·관광 자원과의 연계
(3) 문화·역사 자원 파악: 마을의 이야기, 옛길, 지역 자연유산, 기타 조성된 길
(4) 이용자 분석: 지역 주민, 일반 관광객, 걷기 여행객, 교통약자

2) 기본 구상 단계: 길의 '정체성'을 만드는 설계

현장 조사가 끝나면, 걷기 길의 핵심 콘셉트(Concept)와 정체성(Identity)을 명확히 설정해야 한다. 좋은 길은 반드시 하나의 이야기와 목적이 있다. 이를 바탕으로 전체 루트, 세부 코스, 주요 경유지(Point of Interest), 쉼터, 안전 구간, 볼거리를 구성한다. 이 단계의 기획력이 길의 매력도를 결정한다고 해도 과언이 아니다.

(1) 생태, 자연경관 중심의 길
(2) 역사, 문화 스토리를 전달하는 길
(3) 치유, 명상, 건강을 중심으로 한 길
(4) 지역 공동체와 경제 활성화를 목표로 한 길

3) 세부 설계 단계: 이용자 경험을 구조화하는 과정

세부 설계에서는 걸음의 리듬, 시야의 흐름, 휴식의 타이밍, 난이도 조절 등 '걷기 경험(UX, User Experience)'을 구체화한다. 특히 걷기 길은 다른 관광시설과 달리 장시간, 반복적 이용이 전제되므로, 설계의 완성도가 이용자의 안전·만족·재방문율을 좌우한다.

(1) 코스 설계: 주 코스, 예비 코스, 단축 코스(탈출로), 우회로, 확장 코스(챌린지)
(2) 보행 동선 설계: 출발점, 도착점, 반환점, 관람 시설
(3) 안전 설계: 경사 조정, 낙상 방지, 난간대, 야간 조명, 응급 구조(통로, 장비)
(4) 환경 설계: 생태 훼손 최소화, 우수(빗물) 흐름 제어
(5) 시설 배치: 벤치, 정자, 전망대, 포토존, 안내판, 주차 공간
(6) 방향 표식: 직관적 방향 표시, 색상·높이·위치 표준화
(7) 편의 시설: 종합안내소, 주차장, 화장실, 식수대, 세족장, 그늘막, 먼지떨이
(8) 비상 대책: 국가지점번호, 긴급벨, CCTV
(9) 정보 제공: 길의 스토리, 현재 위치, 진행 방향, 남은 거리, 소요 시간, 관심 지점

4) 조성(시공) 단계: 계획을 현실로 구현하는 단계

조성 단계에서는 '얼마나 자연을 덜 건드리면서도, 안전하고 쾌적한 길을 만드는가'가 관건이다. 좋은 길은 있는 그대로의 자연이 잘 보존된 길이다. 길은 단기간에 적당히 구색만 갖추어 '만드는 것'이 아니라 수백 년을 이으며 유지되는 공공 자산이므로, 조성 품질은 향후 유지 관리 비용과 안전성에 직접적 영향을 미친다.

(1) 친환경 공법 적용: 목재 데크 최소화, 투수성 포장, 생태 보전 구역 우회
(2) 안전 중심 시공: 경사 보강, 낙석 방지, 미끄럼 방지 재질 활용
(3) 경관 보전: 전망 포인트는 살리고, 불필요한 구조물은 지양
(4) 지역 협력: 주민 의견 반영, 지역 자재·업체 활용, 농작물 훼손 예방
(5) 자연 보호: 보호 식생물 군락지 통제(우회)

걷기의 실천, 그리고 걷기 지도자의 소명

5) 운영 · 관리 단계: 길이 살아 움직이도록 만드는 과정

걷기 길은 '조성(Build)'도 중요하지만 지속적인 '관리(Maintain)'가 훨씬 더 중요한 일이다. 걷기 길의 가치는 개장 이후 실제 운영에서 만들어진다. 체계적인 운영 관리는 길의 지속 가능성을 결정하는 핵심 단계이며, 지역 공동체의 참여가 많을수록 길의 생명력은 길어진다.

(1) 정기 점검: 파손 구간, 안전시설, 안내판, 배수·토사 관리
(2) 이용자 서비스: 코스 맵 제공, 안전 안내, 휴식 공간 운영, 완보(방문) 스탬프
(3) 프로그램 개발: 길 해설사, 걷기 관련 행사, 참여와 체험 프로그램
(4) 데이터 기반 관리: 방문자 수, 이용 시간대, 민원 분석, 안전사고 분석 및 제거
(5) 시즌별 관리: 방문객 집중 계절(봄, 가을), 폭염, 폭우, 폭설, 태풍, 한파, 산불

6) 평가 및 개선 단계: 지속 가능한 길을 위한 순환 구조

좋은 길은 한 번 만들고 끝나는 것이 아니라, 피드백을 받아 계속 개선되는 길이다. 이 과정은 길이 '시간이 지날수록 더 좋아지는 인프라'가 되도록 지원하며, 궁극적으로는 도시·지역의 경쟁력 강화로 이어진다.

(1) 이용자 만족도 조사
(2) 안전사고 분석 및 개선안 반영
(3) 지역 경제 효과 분석
(4) 환경 영향 모니터링
(5) 노선 개선 및 보완 공사 계획

걷기 길 개발은 단순한 토목·관광 사업이 아니다. 이는 자연·문화·사람·역사를 하나의 선으로 엮어, 지역의 건강성과 삶의 질을 높이는 총체적 공공 프로젝트이다. 좋은 길 하나는 수많은 사람들의 일상을 바꾸고, 지역의 브랜드 가치를 높이며, 세대 간 문화를 잇는 힘을 가진다. 따라서 걷기 길을 개발하는 모든 단계에서 과학적 분석, 인문학적 감수성, 안전 중심 사고, 지역 공동체와의 협력이 조화를 이루어야 한다. '좋은 걷기 길'은 쉽게 만들어지거

나 얻어지는 것이 아니다.

걷기의 실천, 그리고 걷기 지도자의 소명

8. 걷기 운동에 유용한 방법과 도구

걷기 운동은 혼자 수행해도 좋으나, 함께 손잡고 동행하는 이가 있고 내 삶과 관련이 있으며 명확한 목표가 있다면 걷기의 효과는 더욱 풍요로워지고 걷기를 지속 가능하게 하는 힘이 된다. 또한 지도나 나침반 같은 전통적 도구에서부터 디지털 기반의 다양한 기술 도구에 이르기까지, 여러 도구들은 걷기 길을 조성하거나 걷기 강습을 계획·운영하는 데 실질적인 도움을 준다. 이는 걷기 대회 준비와 참가, 걷기 동호회 활동의 안전성을 높이고, 계획-실행-평가의 전 과정을 보다 과학적으로 수행하는 데 기여한다.

1) 걷기 운동에 유용한 방법

걷기 운동은 장소와 비용의 제약이 적은, 가장 보편적이고 접근성이 높은 신체 활동 중 하나다. 그러나 단순히 '걷는 것'에 그치지 않고, 적절한 방법을 활용하면 걷기 운동의 효과를 극대화하고 안전성과 지속성을 높일 수 있다.

(1) 동행인

아프리카 속담에 "빨리 가려면 혼자 가고, 멀리 가려면 함께 가라(If you want to go fast, go alone; if you want to go far, go together)."라는 말이 있다. 이는 걷기 운동에도 그대로 적용된다. 혼자 걷는 것은 집중과 사색의 시간을 제공하지만, 동행인과 함께 걷는 경우에는 사회적 지지(Social Support)를 통해 운동 지속률이 높고 안전사고 예방에도 유리하다.

실제로 운동 파트너가 있는 사람은 운동 중단율이 낮고, 장기적으로 활동량이 더 많다는 연구 결과도 보고된 바 있다[66]. 여기서 동행인은 사람뿐 아니라 반려동물도 포함된다. 특히 반려견과 정기적으로 산책하는 사람은 그렇지 않은 사람보다 일일 걸음 수와 총활동 시간이 더 길며, 걷기 습관을 꾸준히 유지할 가능성이 우월하다는 연구 결과가 다수 보고되어 있다[67]. 이는 걷기 운동의 지속성을 높이는 자연스러운 '생활 파트너'의 역할을 반려동물이 수행한다는 점에서 주목할 만하다.

(2) 목적과 목표 설정

걷기 운동을 지속 가능하게 하기 위해서는 명확하고 구체적인 목적(Goal)과 목표(Objective) 설정이 필요하다. 목표 설정에는 세계적으로 널리 쓰이는 SMART 원칙을 적용하면 효과적이다[68].

가. 구체적으로 계획하여 걷기(Specific)

단순하게 '건강을 위해 걷기'가 아니라, '저녁 식사 후 30분 걷기'처럼 수행할 내용이 구체적이고 명확해야 한다.

나. 측정 가능하게 목표를 정하여 걷기(Measurable)

주 3회, 1일 8천 보, 1일 1시간처럼 숫자로 설정되고 확인될 수 있어야 한다.

다. 달성 가능한 목표를 정하여 걷기(Achievable)

경험, 체력, 시간, 환경 등을 고려해 현실적이고 점진적인 목표를 설정한다. 예를 들면, 최초 1개월은 주 3회 회당 3천~5천 보 걷기, 2개월 후 주 5회 회당 8천 보 걷기와 같이 실행 가능한 목표를 정하고 그 목표를 달성하기 위해 노력해야 한다.

라. 관련성 있게 걷기(Relevant)

체중 감량, 스트레스 완화, 사회적 관계 형성 등 자신의 실제 삶과 밀접한 목표일수록 지속성이 높다.

마. 시간제한을 두어 걷기(Time-bound)

걷기 운동 시작 후 1개월은 '바른 걷기 자세 숙달', 2개월째에는 '다양한 걷기 운동 숙달', 3개월 이후에는 '주 5회 걷기 습관 만들기'처럼 기한을 명확히 한다.

정리하면, 심폐 지구력 향상, 체중 감량, 혈압 조절 등 자신의 목적을 먼저 설정한 뒤, 매일 30분 걷기, 주 3회 5,000보 이상 걷기 같은 달성 가능한 목표를 세우고 운동의 강도와 시간을 점진적으로 증가시키는 것이 이상적이다. 운동생리학에서는 이를 반복성·점진성·과부하의 원리로 설명하며 미국스포츠의학회에서도 걷기 운동을 위한 핵심 원리로 강조하고 있다(ACSM's Guidelines for Exercise Testing and Prescription, 2021).

걷기의 실천, 그리고 걷기 지도자의 소명

(3) 애플리케이션(Application) 활용

스마트폰 보급 이후 만보기, GPS 기반의 다양한 걷기 앱은 걷기 운동의 지속성과 동기부여를 높이는 매우 강력한 도구가 되었다. 걷는 시간·거리·속도·걸음 수 등을 기록하며 목표 달성 여부를 스스로 확인할 수 있고, 이는 자기효능감(Self-efficacy)을 강화한다. 최근 앱들은 다음과 같은 기능으로 운동의 재미와 지속성을 동시에 높여 준다.

가. 게이미피케이션(Gamification): 배지 획득, 주간 챌린지, 친구와의 순위 경쟁
나. 가상 트레일(Virtual Challenge): 유명 해외 트레일을 가상으로 완주
다. 오디오 코칭(Audio Coaching): 실시간 속도·리듬 안내

이렇듯 SNS 연동을 통해 기록을 공유하면 사회적 비교와 격려가 더해져 운동 지속률이 높아진다. 이러한 기능들은 디지털 운동 참여를 높이는 핵심 요소로 평가되고 있으며, 캐나다 소재의 의료 인터넷 연구 저널(JMIR, Journal of Medical Internet Research)을 통해서도 높은 효과가 보고되었다.

(4) 걷기 일지(Walking Journal)

디지털 도구 못지않게 걷기 일지는 효과적인 자기 관리 도구다. 종이 수첩 또는 간단한 노트를 활용해 그날의 걸음 수·거리·속도, 걷기 전·후 기분 변화, 에너지 수준, 날씨, 코스 환경, 만난 사람, 주변 상황, 걷는 동안 떠오른 생각과 감정 등을 정리할 수 있다. 걷기 일지는 단순한 데이터 수집을 넘어, 걷기가 신체·정신 모두에 미치는 긍정적 변화를 스스로 자각하는 과정을 만든다. 이는 동기 내면화를 돕고, 걷기를 통한 마음챙김(Mindfulness) 효과를 크게 증진한다. 특히 장기적으로 기록이 누적되면 자기 자신만의 '걷기 역사'가 형성되어, 지속적인 운동 습관을 유지하는 데 중요한 심리적 자원이 된다. 나아가 이런 직접적인 체험을 통한 자료의 축적은 걷기 관련 서적을 집필하는 데 훌륭한 자료가 된다.

(5) 디지털 기술 발전과 걷기 운동의 새로운 확장 가능성(제언)

최근 디지털 기술의 발전은 웨어러블 로봇을 이용한 걷기 등 걷기 운동에도 새로운 형태로 확장될 가능성이 높아지고 있다. 그중 가상 트레일(Virtual Challenge)은 사용자가 실제로 걸

은 거리와 속도를 디지털 플랫폼에서 시각적으로 재구성한다는 점에서 주목할 만하다. 이러한 방식은 스크린 골프(Golf Simulator)나 스크린 승마(Horse Simulator)와 같이, 디지털 환경에서 몰입형 운동 경험을 제공하는 디지털 스포츠 생태계(Digital Sports Ecosystem)와 개념적으로 이어진다. 세 방식 모두 디지털 기반이라는 공통 요소 위에서 몰입감 있는 운동 경험, 게임화 요소, 운동 지속률 향상이라는 이점을 가진다. 그러나 작동 방식과 목적에서는 차이가 있다.

가상 트레일은 사용자가 실제로 걸은 데이터를 기반으로 디지털상에서 트레일을 확장해 보여 주는 방식으로, 일상적인 걷기를 더욱 의미 있고 흥미롭게 만드는 데 초점을 둔다. 반면 스크린 골프·스크린 승마는 센서, 스윙 분석, 모션 캡처 등 전문 장비를 활용한 실내 시뮬레이션 형태로, 기술 습득과 스포츠 체험의 성격이 강하다. 즉, 가상 트레일은 실생활의 움직임을 디지털로 확장하여 건강 습관을 강화하는 시스템, 스크린 스포츠는 실내 환경에서 기술과 경기력을 경험하는 시스템으로 이해할 수 있다. 이러한 기술적 흐름은 향후 걷기 운동 프로그램 개발에 다음과 같은 시사점을 제공한다.

가. 트레드밀 기반의 확장 프로그램 개발

헬스클럽에서 사용하는 트레드밀(Treadmill)에 국내외 유명 트레일(예: 제주올레길, 산티아고 순례길 등)을 스크린으로 구현하고, 보행 속도·보폭·경사에 따라 화면이 실시간으로 반응하도록 설계한다면, 실내 걷기 운동이 가진 단조로움을 크게 줄이고 몰입도, 재미, 지속성을 높일 수 있다. 이는 실내 운동 환경에서도 '걷는 즐거움'과 '경험의 다양성'을 충분히 확장할 수 있는 방법이다.

나. 행동 변화 기술(Behavior Change Technology)의 적극적 활용

디지털 트레일 완주, 온라인 배지 획득, 팀 단위의 챌린지 참여 등은 걷기 운동을 단순한 신체 활동에서 벗어나, 사회적 운동(Social Fitness)과 스포츠로 전환하고 확장시키는 데 중요한 역할을 한다. 이러한 기능은 사용자의 성취감과 소속감을 높여 운동을 지속하도록 돕는 효과적인 도구로 평가되고 있다.

다. 걷기 지도·강습 프로그램의 혁신 가능성

걷기 지도자 교육에서도 디지털 기술의 적용은 새로운 기회를 제공한다. 예를 들면 가상 코스를 활용한 시뮬레이션 강습, 동작 분석 센서를 기반으로 한 보행 자세 피드백, 온라인과

걷기의 실천, 그리고 걷기 지도자의 소명

오프라인을 결합한 하이브리드(Hybrid) 걷기 프로그램 등이 충분히 도입 가능하다. 이는 걷기 운동이 '전통적인 야외 활동'에서 '디지털·스마트 기반의 생활체육과 스포츠'로 발전하는 전환점이 될 수 있으며, 향후 지도자 교육의 질과 전문성을 높이는 데에도 기여할 것이다.

2) 걷기 운동에 유용한 도구

걷기 운동은 단순히 '두 발로 걷는 행위'에 그치지 않는다. 안전성, 지속 가능성, 경로 품질, 안내 체계, 편의 시설 등이 정교하게 갖추어질 때 비로소 건강 증진과 관광·지역 활성화로 이어진다. 따라서 지도·나침반·무전기·GPS 위성 통신 기기는 코스 탐사, 위험 구간 파악, 참가자 통제, 비상 대응 등 걷기 길 개발 전 과정에서 필수적인 도구이다. 아날로그 장비의 신뢰성과 디지털 기술의 편의성이 조화를 이룰 때, 걷기 길은 안전하고 지속 가능한 생활환경과 관광 자원으로 자리 잡는다.

걷기 운동은 단순히 '두 발로 걷는 행위'를 넘어, 지속 가능성·안전성·목표 지향성을 충족할 때 비로소 건강 증진과 삶의 질 향상으로 이어진다. 동행인과 함께 걸으며 사회적 지지를 얻고, 구체적 목표를 설정하며, 앱과 기록 도구로 성취감을 관리하면 운동 지속력이 커진다. 또한 지도, 나침반, 무전기와 같은 전통적 도구는 코스 개발과 단체 활동에서 여전히 필수적이다. 이처럼 아날로그와 디지털 도구가 조화를 이룰 때 현대인의 건강 생활 속에서 안정적으로 뿌리내릴 수 있다.

(1) 지도(地圖, Map)

지도는 지구 표면의 지형, 도로, 하천, 도심(마을), 고도 등의 상태를 기호, 문자, 색을 사용해
서 실제보다 축소하여 평면상에 시각화하여 나타낸 것이다. 또한 이를 해석하는 기술을 독
도법(讀圖法, Map Reading)이라 한다. 걷기 길 개발이나 걷기 대회 계획, 장거리 걷기, 동호회
걷기계 획, 강습 계획 등을 수립하기 위해서는 지역, 거리, 지형 특성, 위험 요소, 우회로, 음
수대, 화장실, 대피 지점 등을 정확히 파악해야 한다. 이때 국토지리정보원(NGII)의 최신 지
형도와 지자체의 관광안내도는 핵심적인 근거 자료가 된다. 또한 인터넷 지도뿐만 아니라
아웃도어 전용 앱을 이용하면 거리·고도·예상 시간 분석, 기록 공유, 파일 생성까지 가능해
걷기 운동과 관련 업무에 매우 유용하다.

(2) 나침반(羅針盤, Compass)

나침반은 자침이 지구 자기장을 따라 북쪽을 가리키는 원리를 활용한 방향 지시계로, 단독
으로 사용하기도 하며 지도와 함께 사용하면 목표 지점까지의 정확한 방향, 위치, 거리, 장
애물 등을 종합하여 판단을 할 수 있다. GPS 기술의 발달로 활용 빈도는 감소했지만, 산악
지대·갯벌·해무나 짙은 안개·전파가 닿지 않는 지역에서 방향을 유지하는 데 유용한 도구
이다. 위급한 상황에서 방향을 상실하는 것은 위험 요인이 될 수 있다. 스마트폰 나침반 앱
도 보조 도구가 되지만, 배터리 소모·신호 불안정을 고려하면 여전히 아날로그 나침반은
코스 개척자·안전 요원·대회 운영자에게 필수 장비로 남아 있다.

(3) 무전기(無電機, Radio Transceiver)

무전기는 전파로 음성 신호를 송수신하여 통신을 할 수 있도록 하는 기기이다. 핸디형·차
량형·기지국형 등 다양하고 관련 자격을 취득해야 하는 무전 방식도 있으나 일반적으로 별
도의 자격을 필요로 하지 않는 생활형 무전기를 사용한다. 현대사회에서는 휴대폰의 사용
이 일반화되었으나 동굴, 산악, 오지, 휴대폰 이상이나 배터리 소진, 중계기 이상, 통신 음영
지역, 악천후 등으로 휴대폰 사용이 불가한 상황에서 긴급 연락 등의 통신에 무전기는 여전
히 매우 유용하다. 걷기 길 개설 작업, 장거리·야간 걷기 대회, 또는 참가자가 넓게 분산되
는 환경에서도 안전 장비로 작용한다. 특히 대회 운영 시 인솔자-구조 요원-의료 팀-본부
간 실시간 소통 체계는 대응 속도와 참가자의 생명과 안전을 좌우할 수 있다. 휴대폰 등의

걷기의 실천, 그리고 걷기 지도자의 소명

전화기는 특별한 주파수나 키(버튼) 조작을 하지 않고 쌍방이 동시에 통화(송수신)가 이루어
지지만, 무전기는 주파수 설정(최근 생활형 무전기는 별도 주파수 설정이 필요하지 않음), 키(음성 송신 시
누름, 수신 시 놓음) 조작이 필요해 간단한 사용 요령에 대한 설명이 필요하다.

(4) GPS 위성 통신 기기(GPS Satellite Messenger)

휴대폰 통신이 불가능한 산악·도서·오지에서 GPS 위성 통신 기기는 안전과 생존을 위한
또 다른 장치가 될 수 있다. 이 장비는 위성 네트워크를 통해 위치 전송, SOS 구조 요청, 양
방향 문자 메시지가 가능하다. 해외 트레킹 가이드라인에서는 장거리 트래킹 리더의 필수
장비로 권고되며(National Outdoor Leadership School, NOLS Field Safety Guide, 2021), 국내에서
도 코스 개발자·탐사 팀·대회 안전 요원에게 점차 도입되고 있다.

9. 바른 자세와 걷기 운동 실천 사례

다음의 두 사례는 실제 사례자의 인터뷰를 토대로 하여, 독자가 쉽게 이해할 수 있도록 스토리 기반의 서술 방식으로 정리하였다. 내용 중 일부는 유사 상황에서 활용할 수 있는 교정이나 훈련 방법을 보완하여 서술하였다.

1) 바른 자세

(1) 문제 상황

40대 중반의 남성 임○○ 님은 중고등학생 때 주머니에 손을 넣거나 상체를 구부정하게 하고 걷는 습관이 있었다. 그 자세는 성인이 되어서도 무의식적으로 유지되었고, 불량스러워 보인다거나 건들거리는 걸음이라는 소리를 가끔 들었으나 대수롭지 않게 여기며 오랜 세월을 지냈다. 그러던 중 바른 걷기 강습에 참여하게 되었고, 그곳에서 자신의 자세와 걸음걸이에 심각한 문제가 있음을 처음으로 깨달았다. 전자 장비를 이용한 보행 자세 측정과 동영상 촬영을 통해 본 자신의 모습은 심각했다. 굽은 어깨와 앞으로 나온 머리, 라운드 숄더와 거북목 자세였다. 문제의 원인은 구조적인 척추 변형이 아니라, 청소년기에 바른 자세에 대한 인식이 없었고 성인이 되어서도 습관적으로 잘못된 자세로 생활을 한 탓이었다.

(2) 해결 과정

그는 이를 개선하기 위해 특별한 장비나 운동 시설 없이 일상생활 속에서 실천 가능한 자세 교정법을 중심으로 꾸준히 교정에 나섰다.

가. 자기 점검

먼저 그는 매일 아침 출근 또는 외출 전 거울 앞에 서서 자신의 옆모습을 점검했다. 귀가 어깨보다 얼마나 앞으로 나와 있는지, 등의 굽은 정도가 어떤지를 스스로 확인하며 바른 자세를 시각적으로 인식했다. 또한 거리나 실내에서 이동할 때 유리창에 비친 자신의 걸음걸이를 보며 '지금 내 자세가 바른가'를 자주 점검했다. 이처럼 자세에 대한 자기 점검을 통해 스

걷기의 실천, 그리고 걷기 지도자의 소명

스로 피드백을 주는 습관을 형성한 것이다.

나. 교정 훈련

매일 한두 차례씩 벽에 머리-어깨-엉덩이-발뒤꿈치를 벽에 대고 서는 바른 자세 만들기 훈련법인 벽 기대어 서기를 1~2분간 시행했고, 틈틈이 문틀을 이용한 도어웨이 체스트 스트레칭을 수행했다. 이 두 가지 운동은 말린 어깨와 굽은 등을 펴는 데 효과적이었으며, 짧은 시간에도 어깨 전방 돌출이 완화되고, 가슴이 열리는 느낌을 체감할 수 있었으며 가슴이 펴지면서 호흡도 더 편안함을 느꼈다.

다. 습관 개선

생활 습관 역시 교정의 중요한 요소였다. 무의식적으로 앉고 서고 걷던 습관에서 벗어나, 어떤 상황에서도 의식적으로 바른 자세를 유지하려 노력했다. 무거운 물건을 무의식적으로 한쪽 어깨에만 메던 습관을 버리고 양쪽 어깨에 번갈아 메었으며, 스마트폰을 사용할 때는 가급적 고개를 숙이지 않고 눈높이로 들어 사용하고 보행 신호나 엘리베이터를 기다릴 때 무의식적으로 스마트폰을 보는 습관을 제거했다.

(3) 개선 결과

이러한 변화는 하루아침에 이루어지지 않았지만, 꾸준한 실천이 쌓이면서 자연스럽게 몸의 정렬이 교정되기 시작했다. 축 처져 있던 어깨와 허리가 펴지면서 키가 더 커 보였고, 깊고 편안한 호흡을 할 수 있었다. 몸도 한결 가벼워지고 목과 허리의 피로가 줄었음을 느꼈다. 무엇보다도 구부정한 자세가 개선되면서 자신감이 회복되었고, 직장 동료나 주변 사람들로부터 자세가 좋다는 이야기를 자주 들었다.

(4) 관련 근거

이 사례는 청소년기의 잘못된 자세가 성인이 되어서도 영향을 미치지만, 꾸준한 자기 인식과 교정 운동, 잘못된 생활 습관 개선을 통해 충분히 좋아질 수 있음을 보여 준다. 이와 같은 결과는 실제 연구에서도 뒷받침된다. 2021년 일본 물리치료과학회의 『Journal of Physical Therapy Science』에 발표된 연구에서, 성인 30명을 대상으로 '벽 자세 교정 운동(Wall Posture Correction)'과 '흉근 스트레칭'을 8주간 시행한 결과, 어깨 전방 돌출 각도가 평균 6도

감소하고, 경추 전만(Forward Head Angle)이 유의하게 개선된 것으로 나타났다. 이는 임〇〇 님의 사례처럼 일상적인 교정 운동과 자세 인식 교육이 구부정한 자세와 목·어깨 불균형을 효과적으로 완화할 수 있음을 보여 주는 과학적 근거라 할 수 있다.

2) 걷기 운동

(1) 문제 상황

50세 중반의 김〇〇 님은 평범한 주부로, 과식과 소금기 많은 음식을 즐기며 살아왔다. 고혈압 진단을 받았지만 증상이 심하지 않아 약을 건너뛰는 일이 잦았고, 생활 습관을 개선하지 않은 채 일상을 이어 가던 어느 날, 갑자기 시야가 흐려지고 말을 제대로 하지 못한 채 그대로 쓰러졌다. 응급실로 실려 간 그녀는 고혈압성 뇌출혈 진단을 받았고, 가까스로 생명을 건졌지만 한동안 의식 불명 상태에 빠졌다. 치료를 통해 다행히 의식을 되찾았지만 후유증이 남아 보행에는 지장이 있는 상태였다. 그녀는 의사와 가족의 권유로, 회복을 위한 첫걸음으로 걷기 운동 재활을 선택했다.

(2) 해결 과정

가. 점진적 걷기 재활 시작

퇴원 후 재활 치료를 병행하면서 김〇〇 님은 처음 4주는 '하루 10분, 병원 복도 걷기'로 시작했다. 손잡이를 잡고 천천히 이동하며, 뒤꿈치-발바닥-발끝의 3단계 보행을 의식적으로 연습했다. 처음에는 50m를 걷기도 힘들었지만, 매일 같은 시간대에 꾸준히 반복했다.

나. 체력 회복과 강도 조절

걷기 시간을 무리하지 않는 범위에서 점진적으로 올려 갔다. 한 달이 지나자 김〇〇 님은 '지팡이 없이 20분 걷기'를 목표로 삼았다. 보행 자세를 확인하기 위해 거울을 이용하거나, 스마트폰의 보행 속도 측정 앱을 활용하여 자세를 교정했다. 2개월 차부터는 '주 5회, 30분 걷기'로 늘렸다. 운동 전후에는 혈압을 측정하여 무리하지 않도록 관리했다.

다. 일상 속 걷기 실천

걷기가 습관으로 자리 잡자 김○○ 님은 일상 속에서도 걷기를 실천했다. 가까운 마트는 차 대신 걸어서 다니고, 아파트 엘리베이터 대신 계단을 이용했으며, 매일 저녁에는 친구들과 공원을 천천히 산책했다. 이러한 일상형 걷기 습관은 단순한 재활의 범위를 넘어 심리적 안정과 자신감 회복에도 큰 도움이 되었다.

(3) 개선 결과

6개월이 지나면서 김○○ 님의 건강은 눈에 띄게 회복되었다. 병원 정기 검진 결과, 혈압은 안정되었고, 표준체중에 이르렀다. 걷기 운동을 시작한 지 2년이 지난 지금은 하루에 1만~2만 보를 거뜬히 걷고 있다. 이후 바른 자세와 다양한 걷기 운동법에 대해 심도 있게 배우고자 걷기 지도자 자격을 취득했다. 이를 계기로 건강 관련 방송 출연도 하여 경험 사례를 전파하기도 했다. 그녀는 이렇게 말한다. "걷기 운동을 하면서 삶을 되찾았습니다. 걷는 것은 저에게 축복이고 약이며 주치의입니다."

(4) 관련 근거

이 사례는 걷기 운동이 고혈압성 질환자의 재활과 일상 회복에 얼마나 큰 힘이 되는지를 보여 준다. 규칙적인 걷기는 혈압을 안정시키고, 말초혈관 저항을 줄이며, 뇌 혈류 순환을 개선하여 재발 위험을 30~40% 낮추는 것으로 나타났다.

CHAPTER IV
지속 가능한 걷기를 위한 안전

—

걷기에서 가장 중요한 것은, 걷고자 하는 마음과 준비된 몸이다.
The most important things in walking are the willing mind
and the prepared body.

1. 걷기 운동 안전

1) 안전 이해

(1) 안전의 정의

우리 일상에서 자주 사용하는 안녕(安寧)이라는 개념이 마음과 몸의 평안함을 포괄적으로 표현한다면 안전(安全)은 보다 구체적으로 재난이나 사고로부터 자유로운 상태를 의미한다. 다시 말해, 안전은 사고가 발생할 위험 요인이 존재하지 않거나, 위험 요인에 노출되지 않은 상태를 지칭한다. 한자적 의미를 살펴보면 안전(安全)은 편안할 안(安)과 온전할 전(全)이 결합된 단어다. 따라서 안전이란 단순히 위험이 없는 소극적 상태에 머무는 것이 아니라, 개인과 집단이 편안하고 온전히 보호받는 적극적 상태를 포함한다. 이와 같은 해석은 안전을 '사고나 재해를 예방하여 위험으로부터 보호받는 편안하고 온전한 상태'로 정의할 수 있음을 보여 준다.

세계보건기구(WHO) 또한 안전을 단순히 사고가 없는 상태가 아니라, 인간이 신체적·정신적·사회적으로 보호받고 생활을 영위할 수 있는 조건으로 본다(WHO, World Report on Child Injury Prevention, 2008). 이는 안전이 개인의 생존을 넘어 삶의 질과 직결된다는 점을 강조한다. 걷기 운동의 맥락에서 안전은 단순히 넘어지지 않는 것 이상의 의미를 가진다. 노면 상태, 교통 환경, 기후 변화, 참여자의 건강 상태 등 다양한 요소가 종합적으로 작용하여야 걷기가 안전한 활동이 될 수 있다. 따라서 안전은 '위험이 제거된 상태'와 더불어 '심리적·신체적 안정을 보장하는 상태'로 이해하는 것이 적절하다.

결국, 안전의 개념은 위험 요인의 사전 차단, 사고 발생 가능성 최소화, 그리고 심리적 평안과 신체적 온전함 보장이라는 세 가지 요소로 요약할 수 있다. 이는 걷기 운동뿐 아니라 생활체육, 일상생활, 나아가 사회 전반에서 기본적이면서도 필수적인 가치라 할 수 있다.

(2) 안전 법칙

가. 하인리히 300:29:1 법칙(Heinrich's Law)

미국 보험회사 관리자였던 허버트 W. 하인리히(Herbert W. Heinrich)는 1931년 산업재해 예방(Industrial Accident Prevention)을 발간하며, 75,000건 이상의 산업재해를 분석한 결과를 근거로 이른바 '300:29:1 법칙'을 제시하였다(Heinrich, 1931). 이 법칙에 따르면, 하나의 중대 재해(사망·중상)가 발생하기 전에는 29건의 경미한 재해가 있었고, 그 이전에는 300건의 부상으로 이어지지 않은 사고(Near Miss)가 있었다는 것이다. 이를 확률로 환산하면, 무상해 사고(No Injury Accident)는 90.9%, 경상(Minor Injury)은 8.8%, 중대재해(Major Injury)는 약 0.3%(1/300) 발생 비율을 보인다.

이 법칙은 작은 문제나 오류가 방치될 경우 결국 큰 사고로 이어진다는 점을 강조한다. 사소한 위험 요인을 초기에 발견하고 신속히 대응하지 못하면 대형 사고로 확산될 수 있다는 경고다. 따라서 걷기 운동 현장이나 걷기 대회에서도 작은 징후(예: 풀어진 신발 끈을 보고도 무시하는 행위, 가벼운 발목 접질림, 코스상의 작은 돌부리 등)를 간과하지 않고, 이를 재발 방지 차원에서 체계적으로 관리해야 한다.

나. 스위스 치즈 모델(Swiss Cheese Model)

영국의 심리학자 제임스 리즌(James Reason)이 제시한 이 모델은 사고가 단 하나의 원인이 아닌, 여러 단계의 안전장치(방어벽)가 동시에 뚫렸을 때 발생한다고 설명한다[6]. 각 안전장치를 구멍이 뚫린 스위스 치즈 조각에 비유하는데, 평소에는 이 구멍들의 위치가 서로 달라 위험이 차단되지만, 우연히 모든 구멍이 일직선으로 정렬될 때 사고가 발생한다는 것이다. 걷기 운동에 적용하면, 개인의 부주의(피로 누적), 장비의 결함(낡은 신발), 환경적 위험(미끄러운 노면), 부실한 안전 교육이라는 치즈 조각의 구멍들이 동시에 뚫릴 때 낙상과 같은 큰 사고로 이어질 수 있음을 의미한다. 이는 단 한 가지가 아닌, 다층적인 안전망 구축의 중요성을 시사한다.

다. 100-1=0의 법칙

100-1=0의 법칙은 스칸디나비아항공의 CEO였던 얀 칼슨(Jan Carlzon)이 고객 만족 경영의 핵심 개념으로 제시한 것이다(Carlzon, 1987). 그는 100번의 고객 접점 중 99번을 성공적으로 수행하더라도 단 한 번의 불만족 경험이 전체의 신뢰를 무너뜨린다고 설명했다. 다시 말해,

고객 만족은 100-1=99가 아니라 100-1=0이라는 개념으로 접근해야 한다는 것이다. 이 논리는 안전 관리에도 동일하게 적용된다. 예를 들어, 수천 명이 참가하는 대규모 걷기 대회에서 99%의 운영은 완벽했더라도 단 1건의 안전사고(낙상·교통사고·탈진 등)가 발생한다면, 그 대회는 성공적이라 평가받기 어렵다. 심지어 단 한 건의 중대 사고는 해당 이벤트 전체를 실패로 기록하게 만들고, 사회적·국제적 문제로까지 비화할 수 있다.

칭화대학교 왕중추 교수 역시 저서 『작지만 강력한 디테일의 힘(2021)』에서 이를 수학적 등식이 아닌 디테일 관리의 법칙으로 설명하였다. 즉, 1%의 작은 관리 소홀도 100%의 실패를 부를 수 있으며, 반대로 세심한 관리와 대비는 100+1=200의 효과, 즉 기대 이상의 성과로 이어질 수 있다는 것이다.

라. 안전사고와 야바위 게임의 비유

안전사고는 종종 야바위 게임(Trickery Game)에 비유된다. 세 개의 컵 중 하나에 공깃돌을 숨기고 현란한 손놀림으로 섞는 게임에서, 집중하지 않으면 공깃돌이 든 컵을 놓치게 된다. 그러나 정신을 바짝 차리고 주의 깊게 관찰하면 결국 찾아낼 수 있다. 스포츠 안전 관리에서도 마찬가지다. 종목 특성, 시설, 장비, 이벤트 운영 등은 각각의 컵이라 할 수 있고, 그 속에 숨어 있는 것이 잠재적 위험 요인이다. 운영자와 지도자가 매너리즘이나 안일함에 빠지지 않고 끊임없이 집중하고 관찰할 때, 숨은 위험 요인을 제때 발견하여 대응할 수 있다.

걷기 운동 현장에서의 안전 관리도 이와 같다. 작은 불편이나 위험 요인을 간과하지 않고, 사소한 징후에서부터 '위험을 예감하고 대응하는 감각(Safety Intuition)'을 기르는 것이 중요하다. 결국 안전이란 예방적 차원에서의 철저한 관리와 집중 속에서 확보되는 것이다.

(3) 스포츠 안전과 법

스포츠 안전은 단순한 생활 규범을 넘어 헌법과 법률에 근거한 국민의 권리이자 국가의 책무이다. 우리 사회에서 걷기 운동을 비롯한 생활체육이 건강과 복지를 위한 중요한 수단으로 자리 잡으면서, 안전을 보장하기 위한 법적 장치 또한 체계적으로 마련되어 왔다.

첫째, 「대한민국헌법」은 국민의 신체적 자유와 인간다운 생활을 보장하며, 국가의 재해 예방과 보건 의무를 명시하고 있다(제12조, 제34조, 제35조, 제36조). 이는 모든 국민이 안전한 환경에서 신체 활동을 할 권리를 가진다는 헌법적 근거가 된다.

둘째, 「국민체육진흥법」은 국민 체력 증진과 건전한 정신 함양을 목적으로 제정된 법률로, 선수 보호, 도핑 방지, 인권침해 신고, 폭력 예방교육, 스포츠윤리센터 설치 등 총 55개 조항에 걸쳐 체육의 진흥과 안전을 규정한다. 이는 단순한 경기력 향상을 넘어 체육 활동 전반에서의 안전·윤리·인권 보장을 제도화한 것이다.

셋째, 「생활체육진흥법」은 생활체육 활성화를 통해 국민 건강과 여가 선용을 증진하고자 하며, 생활체육 참여 권리와 보험 가입 의무 등을 규정하고 있다. 이는 걷기 운동과 같은 생활체육 참여자들이 안심하고 활동할 수 있는 제도적 기반을 마련한다.

넷째, 「체육시설의 설치·이용에 관한 법률」은 체육시설 안전관리에 관한 기본계획, 안전점검, 정보관리시스템, 안전·위생 기준, 보험 가입 등을 규정한다. 이는 체육시설 이용자가 언제 어디서나 안전한 환경에서 활동할 수 있도록 보장하기 위한 법적 장치라 할 수 있다.

종합하면, 헌법과 관련 법률들은 걷기 운동을 포함한 모든 체육 활동에서 국민의 안전을 보장하는 근간을 이루며, 이는 단순한 규제가 아니라 국민 건강권과 안전권을 실현하기 위한 공적 장치이다. 이러한 법적 기반 위에서 걷기 운동 지도자와 참여자는 안전한 활동을 통해 건강 증진과 삶의 질 향상이라는 목적을 달성할 수 있다.

(4) 스포츠 안전 기구

우리나라에서 스포츠 및 스포츠 안전 정책을 담당하는 기관은 정부 부처, 공공기관, 전문 재단, 연구원 등으로 다양하게 분포한다. 이들은 스포츠 활동 전반에서 안전한 환경을 조성하고, 국민의 체육 참여를 지원하며, 시설 관리와 연구·교육을 통해 지속 가능한 체육 생태계 구축 역할을 수행한다.

가. 문화체육관광부

문화체육관광부는 체육을 포함해 문화·예술·관광·홍보 전반을 관장하는 중앙 부처이다 (「정부조직법」, 2018). 체육정책실 산하 체육국은 「제1차 체육시설 안전관리에 관한 기본계획 (2016~2020)」을 수립하여 체육시설 확충, 맞춤형 안전관리, 제도 개선, 안전교육 활성화 등을 추진하였다. 또한 체육시설정보관리종합시스템을 구축하고, '5분 안전 교육' 운동을 전개하여 국민의 안전 의식을 생활 속에서 확산시키고 있다(문화체육관광부, 2016).

나. 국민체육진흥공단

국민체육진흥공단(KSPO)은 「국민체육진흥법」 제36조에 근거해 설립된 공공기관으로, 기금 조성과 운용, 청소년 육성, 체육과학연구, 스포츠산업 지원 등을 담당한다. 특히 체육시설 안전관리 정보시스템을 구축·운영하고, 공공 및 민간 체육시설의 현황·이력 관리, 융자 지원, 안전관리 업무 등을 수행하며 체육시설 안전사고 예방의 중요한 역할을 맡고 있다.

다. 스포츠안전재단

스포츠안전재단(KSSF)은 2010년 설립되어 스포츠 활동 중 발생하는 안전사고 예방과 보상, 교육을 주요 임무로 한다. 스포츠안전 공제사업을 통해 5천만 명 이상이 가입하였으며, 평창동계올림픽 등 대형 국제대회에서 대규모 안전 교육을 진행하였다. 또한 자체 개발한 교육 교안과 교재는 IOC·IPC 자료실에도 등재되며 국제적 신뢰성을 확보하였다.

라. 한국스포츠정책과학원

1980년 개원한 한국스포츠정책과학원은 엘리트 스포츠 경기력 향상, 생활체육 활성화, 장애인 체육 진흥, 스포츠산업 연구개발 등을 통해 국가 체육 발전을 지원하는 준정부기관이다. 정책개발, 국제교류, 스포츠산업 R&D를 수행하며, UNESCO 석좌 프로그램을 운영해 국제협력과 학문적 역량 강화에도 기여하고 있다.

마. 한국시설안전공단

한국시설안전공단은 국민체육진흥공단과 협력하여 체육시설 안전 점검과 기술 지원을 담당한다. 양 기관은 공동 협약을 통해 체육시설 안전관리와 재난 대응 역량을 강화하고, 시설 안전 관련 전문 기술 교육 등을 수행한다.

문화체육관광부를 중심으로 KSPO, 스포츠안전재단, 한국스포츠정책과학원, 한국시설안전공단 등이 협력 구조를 이루며, 제도·연구·교육·보상·시설 관리까지 스포츠 안전 전 주기 관리 체계를 담당하고 있다. 각 기관의 전문성을 유기적으로 연결하고 협력 체계를 강화하는 것이 국민이 체감할 수 있는 안전망을 구축하는 데 핵심적이다. 이는 걷기 운동을 포함한 생활체육 현장에서의 안전성을 높이고, 국민이 안심하고 참여할 수 있는 체육 환경을 조성하는 기반이 된다.

2) 걷기 운동의 안전 관리

걷기 운동은 일반적으로 안전한 생활체육 활동으로 알려져 있으나, 잘못된 자세, 과도한 운동 강도, 부적절한 환경이나 장비 사용은 다양한 사고와 손상의 원인이 될 수 있다. 특히 고령자나 기저질환자는 작은 부주의가 큰 위험으로 이어질 수 있으므로, 사전 예방적 관리가 필요하다(대한스포츠의학회, 2020; ACSM, 2021).

(1) 준비 운동과 정리 운동의 철저한 실시

걷기운동 전에는 3~5분 내외 가벼운 관절 체조와 스트레칭을 통해 근육과 관절을 준비시켜야 한다. 이는 근육 손상과 관절 부하를 줄이는 데 필수적이다. 운동 후에는 정리 운동과 가벼운 스트레칭을 통해 심박수와 혈압을 안정화시켜야 하며, 이는 운동 후 어지럼증 예방에도 효과적이다. 걷기 시작 시 3~5분, 걷기 종료 시 3~5분 정도 천천히 걷는 것으로도 준비 운동과 정리 운동을 보완할 수 있다.

(2) 올바른 걷기 자세 유지

모든 걷기 운동은 바른 자세와 바른 걷기를 근본으로 한다. 잘못된 보행 자세는 발목, 무릎, 허리 통증의 원인이 된다. 전술한 바와 같이 시선은 정면을 향하고, 어깨의 힘을 빼며, 팔은 자연스럽게 앞뒤로 흔든다. 발은 뒤꿈치 → 발바닥 → 엄지발가락 순으로 닿도록 3단 보행을 유지한다. 보폭은 너무 넓지 않게 하며, 무릎과 허리에 무리가 가지 않도록 한다.

(3) 적절한 운동 강도와 점진적 증가

처음부터 고강도·장시간 걷기를 하면 관절과 근육 손상, 과도한 피로를 초래할 수 있다. 따라서 저강도 → 중강도 → 고강도로 단계적이고 점진적으로 강도를 올려야 하며, 주관적 운동 강도(RPE)나 심박수 측정을 통해 자신에게 맞는 강도를 설정하는 것이 안전하다.

(4) 환경 요인 관리

노면이 젖었거나, 빙판길, 자갈길, 너덜길 등은 미끄러짐과 넘어짐 사고의 위험이 높으므로 주의해야 한다. 특히 미세먼지나 황사가 심한 날에는 '대기질 정보' 앱을 통해 통합대기환경지수(CAI)를 확인하고, '나쁨' 이상일 경우 야외 활동을 자제하거나 보건용 마스크를 착용하는 것이 호흡기 건강을 위해 바람직하다. 특히 기후 조건 측면에서 여름철에는 열사병 예방을 위해 이른 아침·저녁 시간을 활용하고, 겨울철에는 체온 유지와 미끄럼 사고 예방을 위한 장비가 필요하다. 또한 야간 걷기 시에는 밝은 옷이나 반사 밴드를 착용하고, 차량 통행이 없고 가로등이 있는 안전한 길을 이용한다.

(5) 적절한 복장과 장비

걷기화는 발의 아치를 지지하고 충격 흡수 기능이 있는 제품을 착용해야 한다. 양말은 땀 흡수와 마찰 방지를 위해 기능성 제품이 바람직하다. 또한 고령자나 균형 능력이 저하된 사람은 스틱이나 보행 보조기를 활용해 낙상 위험을 줄일 수 있다.

(6) 건강 상태 확인

걷기 전후로 혈압, 맥박, 컨디션을 확인하는 습관이 필요하다. 가벼운 감기 기운이 있을 때 운동 여부를 결정하기 어렵다면, '넥 체크(Neck Check)' 규칙을 참고할 수 있다. 콧물, 재채기 등 증상이 목 위(Above the Neck)에 국한되면 가벼운 걷기는 가능하지만, 기침, 몸살, 발열 등 증상이 목 아래(Below the Neck)에 나타나면 휴식을 취하는 것이 안전하다[70]. 고혈압, 당뇨, 심장 질환 등 기저질환자는 운동 전 반드시 의사의 진단과 지도를 받아야 하며, 어지럼증, 흉통, 호흡 곤란 등의 증상이 발생하면 즉시 운동을 중단해야 한다.

(7) 응급 상황 대비

걷기 운동 중 갑작스러운 사고가 발생할 수 있으므로 응급 상황에 대비해야 한다. 기본적인 심폐소생술(CPR) 지식을 갖추고, 자동심장충격기(AED) 사용법을 숙지하는 것이 좋다. 걷기 지도자나 동호회 운영자는 평소 주로 걷는 코스 주변에 설치된 공공 AED의 위치를 미리 파악해 두는 것이 바람직하다. 휴대전화·응급 약품·식수 등을 준비하는 것이 바람직하다. 또한 단체 걷기 활동에서는 안전 요원 배치와 응급 차량 연락 체계 마련이 필요하다.

걷기 운동은 안전한 생활체육이지만, 사전 준비·자세 교정·강도 조절·환경 관리·장비 사용·건강 확인·응급 대비라는 안전 관리 요소를 지킬 때 비로소 효과적이고 무사히 지속할 수 있다. 이러한 안전 관리는 개인의 건강 보호뿐 아니라, 걷기 운동을 지역사회와 대중에게 권장하는 지도자에게도 필수적인 지침이다.

3) 걷기 운동과 음주

스포츠에서 도핑은 경기력 향상을 목적으로 금지 약물을 투여하는 행위를 의미하며, 알코올 섭취 또한 도핑의 범주에 포함된다. 특히 생활체육으로서 걷기 운동이나 동호회 활동에서 음주는 자연스럽게 행해지는 경우가 많다.

질병관리청(KDCA) 국민건강영양조사에 따르면, 한국의 1인당 순수 알코올 소비량은 2008년 약 9.5L에서 2020년 약 7.7~7.9L로 지속적으로 감소하고 있다. 또한 경제협력개발기구(OECD)가 발표한 2020년 회원국 비교 자료에서도 한국은 OECD 평균(약 8.4L)보다 약간 낮거나 비슷한 수준으로 나타난다. 그럼에도 불구하고 우리 사회에서는 음주가 조직 구성원 간의 친목을 강화하고, 사회적 결속을 높이며, 긴장 완화나 의사소통을 촉진하는 데 도움이 된다는 인식이 여전히 상존한다. 그러나 과음·폭음 등 절제되지 않은 잘못된 음주 행태는 간 질환·심혈관 질환과 같은 신체적 질병, 우울·불안 등 정신·정서적 문제, 가족·부부 간의 갈등, 직장 내 갈등, 폭력, 음주 운전 사고 등 심각한 사회적·경제적 폐해를 초래한다. 따라서 각 보건 기관과 전문가들은 '절제된 음주'와 '건강한 음주 문화'의 확립을 강조하고 있다.

생활스포츠는 경쟁성이 약하고 자발성·놀이성을 특징으로 하여 음주가 상대적으로 관대하게 수용되지만, 이는 안전과 건강에 부정적 영향을 준다. 알코올은 소량이어도 반응 시간과 운동 조절 능력을 떨어뜨려 부상 위험을 높이고, 이뇨 작용으로 탈수를 악화시켜 운동 능력을 저하시킨다. 또한 알코올은 신체의 체온 조절 능력을 방해하여 추운 날에는 저체온증, 더운 날에는 열사병의 위험을 증가시킨다. 운동 후 음주는 근육 회복에 필요한 단백질 합성을 억제하여 운동 효과를 반감시키기도 한다[71]. 특히 걷기 운동과 같은 지속적 유산소 활동에서는 피로가 심화될 수 있다. 따라서 동호회 활동에서 음주가 친목의 수단으로 기능할 수 있다는 점에서, 이를 금기시하기보다 명확한 규범과 행동 지침을 마련하여 책임 있는 음주 문화를 정착시킬 필요가 있다(Gwon & Chung, 2018). 개인 차원을 넘어 공동체적 차원에서 자율적 규제와 표준화된 음주 매뉴얼을 도입함으로써, 음주 자체가 아니라 걷기 운동의 본질적 목적에 초점을 맞춘 합리적인 문화를 형성해야 한다.

결국 걷기 운동은 심신의 건강과 삶의 활력을 높이는 긍정적 활동이지만, 음주가 결합될 경우 안전사고나 건강 악화라는 역효과로 이어질 수 있다. 따라서 '걷기를 위한 걷기'가 음주보다 우선되어야 하며, 음주는 보조적·절제된 수준에서만 사회적 기능을 담당해야 한다.

관련 연구에서는 중년 남성의 스포츠 동호회 활동 참여 경험을 통해 건강 관리와 사회적 연대, 그리고 음주 문화의 이중적 기능을 탐색하였다. 연구 결과, 중년 남성들에게 스포츠 동호회는 단순한 운동 공간이 아니라 스트레스 해소와 사회적 소속감을 유지하는 중요한 기재로 작용하고 있었다. 동시에 회식과 음주는 친밀감과 유대감 형성의 수단이면서도, 과도할 경우 건강을 해치는 역기능적 요소로 작용함이 드러났다. 따라서 연구자들은 건강 생활 문화 확산을 위해 운동 중심의 건강한 동호회 문화 형성, 절주 문화 교육, 자발적 건강 관리 인식 강화가 필요하다고 결론지었다(임영선, 김용은. 중년남성의 스포츠 동호회 활동과 음주문화 경험 탐색, 2019).

2. 걷기 운동 상해 원인과 예방

걷기 운동은 비교적 안전한 생활체육 활동으로 알려져 있으나, 부적절한 준비나 환경적 요인으로 인해 다양한 상해가 발생할 수 있다. 운동 상해는 신체가 감당할 수 있는 부하(Capacity)를 넘어선 과도한 스트레스(Load)가 가해질 때 발생한다. 따라서 상해 예방의 핵심은 신체의 부하 적응 능력을 점진적으로 향상시키고(준비 운동, 근력 운동), 과도한 스트레스 요인을 줄이는(올바른 자세, 적절한 장비) 것이다. 일반적으로 상해의 원인과 예방은 다음과 같다. 특히 기본적 예방 수칙은 가볍고 단순한 생활 습관처럼 보이지만, 반복적인 실천을 통해 상해 발생을 줄일 수 있다.

1) 원인
(1) 준비 운동과 정리 운동 부족
(2) 과도한 걷기(형태, 강도, 시간, 빈도)
(3) 바르지 못한 자세와 걸음걸이
(4) 과도한 하중과 잘못된 배낭 사용
(5) 부적합한 신발과 복장 착용
(6) 안전하지 않은 환경과 방법으로 걷기

2) 예방
(1) 충분한 준비 운동과 정리 운동
(2) 적정한 걷기(목적, 연령, 질환 등 고려)
(3) 바른 자세와 걸음걸이
(4) 적정한 하중과 올바른 배낭 사용
(5) 적합한 신발과 복장 착용
(6) 안전한 환경과 방법으로 걷기

3. 응급처치

걷기 운동 중 발생할 수 있는 부상은 염좌(삠), 좌상(타박상), 찰과상(긁힘), 골절, 열상(찢어짐) 등 외상성 손상이 많다. 『스포츠안전사고 실태조사 종합보고서』에 따르면 이들 상해에 대한 응급처치는 냉찜질, 압박, 보호 조치 등이 주로 시행된다. 그러나 심정지나 호흡 곤란과 같은 중대한 응급 상황은 본인 스스로 조치할 수 없으므로 주변인의 즉각적인 응급처치가 필수적이다. 따라서 응급처치 지식은 자기 보호뿐 아니라 동료의 생명을 지키는 데에도 중요한 역량이다. 응급처치 분야는 대한적십자사의 응급처치 교재, 보건복지부와 대한심폐소생협회의 2025년 심폐소생술 가이드라인 등을 따랐다.

1) 응급처치의 정의와 목적

(1) 응급처치의 정의

「응급의료에 관한 법률」 제2조는 응급처치를 '응급환자의 생명 유지 또는 증상 악화를 방지하기 위해 긴급히 필요로 하는 조치'로 정의한다. 응급환자는 사고·질병 등으로 인해 즉시 처치를 받지 않으면 생명 보존이 어려운 사람을 의미한다.

(2) 응급처치의 목적

응급처치는 뜻하지 않은 사고나 질환 등의 발생으로 신체가 손상되었을 때 전문적인 의료 서비스를 받기 전까지 적절한 처치와 보호를 해 줌으로써 환자의 생명을 구하고, 고통을 경감(輕減)시키며, 2차적 손상의 예방 또는 지연을 통해 전문적인 치료 기간을 단축시키고 예후(Prognosis)를 좋게 하는 데 영향을 미친다.

가. 응급환자의 생명을 구한다.
나. 통증을 감소시키며 손상의 악화를 방지하여 장애를 경감시킨다.
다. 응급환자의 가치 있는 삶을 영위할 수 있도록 회복을 돕는다.

2) 응급 상황 시 행동 요령

(1) 현장 확인 및 안전 확보(Check)

응급 상황이 발생하면 먼저 자신과 환자, 주변 사람들의 안전을 확인한다. 이후 청각, 시각, 후각 등을 통해 신속하고 정확한 현장 정보를 수집한다.

(2) 119 신고(Call)

응급 상황으로 판단되면 즉시 119에 신고하거나, 주변 사람을 정확히 지목하여 신고를 요청한다. "거기 안경 쓰신 분, 119에 전화해서 사람이 쓰러졌다고 신고해 주시고, 모자 쓰신 분은 자동심장충격기(AED)를 찾아와 주세요!"와 같이 명확하게 요청하는 것이 효과적이다.

(3) 응급처치 시행(Care)

119 구급대원이 도착하기 전까지 환자의 상태에 맞는 응급처치를 시행한다. 평소 교육을 통해 응급처치 능력을 갖추는 것이 중요하며, 잘 모를 경우 영상통화, 스피커 폰 기능을 이용하여 119 요원의 지시에 따라 행동한다.

3) 응급처치 시 유의점

응급처치자는 자신의 안전을 먼저 확보한 후 환자에게 접근하여 조심스럽게 의식과 호흡을 우선 확인하고, 가능한 한 편안한 자세를 유지시킨다. 의료인이 아니어도 응급처치를 시행할 수 있으나 의약품이나 의료 기구 사용은 원칙적으로 금지되며 응급환자에 대한 생사 판정을 하지 않는다.

4) 응급처치의 법(法)적인 사항

(1) 동의(同意)

응급처치자는 환자에게 신체 접촉이나 응급처치 시행에 대해 '동의'를 얻어야 한다. 동의에는 명시적 동의와 묵시적 동의가 있다. 동의를 얻을 때는 환자에게 응급처치자의 간단한 정보(이름, 직업 등 신분 사항), 응급처치 능력, 응급처치 방법 등을 간략히 말한다. 당사자 또는 법적 보호자가 도움을 거부하거나 동의를 받지 못하였다면 응급처치를 시행하면 안 된다. 이런 때에는 119에 신고를 대신해 주거나 직접 신고하고 의식 소실의 임박 등 상황에 따라 환자를 지켜보도록 한다.

가. 명시적 동의

골절, 타박상, 출혈 등 의식이 있는 환자에게 말, 글, 행동 등으로 분명하게 동의를 얻는다. 유아나 어린이라면 부모 또는 법적 보호자의 동의를 받아야 한다.

나. 묵시적 동의

심장마비, 기도폐쇄, 심각한 교통사고 등으로 환자가 의식이 없거나 생명이 위급한 상황에서 환자가 정상적인 판단이나 의사소통이 어려운 경우에는 환자의 의식을 확인하는 등의 절차를 거쳐 동의 없이도 응급처치를 시행할 수 있다.

(2) 응급의료에 관한 법률

가. 응급처치의 권리

「응급의료에 관한 법률」 제3조, 제4조에 따라 성별, 나이, 민족, 종교, 사회적 신분 또는 경제적 사정 등을 이유로 차별받지 아니하고 응급의료를 받을 권리를 가진다. 또한 모든 국민은 응급상황에서의 응급처치 요령, 응급의료기관의 안내 등 기본적인 대응 방법을 알 권리가 있다.

나. 응급처치의 의무

동법 제5조는 누구든지 응급환자를 발견하면 즉시 응급의료기관 등에 신고하여야 하고 응급의료종사자가 응급의료를 위하여 필요한 협조를 요청하면 누구든지 적극 협조하여야 한다고 규정되어 있다. 다만 의무 불이행에 대한 처벌 규정은 없다.

다. 응급의료에 대한 면책(선한 사마리아인 법)

동법 제5조의 2에 생명이 위급한 응급환자에게 일반인이라 하더라도 응급의료 또는 응급처치를 제공하여 발생한 재산상 손해와 사상(死傷)에 대하여 고의 또는 중대한 과실이 없는 경우 그 행위자는 민사책임과 상해(傷害)에 대한 형사책임을 지지 아니하며 사망에 대한 형사책임은 감면한다고 명시하고 있다. 응급상황에서 선의로 행한 응급처치 등의 행위로 발생한 재산상의 손해나 사상에 대한 면책(免責)을 명시함으로써 적극적인 응급처치를 유도하고 선의의 응급처치자를 보호할 수 있도록 법적인 대책을 마련하였다.

5) 일반 응급처치

(1) 두통(Headache)

걷기 운동 중 나타날 수 있는 두통은 호흡성 두통, 체온 상승 또는 하강에 따른 두통, 혈압 상승성 두통, 편두통, 근수축성 두통 등으로 구분된다. 가벼운 두통은 수분 보충이나 휴식을 통해 호전되는 경우가 많다. 그러나 두통이 격렬하거나 구토·경련·의식장애가 동반될 경우, 뇌혈관 질환(예: 지주막하출혈, 뇌출혈) 가능성이 있으므로 즉시 운동을 중단하고 119에 신고해야 한다(대한신경과학회, 2021).

(2) 의식장애(Consciousness Disorders)

의식장애는 완전한 각성이 불가능하거나 주변 자극에 적절히 반응하지 못하는 상태를 의미한다. 걷기 운동에서는 저혈당, 순환장애, 열사병·저체온증 등이 주요 원인이다. 응급처치의 원칙은 기도-호흡-순환(ABC) 확인이다. 기도를 확보하고, 호흡이 없다면 인공호흡, 심장박동이 없으면 즉시 심폐소생술(CPR)을 시행한다. 저혈당이 의심될 경우 의식이 있는 환자에게는 당분 섭취(포도당 정제, 설탕물 등)를 권장하되, 의식이 없는 경우에는 함부로 음식을 먹이지 않는다(응급의료학회, 2020). 특히 의식장애는 치명적 상황으로 진행될 수 있으므로 지체 없이 전문 의료기관으로 이송해야 한다.

지속 가능한 걷기를 위한 안전

(3) 과훈련(Overtraining)

과도한 빈도·강도·시간의 운동으로 회복되지 않는 피로가 지속되는 상태이다. 근골격계 손상뿐 아니라 면역력 저하, 수면장애, 심리적 무기력감까지 동반할 수 있다(American College of Sports Medicine, 2018). 예방을 위해서는 운동 처방에 따라 점진적으로 강도를 조절하고 충분한 휴식과 수면을 보장해야 한다. 장기간 피로와 컨디션 저하가 지속될 경우 전문의 상담과 혈액 검사, 체력 평가를 통해 원인을 진단받는 것이 바람직하다.

(4) 연부조직 손상(Soft Tissue Injury)

걷기 중 넘어짐이나 충격으로 발생하며, 타박상, 찰과상, 열상, 관통상 등이 포함된다. 경미한 상처는 흐르는 물로 세척 후 항생 연고를 바르고 멸균 거즈로 보호한다. 깊은 열상이나 출혈이 심한 경우, 압박 지혈을 시행하고 봉합 필요 여부를 판단해야 한다. 모든 상처는 감염 예방이 핵심으로, 파상풍 예방접종 여부도 확인하는 것이 필요하다(대한외상학회, 2022).

(5) 근골격계 손상(Musculoskeletal Injury)

가. 골절(Fracture)

강한 충격으로 뼈가 금이 가거나 부러진 경우이다. 환자를 불필요하게 움직이지 않고, 출혈 시 멸균 거즈로 압박 지혈한다. 필요시 부목(Splint)으로 골절 부위를 고정하며, 원위부(손가락·발가락)의 혈류·감각·운동 상태를 지속적으로 관찰한다. 환부를 함부로 눌러 보거나 위치를 억지로 맞추려 해서는 안 된다. 반드시 119 신고 후 전문 치료를 받아야 한다.

나. 염좌(Sprain/Strain)

관절 인대나 근육이 순간적 충격으로 늘어나거나 찢어진 손상이다. 통증·부종·멍·관절 움직임 제한이 특징이다. 최근 스포츠의학계에서 급성기(초기 1~3일)와 회복기(3일 이후)로 구분하는 PEACE & LOVE 원칙을 소개한다[72].

급성기 처치: PEACE

* P(Protection, 보호)

  통증을 유발하는 활동을 1~3일간 중단하여 추가 손상을 막는다.

* E(Elevation, 거상)

  손상 부위를 심장보다 높게 위치시켜 부종을 줄인다.

* A(Avoid Anti-inflammatories, 소염제 피하기)

  염증은 조직 치유의 과정이므로, 초기에는 불필요한 소염제 복용을 피한다.

* C(Compression, 압박)

  탄력 붕대로 압박하여 부종과 출혈을 제한한다.

* E(Education, 교육)

  자신의 상태를 이해하고, 과도한 치료보다는 점진적인 회복이 중요함을 인지한다.

회복기 관리: LOVE

* L(Load, 부하)

  통증이 허용하는 범위 내에서 점진적으로 손상 부위에 체중을 싣고 움직여 조직의 회복
  을 촉진한다.

* O(Optimism, 긍정)

  회복에 대한 긍정적인 마음가짐은 실제 치유 과정에 긍정적인 영향을 미친다.

* V(Vascularisation, 혈액순환)

  통증 없는 유산소 운동(수영, 자전거 타기 등)을 통해 손상 부위의 혈액순환을 촉진한다.

* E(Exercise, 운동)

  근력, 유연성, 고유수용성감각 회복을 위한 맞춤형 운동을 통해 재발을 방지한다.

(6) 중독(Intoxication)

야외 활동 중 독버섯·야생식물의 잘못된 섭취, 약품 오남용 등이 주요 원인이다. 구토, 설
사, 호흡곤란, 발작 등 다양한 증상이 동반된다. 처치 요령은 다음과 같다.

가. 섭취한 물질, 양, 시간을 파악하고 119에 즉시 신고한다.
나. 환자를 왼쪽으로 눕혀 기도 보호와 흡인 방지를 돕는다.
다. 억지로 구토를 유도하지 말고, 섭취물의 잔여물은 증거로 보관한다.
라. 전문 의료진 도착 전까지 수분을 소량 섭취하게 하되, 의식이 없는 경우는 절대 음식이
나 물을 주지 않는다(응급의료센터 지침, 2021).

지속 가능한 걷기를 위한 안전

(7) 온열질환(Heat-related Illness)

온열질환은 체온 조절이 제대로 이루어지지 않아 발생하는 질환으로, 더운 환경에서 장시간 신체 활동을 할 때 흔히 나타난다. 대표적으로 열경련(Heat Cramp), 열탈진(Heat Exhaustion), 열사병(Heat Stroke)이 있다.

가. 열경련

열경련은 땀을 많이 흘려 체내 전해질 불균형이 생겨 근육에 경련이 발생하는 상태이다. 시원한 곳에서 휴식하고, 수분과 전해질(이온음료)을 보충하면 회복된다.

나. 열 탈진

열 탈진은 체온이 38~40℃로 상승하면서 심한 피로, 어지럼증, 구토, 식은땀 등이 동반된다. 이때는 즉시 운동을 중단하고 그늘이나 냉방된 장소에서 눕히고, 체온을 낮추며 수분을 공급해야 한다.

다. 열사병

열사병은 체온이 40℃ 이상 올라가면서 중추신경계 이상(의식장애, 경련 등)이 동반되는 생명위급 상태이다. 지체 없는 체온 강하가 환자의 생존을 결정한다. 즉각 119에 신고하고 구급차가 오기를 기다리는 동안 옷을 벗기고, 찬물에 적신 수건으로 온몸을 덮고 부채질을 하거나, 가능하다면 찬물에 몸을 담그는 등 적극적인 응급처치를 시행해야 한다(대한응급의학회, 2020).

(8) 한랭질환(Cold-related Illness)

가. 저체온증(hypothermia)

저체온증은 체온이 35℃ 이하로 내려가면서 발생한다. 초기에는 떨림·피부 창백·무기력증이 나타나며, 진행되면 의식 저하·호흡 및 맥박 감소가 발생한다. 응급처치로는 젖은 옷을 벗기고 담요나 보온재로 체온을 유지하며, 심한 경우에는 전문적 가온 치료가 필요하다. 이때 환자를 거칠게 다루면 부정맥을 유발할 수 있으므로 매우 조심스럽게 다뤄야 한다.

나. 동상(frostbite)

동상은 국소 조직이 얼어붙는 손상으로, 손가락·발가락·코·귀에서 흔하다. 피부가 창백하고 감각이 둔해지며, 심한 경우 수포나 괴사가 발생한다. 마찰이나 강제적인 열을 가하면 조직 손상이 심해지므로 피해야 하며, 미지근한 물(37~39℃)에 서서히 재가온하는 것이 권장된다.

(9) 벌 쏘임(Bee Sting)

벌 쏘임은 가벼운 국소 통증·발적에서부터 아나필락시스(Anaphylaxis)와 같은 전신 반응까지 다양하게 나타나며 일반적 반응은 통증, 발적, 부종이다.

가. 벌이 민감한 반응을 보이는 검정 색상의 옷이나 향수, 화장품 사용을 피한다.
나. 벌침이 남아 있으면 신용카드 같은 둔한 도구로 긁어내듯 제거한다.
다. 냉찜질을 하여 통증과 부종을 완화한다.

사람에 따라 두드러기, 호흡곤란, 혈압저하 등 전신 증상이 나타날 수 있는데, 이는 생명을 위협하는 응급상황이다. 즉시 119에 신고하고, 에피네프린 자가주사기(EpiPen)를 보유한 경우 즉시 사용해야 한다(대한천식알레르기학회, 2021).

(10) 뱀물림(Snake Bite)

야외 활동 중 독사에 물릴 경우 국소 통증·부종뿐 아니라 독성에 따라 신경마비, 출혈, 쇼크까지 이어질 수 있다.

가. 환자를 안정시키고 움직임을 최소화하여 독이 퍼지는 속도를 줄인다.
나. 물린 부위를 심장보다 낮게 유지한다.
다. 탄력붕대를 사용해 림프 흐름을 지연시키되 너무 강하게 묶지 않는다.
라. 위험하지 않은 범위에서 뱀의 모양, 색깔, 특징을 기억해 두면 의료진이 항독소를 선택하는 데 큰 도움이 된다.

얼음찜질이나 상처 절개·흡입은 금물이다. 가능한 한 신속히 의료기관으로 이송하여 항독소(Antivenom) 치료를 받아야 한다(WHO Snakebite Guidelines, 2016).

걷기 운동은 안전성이 높은 생활체육이지만, 준비 부족이나 환경적 요인으로 두통, 의식장애, 근골격계 손상 등 다양한 응급상황이 발생할 수 있다. 모든 참여자가 기본 응급처치 능력을 익히고, 특히 두통·의식장애는 즉시 전문 의료기관으로 이송, 골절·염좌는 최신 응급처치 원칙(PEACE & LOVE) 적용 후 이송, 중독은 초기 증상 파악과 신속한 구조 요청을 권고한다. 온열질환과 한랭질환은 환경적 요인, 벌 쏘임과 뱀물림은 자연 생물 요인에 의한 대표적 응급상황이다. 네 가지 모두 예방(적절한 복장·환경 대비·안전수칙 준수)이 최우선이며, 발생 시에는 초기 응급조치를 올바르게 시행하고 신속히 의료기관으로 이송하는 것이 핵심이다.

즉, 걷기 운동 상해의 관리 핵심은 '예방-신속한 응급처치-전문 의료 이송'의 3단계 체계이며, 이를 통해 안전하고 지속 가능한 걷기 문화를 형성할 수 있다.

6) 심폐소생술

(1) 심장정지

심장정지(심장마비)란 우리 몸의 혈액순환을 담당하는 심장이 다양한 원인에 의하여 갑자기 멈추는 것을 말한다. 심장정지가 발생하면 온몸으로의 혈액 순환이 중단되기 때문에, 빠른 시간 안에 응급처치를 하지 않으면 사망하거나 심각한 뇌 손상이 일어날 수 있다. 사람의 뇌는 혈액 공급이 4~5분만 중단되어도 손상되기 시작한다. 따라서 심장마비 환자가 발생하면 주변 목격자에 의해서 즉시 심폐소생술의 시행이 필요하다.

(2) 심폐소생술

심폐소생술은 심장마비가 발생했을 때 인공적으로 혈액을 순환시키고 호흡을 돕는 응급치료법이다. 심정지 환자의 생존율을 높이는 데는 응급상황 인지부터 전문 의료진의 치료까지 모든 과정이 사슬처럼 연결되어 있다는 생존 사슬(Chain of Survival) 개념이 중요하다. 목격자에 의한 빠른 신고와 즉각적인 심폐소생술은 이 생존 사슬의 첫 두 단계를 책임지는 결정적인 행동이다[73].

대한심폐소생협회에 따르면 심폐소생술은 심장이 마비된 상태에서도 혈액을 순환시켜, 뇌의 손상을 지연시키고 심장이 마비 상태로부터 회복하는 데 결정적인 도움을 준다. 심장마비를 목격한 사람이 즉시 심폐소생술을 시행하게 되면 심폐소생술을 시행하지 않은 경우에 비해 심장마비 환자의 생명을 구할 수 있는 확률이 3배 이상 높아진다. 또한, 심폐소생술을 효과적으로 시행하면 그렇지 않은 경우에 비해 심장마비 환자의 생존율이 3배가량 높은 것으로 보고되고 있다. 따라서, 모든 사람이 심폐소생술을 배운 후 응급상황에서 이를 효율적으로 시행한다면 수많은 심장마비 환자의 생명을 구할 수 있을 것이다.

심장마비로부터 살아나는 사람 중 적절한 시기에 효과적으로 심폐소생술을 받지 못하는 경우에는 비록 생존하더라도 대다수가 심한 뇌 손상으로 고통을 받는다. 뇌 손상으로 인해 회복된 후에도 의식이 없거나 심장마비 이전의 지능을 회복하지 못해 직장이나 사회생활로 복귀하지 못하는 경우가 많다. 심폐소생술은 심장마비 환자의 뇌 손상을 줄이는 데 결정적인 역할을 하며, 궁극적으로는 심장마비 환자의 생명을 구하는 소중한 치료법이다.

가. 기본소생술

기본소생술은 심장마비로 쓰러진 사람의 심장이 위치한 가슴 부위를 눌러 인위적으로 심장(Cardio)을 움직이게 하고, 입을 통해서 폐(Pulmonary)에 공기를 불어 넣음으로써 119가 현장에 도착하거나 전문 의료적 치료를 받기 전까지 환자의 뇌(Cerebral)의 세포가 죽지 않도록 하여 전문 소생술과 소생 후 치료를 통해 인간의 존엄성 있는 행동을 가능하게 하고 정상적인 사회생활로 복귀할 수 있도록 소생(Resuscitation)시키는 심장정지 응급처치로서 시행 순서는 다음과 같다.

가) 현장 안전과 환자 반응 확인

심장정지가 의심되는 환자를 발견한 구조자는 현장이 안전한지 확인한 다음 환자에게 다가가 어깨를 두드리며 "여보세요, 괜찮으세요?"를 외치면서 환자의 반응을 확인한다.

나) 119 신고 및 자동심장충격기 요청

환자의 의식(반응)이 없으면 구체적으로 사람을 지목하여 119 신고를 요청하고, 자동심장충격기를 가져오도록 부탁한다.

다) 호흡 확인

환자의 얼굴과 가슴을 10초 이내로 관찰하여 호흡이 있는지를 확인한다. 호흡이 없거나 비

지속 가능한 걷기를 위한 안전

정상적이라면 즉시 심폐소생술을 시행한다.

라) 가슴 압박 30회 시행

양손의 깍지를 끼고 손꿈치로 환자의 가슴 압박점을 찾아 30회 가슴 압박을 실시한다[압박 위치: 가슴뼈의 아래쪽 1/2 지점, 압박 깊이: 약 5cm(최대 6cm 미만), 압박 속도: 분당 100~120회]. 1~30까지 압박 횟수를 크게 외치며 리듬에 맞춰 압박하는 것이 도움이 될 수 있다.

마) 기도 개방 및 인공호흡

인공호흡을 위해, 환자의 머리를 젖히고, 턱을 들어 올려서 환자의 기도를 개방하고 인공호흡을 2회 시행한다. 환자의 코를 구조자의 엄지와 검지를 이용하여 막은 다음 구조자의 입을 환자의 입에 밀착시킨 후, 환자의 가슴이 올라올 정도로 1초 동안 숨을 불어 넣는다. 인공호흡 교육을 받았거나 시행할 의지가 있다면 인공호흡을 시행하고 그렇지 않다면 생략할 수 있다.

바) 가슴 압박과 인공호흡의 반복

가슴 압박 30회와 인공호흡 2회를 연속하여 5회씩 반복하면서 119구급대원이 도착하거나 환자가 회복될 때까지 시행한다. 평상시 심폐소생술 등의 응급처치 교육을 받아 양질의 표준 심폐소생술을 시행하면 좋겠으나 30:2 × 5회가 기억나지 않을 때는 기억하기 위해 지체하지 말고 가슴 압박을 계속 시행한다.

사) 회복 자세

환자의 호흡이 회복되었으면 환자를 옆으로 돌려 눕혀 기도를 유지한다.

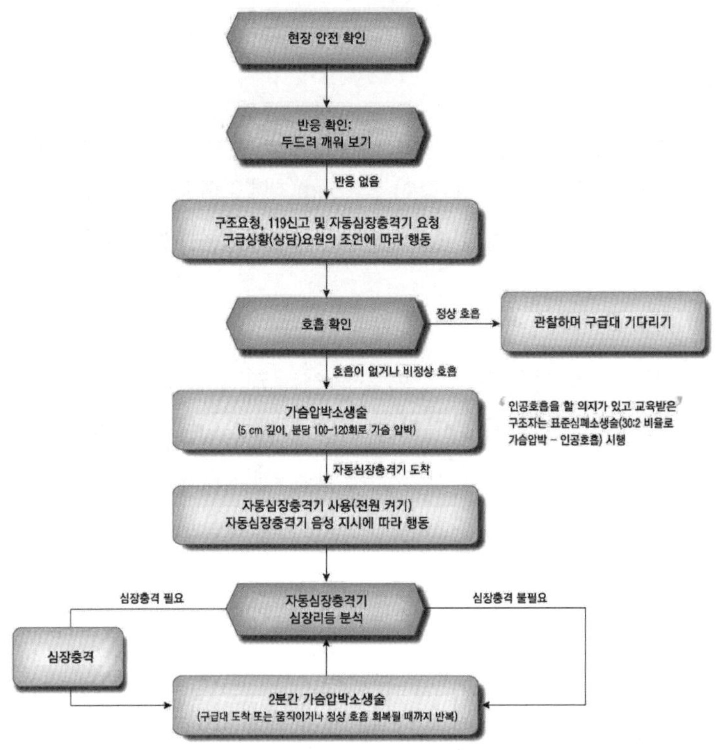

그림 39 – 2020년 성인 병원 밖 심장정지 기본소생술 순서(일반인 구조자용)

나. 가슴압박소생술(compression-only CPR)

가슴압박소생술은 기본소생술의 절차와 방법은 동일하나 인공호흡을 하지 않고 가슴압박만 시행한다. 가슴압박소생술은 심폐소생술 교육을 받은 적이 없거나, 받았더라도 자신이 없는 경우, 인공호흡 교육을 받지 않은 경우, 인공호흡에 숙달되지 않은 경우, 인공호흡을 시행할 의사가 없는 경우에 시행한다. 가슴압박소생술만 하더라도 아무것도 하지 않을 때보다 심장정지 환자의 생존율을 높일 수 있다.

7) 자동심장충격기(Automated external defibrillator, AED)

자동심장충격기는 심정지 환자의 심장 리듬을 분석하고 필요시 전기 충격을 통해 정상 리듬을 회복시키는 장비로 심정지 환자의 생존율을 3배 이상 향상시킨다. 특히 CPR과 함께 사용할 경우 생존율은 더 높아진다.

심폐소생술은 뇌 손상을 지연시킬 수 있는 약간의 시간을 확보할 수는 있지만 즉시 심장박동을 회복시키지는 못한다. 심장박동을 회복시키 위해서는 심장정지 초기에 자동심장충격기를 이용하여 제세동 처치를 하는 것이 효과적이다. 자동심장충격기는 의료 장비이지만 일반인들이 사용할 수 있고 기기의 전원만 켜면 음성 안내를 통해 쉽게 사용할 수 있도록 제작되었다.

심폐소생술 시행 전이나 시행 중에 자동심장충격기를 사용할 수 있으면 지체 없이 자동심장충격기를 사용하여야 한다. 자동심장충격기는 신속하게 사용할 수 있도록 많은 사람이 이용하는 공공장소에 설치되어 있으며, 심장정지 환자를 발견한 사람은 누구라도 가져다 사용할 수 있다.

가) 자동심장충격기 전원 켜기
자동심장충격기를 환자의 머리나 몸통 옆의 평평한 바닥에 위치시키고 전원 버튼을 누른다. 전원 버튼을 누르며 기기가 자발적으로 기기의 작동 가능 여부를 체크하고 음성으로 결과를 안내한다.

나) 두 개의 패드 부착
이어서 두 개의 패드를 그림과 같이 환자에게 붙이도록 음성으로 안내한다. 음성 안내에 따라 패드의 보호지를 제거하고 패드 한 개는 오른쪽 쇄골 아래, 다른 패드 하나는 왼쪽 젖꼭지 아래의 중간 겨드랑이 선에 부착한다. 심폐소생술이 시행 중인 경우 심폐소생술에 방해가 되지 않도록 부착한다. 소아의 경우, 소아용 패드가 있다면 사용하고 없다면 성인용 패드를 가슴 앞뒤에 하나씩 붙일 수 있다.

다) 심장 리듬 분석
심장충격기가 심장 리듬을 분석하는 동안에는 음성 안내에 따라 환자에게 닿지 않게 떨어진다. 심장충격이 필요하면 "심장충격이 필요합니다."라는 음성 지시와 함께 자동으로 충전되고, 충전 중엔 가슴 압박을 정지하지 않고 실시한다. 심장 분석이 필요 없는 경우는 심폐소생술을 계속하여 실시한다.

라) 제세동 시행

심장충격이 필요한 경우에만 심장충격 버튼이 깜박인다. 버튼을 누르기 전, "모두 떨어지세요!"라고 큰 소리로 외쳐 다른 사람이 환자에게서 떨어져 있는지 재차 확인하고 깜박이는 버튼을 눌러 심장충격을 실시한다.

마) 즉시 심폐소생술 다시 시행

심장충격을 실시한 후에는 즉시 심폐소생술을 실시합니다. 심폐소생술과 제세동은 119구급대가 도착하거나 환자가 회복될 때까지 계속 시행한다.

그림 40

* 출처: 질병관리청, 대한심폐소생협회

8) 반려견 심폐소생술

걷기 운동이나 야외 활동 중에는 사람뿐 아니라 함께하는 반려동물 또한 응급상황에 처할 수 있다. 특히 반려견이 호흡 곤란, 맥박 약화, 의식 소실을 보일 경우 신속한 심폐소생술(Cardiopulmonary Resuscitation, CPR)이 필요하다. 이는 전문 수의사의 처치 전까지 생명을 유지하기 위한 응급조치로, 반려견 보호자도 기본적인 방법을 숙지하는 것이 중요하다(미국수의학협회, American Veterinary Medical Association, 2020).

2012년 발표된 RECOVER(Resuscitation Guidelines for Dogs and Cats)는 미국수의응급의학회(Veterinary Emergency and Critical Care Society)와 미국동물응급재난의학회(American College of Veterinary Emergency and Critical Care)가 공동 개발한 세계 최초의 반려동물 CPR 공식 가이드라인이다. 이 가이드라인은 압박 속도·깊이, 인공호흡 비율, 응급 평가 절차, 고양이·개 체격별 CPR 방법, 약물·제세동 사용 기준 등을 과학적 근거에 기반해 표준화하였다. RECOVER는 이후 전 세계 수의과 대학·동물 병원·응급 교육 과정에서 공식 참고 기준으로 활용되고 있다.

(1) 응급 상황 확인

심폐소생술을 시작하기 전, 반드시 반려견의 의식과 호흡을 확인한다. 이름을 부르거나 살짝 흔들어 반응 여부를 확인하고, 반응이 없다면 입을 벌려 혀를 앞으로 당기고 이물질이 있는지 확인하여 기도를 확보한다. 이후에도 호흡이나 맥박이 확인되지 않는다면 심정지 가능성이 매우 높다. 맥박은 대퇴동맥(뒷다리 안쪽 허벅지 부위)을 손가락으로 눌러 확인하고, 호흡은 가슴의 오르내림과 코·입 주변의 공기 흐름을 통해 확인한다.

(2) 기본 체위

반려견을 왼쪽이 위로 오도록 옆으로 눕힌다. 이는 심장이 흉곽의 왼쪽에 위치하기 때문이다. 평평하고 단단한 바닥 위에서 시행하는 것이 가장 효과적이다.

(3) 흉부 압박(Chest Compression)

압박 깊이와 방법은 반려견의 체격과 체중에 따라 달라진다.

가. 소형견(5kg 미만)
한 손으로 감싸듯 잡고 엄지와 손가락으로 약 2~3cm 깊이로 압박한다.

나. 중형견(5-15kg)
한 손 또는 양손으로 교차하여 약 3~5cm 깊이로 압박한다.

다. 대형견(15kg 이상)
사람의 CPR과 유사하게 양손을 포개어 강하게 약 5~7cm 깊이로 압박한다.

압박 속도는 분당 100~120회(약 1초에 2회)가 적절하며, 30회 흉부 압박 후 인공호흡 2회(30:2 비율)를 적용한다. 이는 사람에 대한 CPR과 같은 개념이다.

(4) 인공호흡(Artificial Respiration)

반려견의 입을 완전히 막아 공기가 새지 않게 한 뒤 코를 통해 바람을 불어 넣는다. 바람은 강하게 불지 말고, 반려견의 가슴이 살짝 부풀 정도만 불어 넣는다. 소형견일수록 과도한 압력으로 기도를 손상시킬 수 있으므로 특히 주의해야 한다.

(5) 주기적 확인

압박과 인공호흡을 반복하면서 2분마다 맥박과 호흡의 회복 여부를 확인한다. 자발적 호흡 또는 심장 박동이 돌아오면 즉시 CPR을 중단하고 안정된 체위로 유지한 뒤, 가능한 빨리 동물병원으로 이송해야 한다.

(6) 고양이의 경우

고양이는 흉곽이 작기 때문에 한 손의 엄지와 검지로 가슴을 감싸듯 압박하고, 압박 깊이는

지속 가능한 걷기를 위한 안전

흉곽 두께의 약 1/3 수준이 적당하다.

CPR은 어디까지나 전문 처치 전까지 생명을 연장하기 위한 응급조치이므로, 과도하거나 잘못된 압박은 늑골 골절, 폐 손상 등의 2차 피해를 초래할 수 있다. 따라서 CPR 시행 후 가능한 한 빨리 수의학적 치료로 연계해야 한다.

9) 기도폐쇄(Choking)

(1) 기도폐쇄 이해

기도폐쇄는 음식물, 이물질 등이 폐로 공기가 들어가는 통로인 인두(Pharynx)나 후두(Larynx) 또는 기관(Trachea)을 물리적으로 막아 호흡이 불가능하거나 심각하게 저해되는 상태를 말한다. 이로 인해 폐로의 산소 유입이 차단되면, 신체 조직(특히 뇌)에 산소가 공급되지 못하는 질식(Asphyxia) 상태가 된다.

성인의 경우 음식물 섭취 중에 발생할 수 있으며, 어린이나 영아의 경우는 동전, 단추, 사탕 등의 이물질을 입에 넣는 습성 등 다양한 상황에서 갑자기 발생할 수 있다. 기도 폐쇄는 공기 흐름의 차단 정도에 따라 완전 폐쇄(Complete Obstruction)와 부분 폐쇄(Partial Obstruction)로 구분한다.

완전 폐쇄는 이물질이 기도를 완전히 막아 공기 흐름이 전혀 없는 상태로 환자는 말을 하거나 기침, 호흡을 전혀 할 수 없다. 즉각적인 응급 처치(예: 하임리히법)가 없으면 수 분 내에 의식을 잃고 심정지로 이어질 수 있는 치명적인 응급 상황이다.

부분 폐쇄는 기도가 부분적으로 막혀 소량의 공기는 통과할 수 있는 상태다. 환자는 기침을 하거나, 천명음을 내거나, 말을 하려고 시도할 수 있다. 이 상태에서도 산소 공급이 불충분하며, 언제든 완전 폐쇄로 진행될 위험이 있다.

(2) 기도폐쇄 응급처치

누군가 기침, 청색증, 말하거나 숨쉬기 힘든 호흡곤란 등의 증상을 보이거나 자신의 목을 움켜잡는 징후를 보이면 환자에게 "목에 뭐가 걸렸나요?"라고 물어보고, 대답이나 말을 하지 못하고 고개를 끄덕인다면 심각한 상태의 기도폐쇄로 판단하고 즉각적으로 처치를 해야 한다.

가. 가벼운 기도폐쇄 증상을 보이면서 기침을 크게 하고 있는 경우는 자발적인 기침과 숨을 쉬기 위한 노력을 방해하지 않도록 한다.

나. 그러나 심각한 기도폐쇄의 징후를 보이며 효과적으로 기침을 하지 못하는 성인이나 1세 이상의 소아 환자를 발견하면 즉시 등 두드리기(Back Blow)를 시행한다.

다. 등 두드리기를 5회 연속 시행한 후에도 효과가 없다면 5회의 복부 밀어내기(Abdominal Thrust, 하임리히법)를 시행한다.

라. 기도폐쇄의 징후가 해소되거나 환자가 의식을 잃기 전까지 계속 등 두드리기와 복부 밀어내기를 5회씩 반복한다. 1세 미만의 영아는 복강 내 장기 손상이 우려되기 때문에 복부 압박이 권고되지 않는다.

마. 성인 환자가 의식을 잃으면 환자를 바닥에 눕히고 심폐소생술을 시행한다.

바. 임산부나 고도 비만 환자의 경우에는 등 두드리기를 시행한 후 이물이 제거되지 않으면, 배꼽과 명치 중간이 아닌, 가슴뼈 부위를 밀어내는 '가슴 밀어내기(Chest Thrusts)'를 시행해야 한다[74].

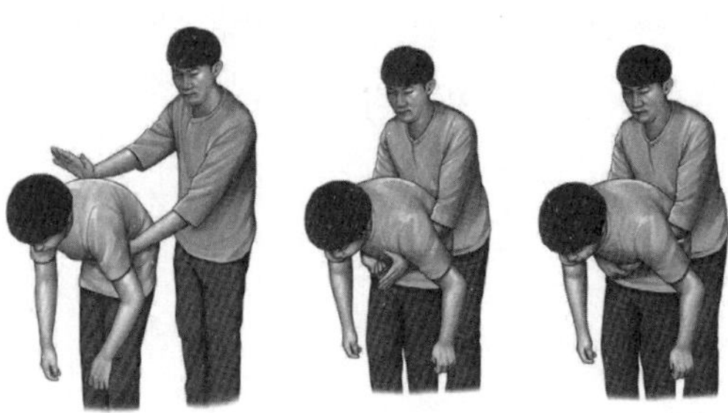

그림 41

지속 가능한 걷기를 위한 안전

10) 심정지 예방 수칙

응급처치도 중요하지만, 최선의 전략은 언제나 예방이다. 질병관리청에서 제시하는 다음의 수칙을 생활화하여 심정지 위험을 줄이는 것이 근본적인 건강 관리법이다.

(1) 흡연, 과음, 비만은 심정지의 위험인자임을 인식하고 피한다.
(2) 과도한 스트레스, 과로, 과격한 운동 등 심정지 유발 인자를 피한다.
(3) 고혈압, 당뇨병, 고지혈증을 치료하여 심뇌혈관 질환을 예방한다.
(4) 갑작스러운 가슴 통증, 두근거림, 호흡곤란은 심정지의 위험 증상이다.
(5) 가족 중에 갑자기 사망한 사람이 있으면 반드시 건강 검진을 한다.
(6) 위험 증상이 발생하면 즉시 119에 연락한다.
(7) 심근경색, 심부전, 부정맥 등 고위험 질환을 치료한다(질병관리청, 2025).

4. 키네시오 테이핑(Kinesio Taping)

1) 테이핑의 이해

키네시오 테이프(Kinesio Tape)는 탄력성과 접착성을 갖춘 특수 테이프로, 근육과 관절을 지지하면서도 일정 범위의 움직임을 허용하여 스포츠 활동 중 손상 예방 및 회복 과정에서 도움을 준다. 테이프가 피부에 부착되면, 피부를 미세하게 들어 올려 피부와 근육 사이의 공간을 확보한다. 이 공간으로 혈액과 림프액의 순환이 원활해져 부종과 염증이 감소하고, 피부의 감각 수용기를 자극하여 통증 신호를 뇌로 전달하는 것을 억제하는 원리(관문 조절설, Gate Control Theory)를 이용한다[75]. 특히 걷기운동과 같은 반복적 신체 활동에서 발생할 수 있는 근육 피로, 관절 불안정성, 경미한 손상을 완화하는 데 효과적으로 활용될 수 있다(Kase et al., 2003).

테이핑은 그 자체로 독립적인 치료법이라기보다는, 물리 치료, 재활 운동, 약물 치료 등과 병행되는 보조적 방법으로 의학적 의의가 있다. 실제 스포츠 현장에서는 상해 예방, 재발 방지, 통증 감소, 응급 처치, 재활 보조 등의 목적으로 널리 사용되고 있다(Williams et al., 2012). 따라서 키네시오 테이핑은 걷기 운동 참가자들이 상해를 예방하고 회복을 보조하는 데 활용할 수 있는 유용한 보조적인 방법으로서 즉각적인 관절 고정, 통증 경감, 심리적 안정감 등을 제공할 수 있으나, 근본적 치료나 예방책으로 과신해서는 안 되며 의학적 처치 및 재활 운동과 병행해야 한다. 나아가 통증이 발생하면 가볍게 여기거나 무리하게 걷기 운동을 계속하기보다는 충분한 치료와 휴식을 통해 완전하게 회복된 이후에 운동을 시행하는 것을 권장한다.

2) 테이핑 적용 시 유의 사항

키네시오 테이프는 피부에 닿자마자 붙는 점착력(黏着力, Tack)과 시간이 지나면서 오래 유지되는 접착력(接着力, Adhesion) 두 가지를 모두 갖추고 있는 것이 이상적이다. 또한 테이핑의 효과는 적용 방법에 따라 달라지므로, 다음과 같은 사항을 고려해야 한다.

지속 가능한 걷기를 위한 안전

가. 테이프의 접착제에 의한 피부 알레르기 여부를 반드시 확인한다. 처음 사용하는 경우, 작은 조각을 부착할 부위에 먼저 붙여 보고 이상 반응을 확인하는 것이 좋다.

나. 테이프를 적용할 부위에 이물(흙, 땀 등)이 있다면 제거하여 점착력을 높인다.

다. 관절, 연부 조직을 늘려야 하는 경우 통증이 없는 범위에서 신장시켜 부착한다.

라. 테이프를 늘려서 사용할 경우 시작과 끝부분 2~3cm는 늘리지 않고 부착한다.

마. 부착한 테이프는 2~3일 정도 유지할 수 있으며, 피부 민감자는 24~48시간 주기로 체크한다.

바. 테이프를 부착한 상태로 가벼운 샤워는 가능하다. 샤워 후에는 타월로 가볍게 두드려 물기를 제거하고 접착력이 떨어진 부분은 교체하면 된다.

사. 테이프를 제거 시에는 붙인 역순으로 천천히 떼어 내고, 한 손으로 피부를 누르면서 떼면 자극을 줄일 수 있다. 제거 후 보습제를 사용하여 피부 회복을 돕는다.

아. 테이프는 떼었다 다시 붙이면 점착력이 떨어지므로 적용 부위를 잘 판단한다.

자. 상처가 있거나 감염된 부위, 매우 약한 피부에는 사용해서는 안 된다.

차. 같은 부위와 같은 증상이라 하더라도 테이프를 적용하는 방법은 다양하다. 처음부터 어려운 방법으로 하기보다는 먼저 쉬운 방법으로 시작하여 숙달되면 더 정교한 방법을 시행하면 된다.

3) 테이프 제거 시 착안 사항

갑자기 잡아당기듯 떼거나 위로 들어 올리듯 떼면 표피 조직의 발진·손상·따가움 등이 발생할 수 있다. 안전한 제거 방법은 다음과 같다.

가. 테이프 부착의 역순으로 제거
나. 테이프의 가장자리부터 피부와 같은 방향으로 평행하게, 천천히 당기며 제거
다. 많은 털, 어린이, 민감 피부, 강한 접착력 테이프는 오일·로션을 바르고 제거
라. 샤워 후(따뜻한 물) 제거

4) 테이핑 기본 원칙

테이핑의 목적에 따라 다양한 형태와 적용법이 있다.

가. 근육 이완
통증 부위의 근육을 최대한 늘린(스트레칭) 상태에서, 테이프는 거의 늘리지 않고 근육의 결을 따라 붙인다.

나. 근육 강화 및 지지
지지하고자 하는 근육을 수축시킨 상태에서, 테이프를 15~35% 정도 가볍게 늘려 붙인다.

다. 관절 및 인대 교정
관절이나 인대를 안정적인 위치로 교정하기 위해 50~75%의 강한 장력으로 늘려 붙인다.

라. 통증점 완화
가장 아픈 부위(통증점) 위를 지날 때 테이프 중앙 부분을 50~100%까지 강하게 늘려 부착하여 압력을 분산시킨다.

마. 테이프 형태
긴 'I' 자형(팔, 허리, 허벅지, 종아리 등 긴 신체에 적용), 짧은 'I' 자형(주 테이핑 보강, 통증 부위 압박 등에 적용), 'Y' 자형(관절이나 근육을 감쌀 때 적용), 'X' 자형(관절이나 통증 부위를 교차할 때 적용) 등 테이프 적용 부위와 목적을 고려하여 다양한 길이와 형태로 절단하여 사용한다.

지속 가능한 걷기를 위한 안전

5) 부위별 테이핑 방법

(1) 족저근막염(Plantar Fasciitis)

가. 증상

족저근막은 발바닥 근막에 생기는 염증이다. 두꺼운 섬유 띠 형태로 발뒤꿈치(종골)에서 발허리뼈(중족골)까지 부착되어 있다. 과도한 사용, 체중의 증가, 갑작스러운 충격, 얇은 신발 등에 의해 발꿈치뼈와 족저근막의 연결 지점에 통증이 발생한다.

나. 테이핑 목표

발바닥의 아치를 받쳐 주어 족저근막에 가해지는 긴장을 줄이고, 뒤꿈치 통증을 완화하는 것을 목표로 한다.

다. 테이핑 방법

가) 테이핑할 부위를 고려하여 25cm 내외의 긴 'I' 자형 테이프 2개를 준비한다.
나) 대상자의 발등을 무릎 방향으로 당겨 90도로 굽히도록 한다.
다) 먼저 앞꿈치에서 뒤꿈치를 거쳐 아킬레스건까지 테이프를 늘리지 않고 붙인다.
라) 다른 테이프를 발 안쪽 복사뼈 위에서 시작하여 뒤꿈치(주 통증 부위)를 겹쳐 지나고, 바깥쪽 복사뼈 위까지 약간 늘려서 붙인다.
마) 'Y' 자형의 테이프를 발바닥에 적용하는 방법도 있다.

그림 42

(2) 발목 염좌(Ankle Sprain)

가. 증상

발목 염좌는 불안정한 동작이나 점프, 넘어짐 등에 의해 발생하며 발목 관절 조직(인대, 건, 근육 등)이 일부 또는 전체적으로 파열된 상태를 말한다. 손상된 부위에 통증과 부종, 반상출혈이 생기며 보행 등의 활동이 제한된다.

나. 테이핑 목표

발목 관절, 특히 바깥쪽 복사뼈 하부의 인대 안정성을 높여 추가적인 손상을 예방하고 부종을 관리하는 것을 목표로 한다.

다. 테이핑 방법

가) 테이핑할 부위를 고려하여 25cm 정도의 긴 'I' 자형 테이프 2개를 준비한다.

나) 대상자는 다리를 펴고 앉은 자세를 취하고 발은 발등 쪽으로 굽힌다.

다) 통증이 없는 선에서 염좌 반대 방향으로 발목을 당긴다.

라) 먼저 테이프 1개를 발 안쪽 복사뼈 위에서 시작하여 발바닥을 지나 바깥쪽 복사뼈 위까지 'U' 자 형태로 당겨 붙인다.

라) 다음 테이프로 복사뼈 아래로 지나도록 발목을 한 바퀴를 감듯이 부착한다.

마) 긴 'I' 자형 테이프로 '8' 자 감기 등 다양한 방법을 적용할 수 있다.

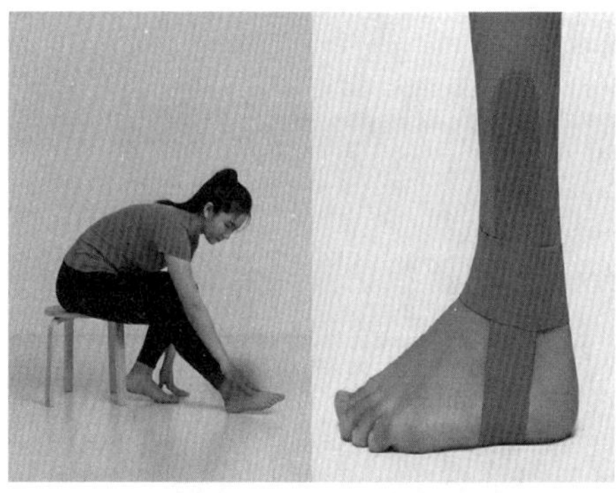

그림 43

지속 가능한 걷기를 위한 안전

(3) 슬개대퇴통증증후군(무릎 통증, General Knee Pain)

가. 증상
슬개대퇴통증증후군은 무릎뼈(슬개골)의 잘못된 움직임이나 무리한 운동에 의해서 주로 발생한다. 운동 부족, 노화, 충격, 부상, 잘못된 자세 등 다양한 원인에 의해 생기기도 하며 통증과 부종이 발생한다.

나. 테이핑 목표
무릎뼈(슬개골) 주변을 안정시켜 움직임을 원활하게 돕고, 무릎의 통증을 완화하는 것을 목표로 한다.

다. 테이핑 방법
가) 테이핑할 부위를 고려하여 15cm 정도의 'Y' 자형 2개, 10cm 정도의 짧은 'I' 자형 1개를 준비한다.
나) 앉은 상태에서 무릎을 90도 구부린 자세를 취한다.
다) 'Y' 자형 테이프의 아랫부분을 무릎뼈 아래에 고정한 뒤, 한 가닥씩 무릎뼈의 안쪽과 바깥쪽을 감싸듯이 위쪽으로 올려 붙인다.
라) 다른 'Y' 자형 테이프 하나는 위와 반대로 아랫부분을 무릎뼈 위에 고정한 뒤, 한 가닥씩 먼저 부착한 테이프와 겹치듯 무릎뼈를 감싸며 아래쪽으로 내려 붙인다.
마) 짧은 'I' 자형 테이프를 늘려서 가장 아픈 무릎뼈 아래에 가로로 덧대어 붙인다.
바) 20cm 정도의 긴 'I' 자형 2개로 'Y' 자를 대체할 수 있고, 30cm 정도의 긴 'I' 자형 1개를 이용하여 한 번에 '8' 자 감기 형식으로 적용할 수 있다.

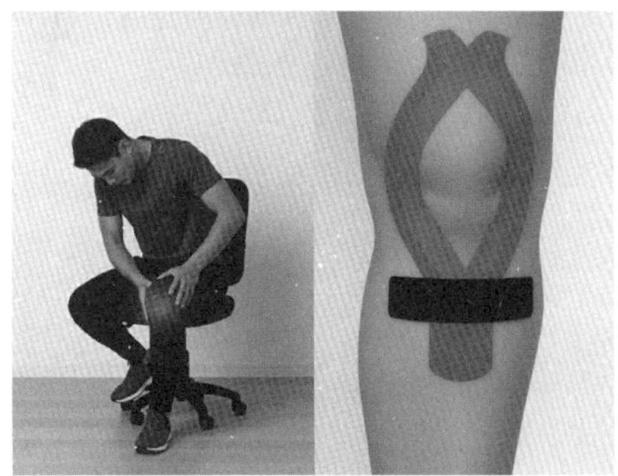

그림 44

(4) 허리뼈 통증(Lower Back Pain)

가. 증상
요통은 스포츠 활동을 비롯한 일상생활에서도 자주 발생한다. 일반적으로 돌기사이관절 염좌, 엉덩허리인대 손상, 척추 기립근 과긴장이나 좌상 등으로 발생한다.

나. 테이핑 목표
척추 기립근의 긴장을 완화하고 허리 부위의 지지력을 높여 바른 자세를 유지하며 통증을 줄이는 것을 목표로 한다.

다. 테이핑 방법
가) 테이핑할 부위를 고려하여 25cm 정도의 긴 'I' 자형 3개를 준비한다.
나) 대상자는 허리를 통증이 없는 범위에서 앞으로 굽히도록 한다.
다) 테이프 2개를 엉덩이뼈 위쪽에서 시작하여 양옆의 척추 기립근을 따라 각각 위로 붙인다.
라) 다른 테이프 1개를 통증이 가장 심한 부위 중심으로 가로질러 수평으로 늘려 붙인다.
마) 통증 부위와 정도에 따라 세로로 2~3줄, 가로로 2~3줄을 붙일 수 있다.

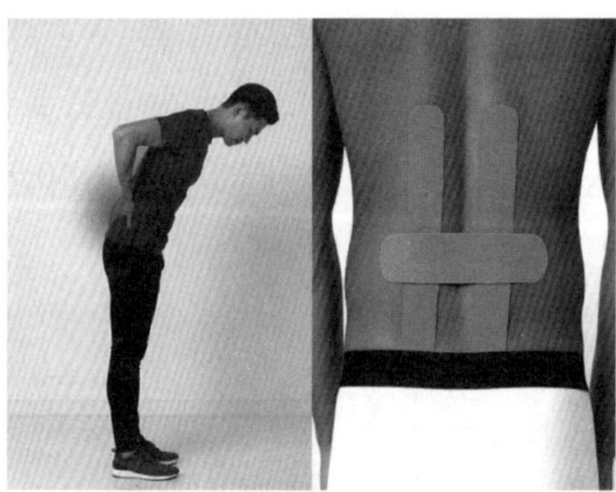

그림 45

지속 가능한 걷기를 위한 안전

(5) 뒤쪽 목 통증(Posterior Cervical Pain)

가. 증상
뒤쪽 목 통증은 스포츠 활동 중 충돌, 일상에서는 오랫동안 잘못된 자세나 고개를 숙인 자세를 하게 되면 발생할 수 있다. 통증이 심해지게 되면 목에 담이 걸린 것처럼 뻣뻣해지고 어깨와 등 뒤로도 통증이 발생할 수 있고 두통이나 팔 저림 등도 발생할 수 있다.

나. 테이핑 목표
목과 어깨로 이어지는 근육(상부 승모근 등)의 긴장을 줄이고, 경추의 안정성을 보조하는 것을 목표로 한다.

다. 테이핑 방법
가) 테이핑할 부위를 고려하여 20cm 정도의 'Y' 자형 1개, 10cm 정도의 짧은 'I' 자형 1개를 준비한다.
나) 대상자의 목을 통증이 없는 정도에서 머리를 앞으로 숙이도록 한다.
다) 'Y' 자형 테이프의 아랫부분을 7번 경추 부분에 먼저 고정시키고, 한 가닥씩 목 옆선을 따라 귀 밑까지 'Y' 자 형태로 붙인다.
라) 짧은 'I' 자형 테이프를 약간 늘려서 통증이 심한 부위(경추 7번)를 가로질러 수평으로 붙인다.
마) 20cm 정도의 긴 'I' 자형 2개로 'Y' 자형을 대체하여 더 넓게 적용할 수 있다.

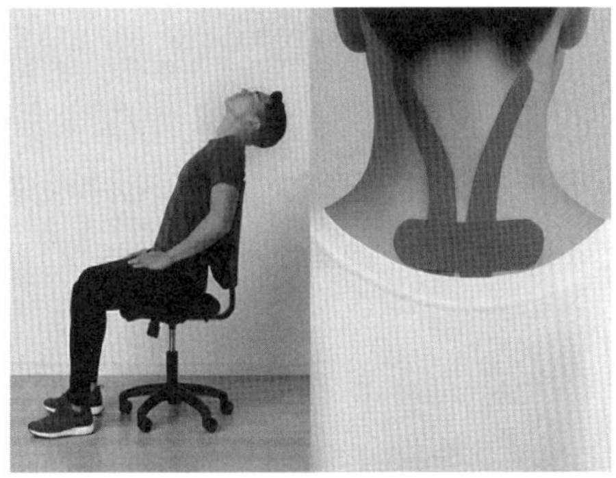

그림 46

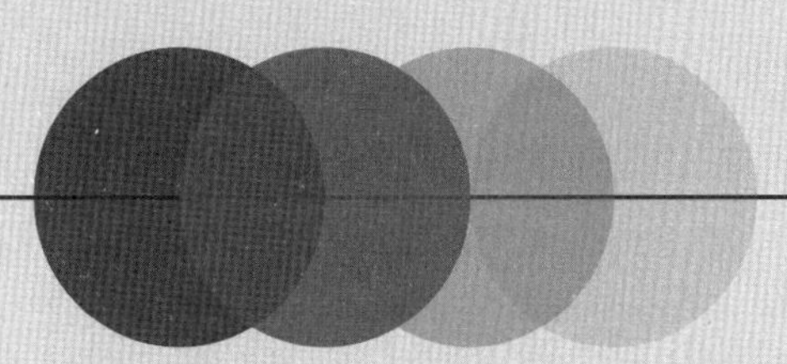

CHAPTER V
걷기와 뇌 과학

—

걷는다는 것은, 생각을 깨우는 일이다.
To walk is to awaken the mind.

1. 뇌(腦, Brain): 인간 최고 정보 처리 시스템

인간의 뇌 또는 두뇌는 신경 세포들이 큰 군집을 이루며 중추 신경계를 관장하는 기관이다. 인간 신체에서 가장 복잡하고 정교한 기관으로, 우리 몸의 중추 신경계를 구성하는 핵심이다. 평균 1.3~1.4kg 정도의 작은 무게를 가지고 있지만, 하버드 의과대학(Harvard Medical School)과 미국 NIH(미국 국립보건원)에서는 "뇌는 인체 에너지의 약 20%를 소비하며 전체 혈류의 15~20%를 사용한다."라고 설명한다. 빛으로 따지면 촛불 한 개, 즉 약 1칸델라(candela, LED 밝기로 약 0.1~0.2W 수준) 수준의 에너지로 작동하지만, 처리 속도와 정보량은 어떤 슈퍼컴퓨터보다 복잡하고 섬세하다는 점 때문에 신경과학자들은 뇌를 '인체 내부 최고의 정보 처리 시스템'이라고 부른다.

생리학적으로 뇌는 크게 대뇌(Cerebrum), 소뇌(Cerebellum), 뇌간(Brain Stem)으로 나뉜다. 대뇌는 사고·판단·기억·계획·언어·창의성 같은 고등 인지 활동을 담당하고, 소뇌는 균형과 정교한 동작을 조절하며, 뇌간은 호흡·심장 박동·체온 유지처럼 생명 유지 기능을 통제한다. 이 모든 기능은 약 860억 개의 신경세포(Neuron)와 그보다 훨씬 많은 시냅스(Synapse) 연결이 실시간으로 전기·화학 신호를 주고받으며 이루어진다. 영국 웰컴 트러스트(Wellcome Trust)와 미국 MIT 뇌연구소(McGovern Institute)는 이러한 시냅스 연결망이 우주에 존재하는 별의 수보다 많다고 설명할 정도로 그 복잡성을 강조한다.

무엇보다 중요한 사실은, 뇌가 고정된 '완성품'이 아니라 끊임없이 변화하는 학습하는 기관이라는 점이다. 현대 뇌 과학은 뇌가 스스로 재구조화되는 능력, 즉 신경가소성(Neuroplasticity)을 갖고 있음을 증명했다. 옥스퍼드대학(Oxford University)의 신경과학 연구에 따르면 새로운 경험·운동·학습은 뇌세포 간 연결을 강화하고, 시냅스를 새롭게 만들며, 기존 회로를 더 효율적으로 재설계한다. 특히 기억을 관장하는 해마(Hippocampus)에서는 성인이 된 이후에도 새로운 신경세포가 생성될 수 있으며, 이는 컬럼비아대학교 정신의학연구소와 Salk Institute 연구에서 수차례 확인된 사실이다.

즉, 뇌는 나이가 들어도 계속 성장할 수 있는 기관이며, 어떻게 자극하고 사용하느냐에 따라 기능이 달라진다. 자극이 부족하면 연결이 약화되고, 반대로 알맞은 활동과 경험을 지속하면 오히려 강해지거나 회복될 수 있다. 그래서 뇌는 종종 '근육처럼 사용하면 발달하고,

사용하지 않으면 퇴화하는 기관'으로 비유된다. 이처럼 섬세하면서도 역동적인 뇌는 인간의 움직임, 감정, 사고, 의사 결정을 통합하며 우리의 삶 전체를 통제하는 중심이다.

그렇다면 이런 뇌를 가장 건강하게 자극하는 방법은 무엇일까? 다양한 뇌 훈련, 약물, 인지 활동이 존재하지만 하버드 의대, 영국 NHS(국민보건서비스), 미국 CDC(질병통제예방센터)가 공통적으로 강조하는 단 하나의 행동이 있다. 바로 걷기(Walking)다. 걷기는 단순한 이동이 아니라, 신체·감각·인지가 동시에 작동하는 전신 뇌 활성화 운동으로 알려져 있다. 다음 항목에서는 왜 걷기가 뇌를 위한 최고의 보약인지, 과학적 변화와 실증 연구를 통해 구체적으로 살펴보고자 한다.

걷기와 뇌 과학

2. 걷기는 뇌를 위한 최고의 보약

우리는 복잡하고 어려운 문제에 직면했을 때나 마음이 답답하고 심난(甚難)할 때 잠깐 걸으면서 생각 좀 해 봐야겠다고 말하곤 한다. 이는 단순한 관습적 표현이 아니다. 인류는 오랜 경험을 통해 걷기가 우리의 머리를 맑게 하고, 새로운 아이디어를 떠오르게 하며, 복잡한 감정을 다스리고, 어려운 문제들을 해결하는 데 도움이 된다는 사실을 본능적으로 체득해 왔다. 현대 뇌 과학은 이러한 경험과 직관적 믿음이 명백한 과학적 사실임을 증명하고 있다. 꾸준한 걷기 운동은 근골격과 심폐근을 단련할 뿐만 아니라, 뇌의 구조와 기능을 직접적으로 변화시키는 가장 효과적인 방법 중 하나다. 뇌도 다른 신체 부위와 마찬가지로, 어떻게 사용하고 관리하느냐에 따라 그 성능이 달라지는 매우 섬세하면서도 역동적인 기관이기 때문이다.

따라서 걷기는 단순한 이동의 수단을 넘어 뇌 혈류·신경 가소성·신경영양인자(BDNF)·스트레스 생리·인지 기능을 동시에 자극하는 '전신 뇌 통합 운동'이다. 국제 가이드라인도 성인에게 주당 150분의 중강도 유산소 운동(걷기 포함)을 권고하는데, 이는 심혈관·대사 건강뿐 아니라 인지·정신 건강의 근거가 충분하다는 판단에 근거한다(WHO 2020 지침).

1) 뇌세포를 키우는 비료, BDNF의 분비 촉진

걷기와 같은 유산소 운동은 '뇌의 비료'라고 불리는 뇌유래신경영양인자(BDNF, Brain-Derived Neurotrophic Factor)의 생성을 촉진한다. BDNF는 기존 뇌세포(뉴런)를 건강하게 유지하고, 새로운 뇌세포의 생성을 돕는 핵심 단백질이다. 걷는 동안 심박수가 올라가고 온몸의 혈액 순환이 활발해지면, 뇌로 가는 혈류량도 증가하는데, 바로 이 과정에서 BDNF가 활발하게 생성된다. 증가된 BDNF는 뇌세포 간의 연결(시냅스)을 강화하여 정보 처리 속도를 높이고, 학습 능력과 기억력을 향상시키는 직접적인 역할을 한다[76]. 꾸준한 걷기는 말 그대로 우리의 뇌를 더 활성화하고 건강하게 만드는 행위인 것이다.

하버드 의과대학의 연구에 따르면, 중강도 유산소운동을 주 5회 실시한 성인은 BDNF 수치가 평균 32% 증가했으며, 인지 기능 유지에 결정적이었다(Harvard Medical School, 2021; Erickson et al., 2011, Proc. Natl. Acad. Sci.).

2) 기억의 샘, 해마의 신경세포 생성(Neurogenesis)

우리 뇌에서 기억과 학습을 담당하는 핵심 영역은 '해마(Hippocampus)'다. 과거에는 성인의 뇌세포는 더 이상 생성되지 않는다고 알려졌지만, 최근 연구들은 해마와 같은 특정 영역에서는 새로운 뇌 신경세포가 계속해서 생성된다는 사실을 밝혀냈다. 해마의 신경가소성은 "성인도 뇌세포를 새로 만들고, 기억 회로를 강화할 수 있다."라는 사실의 핵심 증거이며, 꾸준한 걷기는 이러한 가소성을 자극하는 가장 쉽고 안전한 방법이다(Erickson, PNAS 2011).

미국 피츠버그대학과 일리노이대학 공동 연구 팀은 1년간 주 3회 40분간 걷기 운동을 실시한 노인 그룹에서 해마의 부피가 약 2% 증가했다고 보고했다. 이는 노화로 인한 해마 위축을 되돌린 사례로 통상적인 노화 과정에서 발생하는 자연적인 부피 감소를 역전시킨 놀라운 결과다[77]. 즉, 꾸준한 걷기는 기억력 감퇴를 막는 것을 넘어, 기억을 저장하는 뇌의 용량 자체를 물리적으로 늘려 줄 수 있다(PNAS; NIH Aging Report, 2019). 우리나라 국민건강보험공단(NHIS, National Health Insurance Service)의 대규모 코호트 연구에서도 신체 활동 수준이 높을수록 치매 발생 위험이 유의하게 낮다는 결과가 보고되었다(JAMA Network Open 2021). 이는 한국인을 대상으로 한 연구 데이터로도 '꾸준한 걷기'는 뇌 건강에 효과가 있음을 뒷받침한다.

3. 걷기와 창의적 사고

창의성은 걷기에서 나온다. 인류의 위대한 사상가, 문학가, 과학자들이 산책을 즐겼다는 사실은 우연이 아니다. 걷기는 창의적 사고를 위한 최적의 뇌 상태를 만들어 주는 자연스러운 촉매제 역할을 한다.

1) 기본모드 네트워크(DMN)의 활성화

우리의 뇌는 특정 과제에 집중할 때 활성화되는 영역과 특별한 목적 없이 멍하게 있거나 몽상에 잠길 때 활성화되는 영역이 다르다. 후자를 기본모드 네트워크(DMN, Default Mode Network)라고 부른다. DMN이 활성화되면 뇌는 과거의 기억, 미래의 계획, 현재의 감정 등 서로 무관해 보이는 정보들을 자유롭게 넘나들며 새로운 연결 고리를 만들어 낸다. 바로 이 과정에서 창의적인 아이디어가 탄생한다. 걷기는 특별한 인지적 노력이 필요 없는 자동화된 활동이므로, 걷는 동안 우리의 의식은 자유로워지고 DMN이 활성화될 최적의 조건이 만들어진다.

스탠퍼드대학교 행동과학연구소는 걷는 동안 창의적 아이디어 산출이 평균 60% 증가함을 밝혔다. 이는 기본모드 네트워크(Default Mode Network)가 활성화되어 자유연상과 확산적 사고를 촉진하기 때문으로(Oppezzo & Schwartz, 2014, J. Exp. Psychol.: Learn. Mem. Cogn.) 걷기가 창의력을 확장하고 증폭시키는 가장 간단하고 효과적인 방법임을 증명했다[78].

2) 생각의 틀을 깨는 확산적 사고(Divergent Thinking)의 증진

창의성은 단 하나의 정답을 찾는 '수렴적 사고(Convergent Thinking)'와 다양한 가능성을 탐색하는 '확산적 사고(Divergent Thinking)'의 조화로 이루어진다. 걷기는 특히 새로운 아이디어를 생성하고 고정된 사고의 틀을 깨는 확산적 사고를 촉진하는 데 탁월한 효과가 있다. 걷는 동안의 부드러운 신체 움직임과 외부 환경의 시각적 흐름은 뇌의 경직된 사고 패턴을 깨고, 자유로운 아이디어 탐색을 가능하게 한다. 막힌 문제에 대한 해결책이 필요할 때, 책상에 앉아 끙끙 앓기보다 잠시 밖으로 나가 걸어 보는 것이 훨씬 효과적인 이유가 바로 여기에 있다.

실리콘밸리 기업 연구에서도 "사무실 회의보다 산책 중 회의에서 창의적 해결책이 45% 더 많이 도출되었다."라고 보고되었다(Stanford Graduate School of Business, 2018).

걷기와 뇌 과학

4. 걷기, 최고의 항우울제

걷기가 기분을 상쾌하게 하고 스트레스를 줄여 준다는 것은 누구나 경험적으로 알고 있다. 이는 단순한 기분 탓이 아니라, 걷는 동안 뇌에서 일어나는 명백한 화학적 변화 때문이다.

1) 뇌를 행복하게 만드는 신경전달물질의 분비

규칙적인 걷기 운동은 뇌에서 기분과 감정을 조절하는 다양한 신경전달물질의 분비를 촉진한다. '행복 호르몬'이라 불리는 세로토닌(Serotonin)은 안정감과 행복감을 높여 주고, 도파민(Dopamine)은 성취감과 즐거움을 느끼게 하며, 천연 진통제 역할을 하는 엔도르핀(Endorphin)은 통증을 줄이고 쾌감을 유발한다. 걷기를 통해 약간 숨이 차는 상태를 유지하면, 뇌는 이러한 긍정적인 신경전달물질들을 자연스럽게 분비하여 스트레스를 줄여 주고 우울감과 불안감을 완화시킨다[79].

영국 케임브리지대학 정신의학센터의 메타 분석(2022)은 '하루 30분 걷기로 우울증 위험이 25% 감소함'을 입증했다(Cambridge Psychiatry Review, 2022; Harvard Health Publishing, 2021).

2) 스트레스 호르몬 코르티솔(Cortisol) 감소

만성 스트레스는 우리 몸의 스트레스 호르몬인 코르티솔 수치를 높여, 불안, 면역력 저하, 수면 장애 등 다양한 문제를 일으킨다. 걷기 운동, 특히 공원이나 숲길 등 자연 속에서 걷는 '녹색 운동(Green Exercise)'은 이 코르티솔 수치를 효과적으로 낮추는 것으로 입증되었다. 자연의 풍경, 소리, 냄새는 우리의 부교감신경계를 활성화하여 몸과 마음을 이완시키고, 스트레스로부터 회복하는 데 결정적인 도움을 준다[80].

일본 지바대학의 연구에 따르면, 20분간의 숲속 걷기(Shinrin-yoku) 후 참가자의 코르티솔 수치가 평균 15% 감소하였다. 이는 자연환경 노출이 자율신경계의 균형을 회복시키는 효과를 갖기 때문이다(Park et al., 2010, Environ. Health Prev. Med.). 이 결과는 WHO가 권장하는 '녹색운동(Green Exercise)' 근거로 채택되어 있다(WHO Physical Activity Guidelines, 2020).

결론적으로, 걷기는 단순히 몸을 움직이는 행위나 이동의 수단을 넘어, BDNF 증가 → 해마 신경가소성(Neuroplasticity) → DMN 활성화 → 창의성 향상 → 스트레스 완화로 이어지는 뇌 기능 향상 연쇄반응을 일으킨다. 우리의 뇌를 물리적으로 재구성하고, 창의적 잠재력을 깨우며, 감정의 균형을 되찾아 주는 가장 근본적이고 강력한 두뇌 관리 도구라 할 수 있다.

걷기와 뇌 과학

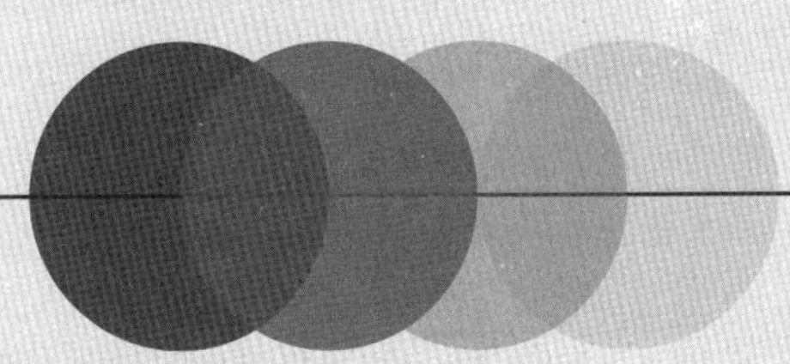

CHAPTER VI
걷기 운동과 영양

—

걷기의 효과는 영양으로 완성된다. 잘 먹는 것이 잘 걷는 것이다.

The benefits of walking are completed by proper nutrition.

To eat well is to walk well.

1. 에너지(Energy): 인간 생명 활동의 연료

에너지는 인간이 살아가기 위해 절대적으로 필요한 생명 활동의 기본 연료이다. 인간이 생각하는 것을 포함한 모든 신체 활동은 에너지 보충과 소모의 순환 속에서 이루어진다. 걷기 운동 역시 예외가 아니다. 발을 한 번 내딛는 순간에도, 근육은 수축과 이완을 반복하고, 혈액은 산소와 영양소를 공급하며, 뇌와 신경계는 균형과 방향을 조절한다. 이 모든 과정이 작동하기 위해서는 탄수화물·지방·단백질 등 다양한 영양소가 분해되어 만들어진 에너지가 필요하다.

우리 몸의 에너지 저장과 활용은 매우 정교한 시스템으로 이루어진다. 음식으로 섭취된 탄수화물은 혈당과 간·근육의 글리코겐 형태로 저장되어 즉각적이고 빠른 연료 역할을 한다. 지방은 비교적 긴 시간 동안 서서히 사용되는 에너지 창고로 작동하며, 단백질은 주로 체조직 유지와 회복에 관여하지만 필요한 경우 에너지원으로 전환되기도 한다. 이러한 에너지가 효율적으로 공급되지 않으면 걷기 속도가 떨어지고, 쉽게 피로해지며, 운동 후 회복력이 떨어질 수 있다.

특히 걷기는 지속적인 근육 활용의 리듬이 필요한 유산소 활동이기 때문에, 안정적인 에너지 공급이 핵심이다. 충분한 에너지를 준비한 상태에서 걷기를 시작하면 호흡이 더 편안해지고, 페이스가 일정하게 유지되며, 근육 피로와 저혈당 증상을 예방할 수 있다. 반대로 공복 상태나 영양 불균형 상태에서는 30~40분만 걸어도 기운이 떨어지거나 어지럼증, 무기력감을 경험할 수 있다. 따라서 '잘 먹고 걷는 것'은 단순한 선택이 아니라, 안전하고 건강한 걷기를 위한 필수 조건이다.

결국, 양질의 영양은 걷기 운동의 성능을 결정하는 기본 동력의 근원이다. 자동차가 좋은 엔진을 가지고 있어도 연료가 없거나 적절하지 않다면 달리지 못하듯이, 우리의 몸도 적절한 에너지가 공급될 때 비로소 걷기의 효과를 얻을 수 있다. 아무리 열심히 걸어도, 영양이 뒷받침되지 않으면 쉽게 지치거나 회복이 더딜 수 있다. 이 장에서는 걷기 운동 전, 중, 후에 무엇을, 언제, 어떻게 먹어야 하는지에 대한 실용적인 영양 전략을 제시하고자 한다. 이는 복잡한 영양학 이론이 아니라, 누구나 쉽게 실천할 수 있는 건강한 걷기를 위한 식사 가이드이다. 또한 개인별 체질, 질환, 건강 상태에 따라 다를 수 있으며 필요시 의사나 전문가에게 조언을 구해야 한다.

2. 걷기 운동 전, 중, 후 에너지

1) 걷기 운동 전 에너지

걷기 운동 전 식사의 목표는 단순히 허기를 채우는 것이 아니라, 운동 중에 사용될 에너지를 미리 안정적으로 공급하고 혈당이 급격히 떨어지는 것을 예방하는 데 있다. 충분한 연료가 준비된 상태에서 걷기를 시작하면 호흡이 훨씬 편안하고, 보폭과 속도가 일정하게 유지되며, 중간에 쉽게 지치거나 어지러운 증상을 겪을 가능성이 줄어든다. 특히 40분 이상 지속되는 걷기, 언덕·속보가 포함된 걷기, 아침 공복 걷기처럼 에너지 소모가 많거나 혈당이 떨어지기 쉬운 상황에서는 걷기 전에 적절한 에너지 섭취가 운동의 질과 안전을 크게 좌우한다.

또한, 운동 전 영양 공급은 단순히 '체력 유지를 위한 연료'를 넘어서 근육 분해를 억제하고, 운동 후 회복 속도를 높이는 준비 과정이기도 하다. 즉, '걷기 전 적절하게 잘 먹는 것'은 운동을 오래, 편안하게, 효율적으로 이어 가기 위한 사전 세팅이라 할 수 있다.

(1) 운동 1~2시간 전, 똑똑한 탄수화물 섭취

걷기 운동의 주 에너지원은 탄수화물이다. 탄수화물은 우리 몸에 '글리코겐' 형태로 근육과 간에 저장되었다가 필요할 때 에너지로 사용된다. 따라서 운동 1~2시간 전에는 소화가 잘 되면서도 에너지를 꾸준히 공급해 주는 복합 탄수화물 위주의 간식을 섭취하는 것이 좋다. 예를 들어 바나나 한 개, 통밀빵 한 조각, 또는 작은 고구마 등이 적절한 선택으로 안정적인 혈당 유지와 지속적 에너지 공급에 도움이 된다. 지방이나 섬유질이 너무 많은 음식은 소화에 부담을 줄 수 있으므로 피하는 것이 좋다.

미국스포츠의학회(ACSM)는 '운동 전 탄수화물 1~4g/kg 체중 섭취'를 권장한다(ACSM Guidelines, 2021). 특히 운동 강도가 높거나 속보·경사 걷기를 계획했다면 이러한 탄수화물 섭취가 더욱 도움이 된다.

걷기 전 에너지 공급에 적절한 대표 식품 예시

* 바나나 1개, 사과·배 등 소화가 편한 과일
* 고구마, 단호박, 옥수수, 감자
* 통밀빵, 현미 주먹밥, 곡물 에너지바
* 꿀을 약간 곁들인 플레인 요거트
* 저지방 우유 또는 두유 한 컵

이러한 간단한 식품들은 위에 부담을 주지 않으면서 혈당을 안정적으로 유지해 주어, 걷기 운동을 시행하는 동안 체력 저하를 막고 일정한 페이스를 유지하는 데 효과적이다.

(2) 아침 공복 걷기의 두 얼굴

아침 식사 전 공복 상태에서 걸으면 체지방을 에너지원으로 더 많이 사용한다는 연구 결과들이 있다. 이는 체중 감량을 목표로 하는 사람들에게 매력적으로 들릴 수 있다[81]. 하지만 단점도 존재한다. 에너지가 부족한 상태이므로 운동 강도를 높이기 어렵고, 장시간 걷는 경우에는 근육의 단백질을 에너지원으로 사용할 수 있다. 또한 공복 상태 걷기는 지방산 산화율을 증가시키지만, 저혈당이나 피로를 유발할 수도 있다. 따라서 공복에 걷기는 30~40분 내외의 가볍거나 중간 강도 정도의 걷기에 적합하며, 당뇨 환자나 저혈당 위험이 있는 사람은 반드시 가벼운 간식을 섭취한 후 운동하는 것이 안전하다.

일본스포츠영양학회는 '체중 감량 목적일 경우 30분 이내 저강도 공복 걷기, 그 외에는 가벼운 간식 섭취 후 실시'를 권장한다(Japanese Society of Sports Nutrition, 2020).

2) 걷기 운동 중 에너지

걷기 운동이 일정 시간 이상 지속되면, 몸은 호흡과 발걸음을 일정하게 유지하기 위해 끊임없이 수분과 전해질을 소모한다. 특히 빠르게 걷거나 더운 환경에서 운동할 때는 땀을 통해 수분뿐 아니라 나트륨·칼륨 같은 전해질도 함께 빠져나가므로, '걷는 동안 어떻게 수분과 에너지를 보충하느냐'가 운동의 완성도를 좌우한다. 충분한 수분 공급은 체온 조절, 혈액

순환, 근육 수축, 집중력 유지에 필수적이며, 적절히 마셔 주는 것만으로도 피로감·현기증·근육 경련을 예방할 수 있다.

(1) 언제, 얼마나 마셔야 할까?

기본 원칙은 '목마름을 느끼기 전에 미리 마시는 것'이다. 걷기 시작 30분 전에 물 한두 컵을 미리 마시고, 걷는 중에는 15~20분마다 약 150~200ml(종이컵 한 컵 정도)를 규칙적으로 보충해 주는 것이 이상적이다. 이는 미국의학연구소(IOM, Institute of Medicine)가 제시한 권장 수분 섭취 기준과 동일한 수준이다. 날씨가 덥거나 속보처럼 강도가 높은 상황에서는 더 많은 수분이 필요할 수 있다.

또한, 운동 중 땀을 많이 흘렸다면 단순히 물만 채우는 것이 아니라 전해질 손실을 함께 보충하는 것이 중요하다. 미국스포츠의학회와 Sawka 등(2007, Medicine & Science in Sports & Exercise)은 1시간 이상 지속되는 유산소 운동에서는 나트륨 460~690mg/L, 포도당 5~8% 농도의 음료가 체내 수분 흡수와 성능 유지에 도움이 된다고 보고하였다. 국내에서도 대한스포츠의학회(2023)가 '걷기 후 체중 감소량의 1.5배에 해당하는 수분 재보충'을 권고하고 있다.

(2) 물 vs 이온음료, 올바른 선택 기준

중강도 수준의 30~60분 걷기에서는 깨끗한 물만으로도 충분하다. 하지만 90분 이상 장시간 걷기, 여름철 고온 환경, 땀 배출이 많은 고강도 유형의 걷기 운동의 경우에는 물만 계속 마실 경우 체내 나트륨 농도가 상대적으로 희석되어 '저나트륨혈증' 위험이 커질 수 있다. 나트륨·칼륨은 근육의 수축과 신경 신호 전달을 조절하는 필수 미네랄이기 때문에, 이런 상황에서는 전해질이 포함된 스포츠 음료가 더 효과적이다[82]. 실제로 세계적인 스포츠의학 권고에서도 장시간 유산소 운동 시 전해질이 포함된 음료가 근육 경련·어지러움·피로 누적을 줄이고 운동 지속 시간을 늘린다고 제시하고 있다.

걷기 중 수분 · 에너지 보충에 적절한 대표 음료 · 식품 예시

* 일반적인(30~60분) 걷기 → 생수, 보리차, 미지근한 물, 약간의 꿀물
* 1시간 이상 또는 더운 환경 → 스포츠 음료, 저당·저자극 이온음료
* 장시간 걷기(90분 이상) → 이온음료와 소금 포함 스낵, 과일 젤(Fruit Gel) 등

3) 걷기 운동 후 에너지

걷기 운동이 끝났다고 모든 것이 종료되는 것은 아니다. 운동 직후의 영양 섭취는 소모된 에너지 회복, 근육 조직 재생, 피로 감소, 면역 기능 유지, 그리고 다음 운동을 위해 몸을 준비시키는 데 결정적인 역할을 한다. 걷기 운동이 비교적 부담이 적은 유산소 활동이라고 해도, 장시간 지속되면 근육의 글리코겐 저장량이 줄고 미세한 근섬유 손상이 발생할 수 있기 때문이다. 따라서 '운동 후 무엇을 먹느냐'는 운동의 질을 완성하는 마지막 단계다.

(1) '골든타임'을 활용한 회복 전략

운동 직후 30분에서 1시간 사이는 몸이 영양소를 가장 빠르고 효율적으로 흡수하는 시기이며, 스포츠영양학에서는 이를 '기회의 창(The Window of Opportunity)' 혹은 '골든타임'이라 부른다. 이 시기에 탄수화물과 단백질을 함께 섭취하는 것은 매우 중요하며 이는 근육에 저장된 글리코겐 회복 속도가 빨라지고, 근육 단백질 합성을 촉진한다.

미국의 운동생리학자이자 스포츠영양 분야의 세계적 권위자인 '존 L. 아이비'는 한 연구를 통해(2004, Journal of Sports Science & Medicine) 운동 후 1시간 이내 탄수화물과 단백질을 3:1 비율로 섭취했을 때 글리코겐 회복률이 40% 이상 증가한다고 보고했다. 또한 WHO의 운동 회복 가이드(2020) 역시 운동 후 30분 이내에 탄수화물과 단백질을 동시에 섭취할 것을 권장하고 있다.

(2) 최적의 회복 간식: 탄수화물과 단백질의 조화

다양한 연구에 따르면 탄수화물과 단백질의 비율은 약 3:1 또는 4:1이 가장 이상적인 회복 조합으로 알려져 있다[83]. 이는 복잡한 영양식을 준비해야 한다는 의미가 아니라, 일상적인 음식으로도 충분히 실천할 수 있다는 장점이 있다. 예를 들어, 삶은 계란에 과일 한 조각을 곁들이거나, 저지방 초코우유 한 컵만으로도 이 비율을 충족할 수 있다.

영양생리 연구자 Phillips 등(2015, Nutrients)은 저지방 초코우유, 그릭 요거트 + 견과류, 닭가슴살 샐러드 + 통밀빵 같은 간단한 조합만으로도 혈중 아미노산 농도가 크게 증가해 근육 손상 완화와 회복 촉진에 도움이 된다고 보고했다.

운동 후 회복에 적합한 대표 음식 예시

* 저지방 초코우유, 플레인 요거트와 꿀 한 스푼

* 바나나와 삶은 계란

* 닭가슴살 샐러드와 통밀빵

* 두부·계란·콩류 반찬과 현미밥

* 연어·고등어 등 오메가-3가 풍부한 생선 요리

* 단백질바와 과일

* 고구마, 닭가슴살, 주먹밥, 두유

* 누룽지 등

3. 걷기 효과를 높이는 보조 영양소

균형 잡힌 식사를 기본으로 하되, 특정 영양소들은 걷기 운동의 효과를 높이고 몸을 보호하는 데 추가적인 도움을 줄 수 있다. 특히 항산화 작용, 염증 완화, 근육 회복 촉진, 관절 보호와 같은 기능이 보고되고 있어, 중·장거리 걷기나 관절 사용량이 증가하는 고령층에게 유용할 수 있다.

1) 운동으로 인한 산화 스트레스를 줄이는 항산화 물질

걷기를 포함한 유산소 운동은 에너지를 생산하는 과정에서 활성산소(ROS)를 생성한다. 활성산소는 과도해지면 세포를 손상시키는 '산화 스트레스'를 유발하는데, 항산화 영양소는 이를 억제하여 근육 손상과 염증을 줄이는 데 도움을 준다. 비타민 C와 E, 폴리페놀, 안토시아닌이 풍부한 베리류(블루베리·라즈베리), 녹색 채소(시금치·케일), 견과류는 대표적이다.

하버드 공중보건대학의 연구(2021)는 "비타민 C·E·폴리페놀을 충분히 섭취한 그룹은 운동 후 근육 회복 시간이 약 20% 단축되었다."라고 보고한 바 있으며(Harvard T.H. Chan School of Public Health, 2021), 항산화 식품 섭취는 장기적인 운동 지속 능력에도 긍정적인 영향을 준다고 제시한다.

2) 항염 작용과 관절 보호에 도움이 되는 영양소

걷기는 관절에 부담이 적은 안전한 운동이지만, 장거리 걷기나 오르막·내리막 반복은 무릎과 발목 관절에 미세한 염증 반응을 일으킬 수 있다. 이때 오메가-3 지방산은 염증 매개 물질(프로스타글란딘·류코트리엔)을 억제하여 천연 항염증제처럼 작용하는 것으로 알려져 있다. 실제로 등 푸른 생선(고등어·연어·정어리), 아마씨와 치아씨 등에 포함된 풍부한 오메가-3 지방산은 운동 후 관절통을 평균 30~35% 감소시킨다는 여러 연구 결과가 보고되어 있다. 또한 글루코사민과 콘드로이틴은 무릎 연골 손상을 지연시키는 데 도움을 줄 수 있다는 연구 (Henrotin et al., 2012, Current Rheumatology Reports)도 있으나, 모든 사람에게 동일한 효과가 나타나는 것은 아니다. 미국 FDA 역시 "이들 보충제의 효과는 개인차가 있으며, 의약품의 대체제로 사용해서는 안 된다."라고 명시하고 있다. 따라서 관절 보호 보조제를 활용할 때 에는 전문가 상담을 통해 체질·질환 이력·약물 복용 여부를 확인한 후 섭취하는 것이 바람 직하다[84].

3) 에너지 대사를 촉진하고 근육 회복을 돕는 영양소

걷기는 장기적으로 체력을 강화하고 근육량을 유지하는 데 효과적이지만, 일정 강도 이상 의 운동이나 장거리 걷기 후에는 근섬유 손상과 피로물질 축적이 발생한다. 이때 단백질, BCAA(가지사슬아미노산, Branched Chain Amino Acid), 마그네슘, 비타민 D는 에너지 대사를 원 활하게 하고 근육 회복을 촉진하는 핵심 영양소로 평가된다.

(1) 단백질

단백질은 근육 조직을 구성하는 기본 재료이며, 걷기 후 단백질 섭취가 부족하면 근단백질 합성률이 떨어져 회복이 지연된다. 달걀, 우유, 콩류, 닭가슴살 등이 주요 공급원이며, WHO 고령층 영양 가이드라인(2020)은 규칙적인 걷기와 단백질 섭취를 병행한 그룹에서 근력과 보행 속도가 더 크게 개선되었다고 보고한다.

(2) BCAA(류신 · 이소류신 · 발린)

BCAA(류신·아이소류신·발린)는 사람의 9가지 필수 아미노산들 중 하나로, 근육 손상으로 인한 피로감과 통증을 줄이고 근단백질 합성을 촉진하는 역할을 한다. 미국스포츠의학회(ACSM) 는 장시간 유산소 운동 후 탄수화물과 함께 단백질·아미노산을 보충하면 회복 속도가 더 빨라진다고 제시한다. 또한 마그네슘은 근육 수축과 이완을 조절하는 필수 전해질로, 부족 할 경우 피로감 증가와 근육 경련이 나타날 수 있다. 견과류, 통곡물, 바나나, 시금치에 풍부 하며, 식품의약국(FDA Nutrient Information, 2023)은 마그네슘 부족 시 운동 후 근육 회복 지연과 경직이 증가된다고 설명한다.

(3) 비타민 D

마지막으로 비타민 D는 칼슘 흡수를 돕고 근육 기능을 조절한다. 비타민 D가 결핍된 그룹은 근육 피로와 통증이 더 길게 지속된다는 연구가 있으며(Holick et al., 2011, New England Journal of Medicine), 고령층에서 비타민 D 보충은 보행 속도 개선과 낙상 위험 감소에 긍정적 영향을 미쳤다는 임상 결과도 보고된다. 햇빛 노출이 가장 쉬운 섭취 방법이지만, 겨울철·실내 생활자가 많은 경우 연어, 계란, 우유 등을 통해 보완할 수 있다.

4) 수분 · 전해질 관리와 특정 보조 영양소 활용

걷기 운동은 땀 배출량이 비교적 적은 편이지만, 장시간 걷기나 높은 기온·습도 환경에서는 탈수와 전해질 손실이 발생할 수 있다. 탈수 상태가 되면 심박수가 상승하고, 동일한 속도에서도 더 많은 피로를 느끼며 근육 경련이 쉽게 나타난다. 세계보건기구(WHO Physical Activity Guidelines, 2020)는 "운동 수행 중 체중의 2% 이상 수분이 감소하면 운동 능력이 현저히 저하된다."라고 설명한다. 때문에 장거리 걷기나 트레킹 시에는 일정 간격으로 물을 마시면서, 필요에 따라 소량의 전해질(나트륨·칼륨·마그네슘)을 함께 보충하는 것이 바람직하다. 스포츠 음료, 바나나, 견과류, 소금 섞인 간단한 간식은 효과적인 전해질 보충원이 될 수 있다.

또한 일부 영양소는 운동 퍼포먼스 향상 측면에서 도움을 줄 수 있다. 예를 들어 카페인은 중추신경계를 자극하여 피로 인지도를 낮추고 속도 유지에 긍정적인 영향을 준다는 연구가 있으며(ACSM, 2018 Exercise & Nutrition Consensus), 평소 카페인에 민감하지 않은 사람이라면 장거리 걷기 전 소량의 커피가 도움이 될 수 있다. 다만 심장 두근거림, 위장 민감성, 수면 장애 등을 유발할 수 있으므로 개인차를 고려해야 한다.

크레아틴(Creatine) 역시 주목할 만한 보조 영양소다. 일반적으로 크레아틴은 근력 운동에만 사용된다고 알려져 있지만, 최근에는 근육 피로 회복 및 장시간 운동 후 근력 유지에 도움을 준다는 연구가 발표되고 있다(Branch, 2017, Journal of the International Society of Sports

Nutrition). 단기간 장거리 걷기를 반복하거나, 평소 근력 부족으로 피로 누적이 빠른 사람에게 유용할 수 있으나, 신장 질환이 있거나 특정 약물을 복용 중이라면 반드시 전문가 상담이 필요하다.

결론적으로, 걷기 운동을 위한 영양 전략은 어렵지 않으며 건강한 식단은 걷기라는 훌륭한 운동의 가장 든든한 파트너다. 보조 영양소는 걷기 효과를 무한정 끌어올리는 마법이 아니라, 균형 잡힌 식사와 규칙적인 운동을 기본으로 할 때 부가적 도움을 주는 요소에 가깝다. 걷기 운동 전에는 에너지원 공급을 위한 건강한 탄수화물을, 걷기 운동 중에는 충분한 수분과 전해질 보충을, 걷기 운동 후에는 회복을 위한 탄수화물과 단백질을 섭취하는 기본 원칙만 지켜도 걷기의 효과를 몇 배로 높일 수 있다. 필요할 경우 카페인·크레아틴·아미노산 등을 상황에 맞게 활용하면 장거리 걷기에서 피로를 줄이고 회복 속도를 높이는 데 긍정적인 영향을 줄 수 있다. 단, 모든 보충제는 효과와 체질에 차이가 있는 만큼, 안전성과 건강 이력을 고려하여 섭취하는 것이 가장 중요하다.

4. 맞춤형 영양 가이드

걷기는 연령과 체력 수준을 구분하지 않고 누구나 실천할 수 있는 운동이지만, 개별적인 목적과 건강 상태에 따라 영양 섭취 전략이 달라질 수 있다. 특히 고령자, 체중 조절을 목표로 하는 사람, 장거리 걷기 도전자는 운동 효과 극대화와 부상 예방을 위해 맞춤형 영양 관리가 필요하다.

1) 고령자: 근감소증 예방과 관절 보호 중심

고령자는 기초대사량이 감소하고 근단백질 합성 속도가 떨어지기 때문에, 같은 운동을 하더라도 근육 회복이 더디고 피로가 오래갈 수 있다.

(1) 단백질 섭취 강화
WHO 고령층 영양 가이드라인(2020)은 활동적인 고령자의 경우 체중 1kg당 일일 단백질 1.0~1.2g 섭취를 권장한다. 달걀·우유·치즈·두부·생선 등을 1~3회 걷기 후 간식이나 식사로 배치하면 회복에 도움이 된다.

(2) 비타민 D와 칼슘
비타민 D 부족은 근력·균형·낙상 위험에 직접 영향을 준다는 연구(Holick et al., 2011, NEJM)가 있으며, 햇빛 노출, 우유·연어·계란 섭취가 도움이 된다.

(3) 관절 보호 영양소
오메가-3 지방산 식품은 무릎·발목 부담을 줄이고 염증 반응을 완화하는 데 유익하다. 단, 글루코사민·콘드로이틴 같은 보충제는 개인차가 있으므로 전문 상담을 거치는 것이 바람직하다.

결국 고령자는 '많이 먹는 것'이 아니라 근육을 유지시키는 질 높은 영양 섭취가 핵심이다.

2) 체중 조절 중인 사람: 지방 연소와 포만감 유지 중심

걷기는 지방 연소를 촉진하고 식욕 조절에도 도움을 주는 안전한 운동이다. 그러나 건강 체중을 원하거나 유지를 위해서는 적절한 운동과 절제되고 적합한 음식물 섭취가 병행되어야 한다. 또한 극단적인 저열량 식단과 함께 진행될 경우 피로, 근육 손실, 기초대사량 감소로 이어질 수 있다는 것도 간과해서는 안 된다.

(1) 균형 잡힌 저칼로리 식사

탄수화물·단백질·지방이 포함된 균형식이 지방 연소와 근육 보존에 효과적이다.

(2) 단백질 · 식이섬유 강화

단백질은 포만감을 높이고 근육 손실을 막아 준다. 식이섬유는 혈당 상승을 완만하게 하고 과식을 예방한다. 닭가슴살, 두부, 채소, 과일, 견과류가 좋은 선택이다.

(3) 당분 많은 음료 · 빵 · 과자 · 튀김류 회피

체중 감량뿐만 아니라 운동 후 혈당 변동이 커지면 피로가 쉽게 오기 때문에 주의가 필요하다.

(4) 장거리 걷기 중 팁

공복에 장거리 걷기는 저혈당 증상을 유발할 수 있어, 바나나·견과류·에너지바 등 소량 탄수화물 섭취가 도움 된다.

즉, 체중 감량을 목표로 해도 '칼로리를 극단적으로 줄이기보다, 균형과 지속 가능한 섭취'가 더 안전하고 효과적이다.

3) 장거리 걷기 도전자

100km 대회, 400km 대회, 해외 순례길 등 장거리 걷기 도전은 단순한 체력뿐만 아니라 영양 전략이 필수다.

(1) 탄수화물 공급이 핵심
장거리에서는 근글리코겐(에너지 저장)이 고갈되며 피로와 속도 저하가 나타난다. 바나나, 감자, 식빵, 에너지바, 말린 과일 등은 빠르게 흡수되는 에너지원이다.

(2) 전해질 보충
땀 배출로 나트륨·칼륨·마그네슘이 감소하면 탈수, 경련, 어지럼증이 발생하기 쉽다. 스포츠 음료·견과류·소금이 포함된 간식이 유용하다. WHO는 체중의 2% 이상 수분 감소 시 운동 능력이 급격히 저하된다고 보고한다(WHO Physical Activity Guidelines, 2020).

(3) 단백질 · BCAA 사용
장거리 걷기는 근섬유 손상을 유발할 수 있으므로, 도중 또는 종료 후 단백질 간식을 섭취하면 회복이 빠르다. 대회 현장에서도 초코우유, 요거트, 두유, 삶은 달걀 등이 활용된다.

(4) 카페인 · 크레아틴 등 퍼포먼스 보조 영양소
ACSM(2018)은 카페인이 피로 인지를 낮추고 속도 유지에 도움을 준다고 보고한다. 다만 개인차와 부작용(두근거림, 속쓰림)을 유의해야 한다. 반복 도전자라면 크레아틴 보충이 근력 유지에 기여할 수 있다는 연구 결과가 있다(Branch, 2017, JISSN).

결국 장거리 도전자는 '먹는 것도 걷기의 연장'이며, 사전 테스트를 통해 자신의 위장 반응·체질·페이스에 맞는 영양 전략을 미리 점검하는 것이 안전하다.

걷기 운동과 영양

걸음, 그 이상의 가치를 향하여

이 책을 완독하고 난 후 독자 여러분의 마음속에 어떤 울림이 남아 있을지 감히 헤아려 봅니다. 혹자는 걷기가 지닌 무궁무진한 잠재력에 놀라셨을 것이고, 또 다른 이는 익숙했던 자신의 걸음걸이에 새로운 의미를 부여하게 되셨을지도 모릅니다.

이 책은 걷기에 대한 일방적인 찬양이나 걷기가 장생불사와 만병통치의 약이라고 주장하는 것이 아닙니다. 다만 이 책은 우리나라 국민, 나아가 전 세계인이 참여하는 가장 보편적인 생활체육인 '걷기'를, 조금이라도 더 과학적이고 지속 가능하게 수행하기 위한 실용적인 지침서로 기능하고자 했습니다.

우리의 발걸음은 인류의 역사와 함께해 왔고, 앞으로도 우리의 삶의 중요한 부분을 차지할 것입니다. 이 책은 걷기 운동이 단순히 건강을 위한 생활체육에 머무르지 않고, 스포츠의 한 종목으로서 더욱 발전하기 위한 긴 여정의 시작을 알리는 서곡과도 같습니다. 기존 스포츠의 개념에 새로운 관점을 제시하고, 더 많은 사람들이 걷기를 통해 자신의 잠재력을 발견하고, 건강하고 활기찬 삶을 영위할 수 있도록 돕는 것이 이 책의 궁극적인 목표입니다.

독자 여러분의 모든 걸음걸음이 삶의 즐거움이 되고 건강과 행복으로 이어지기를 진심으로 바라며, 이 책이 여러분의 걷기 여정에 든든한 동반자가 되기를 희망합니다. 이제, 여러분의 다음 걸음은 어떤 이야기를 만들어 낼지 기대해 봅니다.

끝으로 이 책 본문의 일부는 저자가 쓴 원문을 바탕으로 인공지능 모델(ChatGPT, Gemini)의 도움을 받아 문맥과 각주를 보완한 뒤, 저자가 직접 최종 검토하고 수정하여 완성하였습니다.

■ 참고 문헌

[1] 세계보건기구(2020). 신체 활동 및 좌식행동에 관한 WHO 지침 (WHO Guidelines on Physical Activity and Sedentary Behaviour). 제네바: 세계보건기구(WHO).

[2] 틱낫한(1991). 평화는 한 걸음마다 있다: 일상에서의 마음챙김의 길 (Peace Is Every Step: The Path of Mindfulness in Everyday Life). 뉴욕: Bantam Books.

[3] 피터스, F. E. (1994). 하지: 이슬람교의 메카 순례와 성지들 (The Hajj: The Muslim Pilgrimage to Mecca and the Holy Places). 프린스턴: Princeton University Press.

[4] 브램블, D. M., & 리버먼, D. E. (2004). 지구력 달리기와 인류의 진화 (Endurance Running and the Evolution of Homo). Nature, 432(7015), 345-352.

[5] 리버먼, D. E. (2013). 인체의 이야기: 진화, 건강, 그리고 질병 (The Story of the Human Body: Evolution, Health, and Disease). 뉴욕: Pantheon Books.

[6] 퍼리, D. (1973). 과학자로서의 아리스토텔레스 (Aristotle as a Scientist). Proceedings of the Classical Association, 70, 11-26.

[7] 니체, F. (1889). 우상의 황혼 혹은 망치로 철학하기 (Twilight of the Idols, or How to Philosophize with a Hammer). (인용: "모든 위대한 생각은 걷는 동안에 떠오른다.")

[8] 휘틀, M. W. (2014). 보행 분석: 개론 (Gait Analysis: An Introduction). 엘스비어 헬스 사이언스.

[9] 윈터, D. A. (2009). 인체 움직임의 생체역학과 운동 제어 (Biomechanics and Motor Control of Human Movement). 존 와일리 앤 선스.

[10] 처치, T. S., 어니스트, C. P., & 모스, G. M. (2002). 노르딕워킹 관련 생리 반응의 현장 검증 (Field Testing of Physiological Responses Associated with Nordic Walking). Research Quarterly for Exercise and Sport, 73(3), 296-300.

[11] 호이징아, J. (1938). 호모 루덴스: 문화 속의 놀이 요소 연구 (Homo Ludens: A Study of the Play-Element in Culture).

[12] 국민생활체육조사(문화체육관광부, 2024)

[13] 리, I. M., 시로마, E. J., 로벨로, F., 푸스카, P., 블레어, S. N., & 카츠마르직, P. T. (2012). 신체 비활동이 주요 비전염성 질환에 미치는 영향 (Effect of Physical Inactivity on Major Non-

Communicable Diseases Worldwide). The Lancet, 380(9838), 219-229.

[14] 크로켓, D. (2020). 센추리언: 100마일 걷기의 역사 (Centurions: A History of 100-Mile Walking). Ultrarunning History.

[15] 라스무센, K. (2018). 걷기의 역사 (A History of Walking). 런던: Reaktion Books.

[16] 미국스포츠의학회(2017). ACSM 운동검사 및 처방 가이드라인 (ACSM's Guidelines for Exercise Testing and Prescription). 필라델피아: Lippincott Williams & Wilkins.

[17] 세일런스, B. E., 샐리스, J. F., & 프랭크, L. D. (2003). 걷기와 자전거타기의 환경적 상관요인 (Environmental Correlates of Walking and Cycling). Annals of Behavioral Medicine, 25(2), 80-91.

[18] 버자드, J. (2002). 그랜드 투어와 그 이후 (The Grand Tour and After). The Cambridge Companion to Travel Writing, 37-52.

[19] 캐스, D. A. (2006). 빅토리아 시대 영국의 관람 스포츠 (The Spectator-Sports of Victorian England: Pedestrianism, Pugilism, and Popular Culture). The International Journal of the History of Sport, 23(1), 1-21.

[20] 아이작슨, W. (2011). 스티브 잡스 (Steve Jobs). 뉴욕: Simon & Schuster.

[21] Korea Disease Control and Prevention Agency (질병관리청). (2023). 국민건강통계 2022 (Korean Health Statistics 2022).

[22] 톰슨 쿤, J. 외 (2011). 자연 환경에서의 신체 활동과 실내활동 비교 (Does Participating in Physical Activity in Outdoor Natural Environments Have a Greater Effect on Physical and Mental Wellbeing than Physical Activity Indoors?). Environmental Science & Technology, 45(5), 1761-1772.

[23] Jane's Walk. (Official Website). 제인스 워크 소개 (About Jane's Walk).

[24] 오비에도-가르시아, M. Á. 외 (2016). 산티아고 순례길의 지역사회 경제·사회적 영향 (The Economic and Social Impact of the Camino de Santiago on a Local Community). Tourism Management, 52, 18-31.

[25] 튜더-로크, C., & 배싯, D. R. (2004). 하루에 몇 걸음이 충분한가? (How Many Steps/Day Are Enough?). Sports Medicine, 34(1), 1-8.

[26] 리, I. M. 외 (2019). 노년 여성의 걸음 수·강도와 사망률 (Association of Step Volume and Intensity with All-Cause Mortality in Older Women). JAMA Internal Medicine, 179(8), 1105-1112.

[27] 퓨사-루세스, C. 외 (2013). 만성질환을 위한 다기능 약으로서의 운동 (Exercise as a Polypill for Chronic Diseases). The Lancet, 382(9899), 1199.

[28] 크래프트, L. L., & 페르나, F. M. (2004). 임상적 우울증에서 운동의 이점 (The Benefits of Exercise for the Clinically Depressed). Primary Care Companion to the Journal of Clinical Psychiatry, 6(3), 104.

[29] 니먼, D. C., & 웬츠, L. M. (2019). 신체 활동과 인체 방어체계의 연관성 (The Compelling Link between Physical Activity and the Body's Defense System). Journal of Sport and Health Science, 8(3), 201-217.

[30] 페이지, P. (2012). 운동 및 재활을 위한 근육 스트레칭의 최신 개념 (Current Concepts in Muscle Stretching for Exercise and Rehabilitation). International Journal of Sports Physical Therapy, 7(1), 109.

[31] 보그, G. A. (1982). 운동 자각의 심리물리학적 기초 (Psychophysical Bases of Perceived Exertion). Medicine and Science in Sports and Exercise, 14(5), 377-381.

[32] 코일, E. F. (1984). 장기간 고강도 지구성 훈련 중단 후 적응 소실 (Time Course of Loss of Adaptations After Stopping Prolonged Intense Endurance Training). Journal of Applied Physiology, 57(6), 1857-1864.

[33] 다나카, H. 외 (2001). 연령 예측 최대 심박수 재검토 (Age-Predicted Maximal Heart Rate Revisited). Journal of the American College of Cardiology, 37(1), 153-156.

[34] 몬테로-오다소, M. 외 (2018). 운동인지장애 증후군: 낙상·인지장애와의 관계 (Motoric Cognitive Risk Syndrome: Relation with Falls and Cognitive Impairment). Journal of the American Geriatrics Society, 66(3), 489-496.

[35] 라포르지아, J. 외 (2006). 운동 강도·시간이 운동 후 초과 산소소비에 미치는 영향 (Effects of Exercise Intensity and Duration on the Excess Post-Exercise Oxygen Consumption). Journal of Sports Sciences, 24(12), 1247-1264.

[36] 쿠데이코, T. 외 (2018). 노년 여성의 균형·보행에 대한 맨발 보행의 효과 (The Effects of Barefoot Walking on Balance and Gait in Elderly Women). Journal of Human Kinetics, 64(1), 225-234.

[37] 클리어, J. (2018). 아토믹 해빗: 작고 확실한 습관의 힘 (Atomic Habits: An Easy & Proven Way to Build Good Habits & Break Bad Ones). 에이브리.

[38] 리스터, C. 외 (2014). 건강·피트니스 앱의 게임화 (Gamification in Health and Fitness Apps). JMIR Serious Games, 2(2), e9.

[39] 에인스워스, B. E. 외 (2011). 신체 활동 분류집 2011 (2011 Compendium of Physical Activities: A Second Update of Codes and MET Values). Medicine & Science in Sports & Exercise, 43(8), 1575-1581.

[40] 튜더-로크, C. 외 (2011). 성인을 위한 하루 걸음 수 기준 (How Many Steps/Day Are Enough? For Adults). International Journal of Behavioral Nutrition and Physical Activity, 8(1), 1-17.

[41] 사르만, S. A. (2002). 운동손상증후군의 진단과 치료 (Diagnosis and Treatment of Movement Impairment Syndromes). 모스비.

[42] 콜린스, S. H. 외 (2009). 인간 보행에서의 동적 팔 흔들기 (Dynamic Arm Swinging in Human Walking). Proceedings of the Royal Society B: Biological Sciences, 276(1673), 3679-3688.

[43] 페리, J., & 번필드, J. M. (2010). 보행 분석: 정상 및 병리적 기능 (Gait Analysis: Normal and Pathological Function). 슬랙 출판사.

[44] 매기, D. J. (2013). 정형 물리 평가 (Orthopedic Physical Assessment). 엘스비어 헬스 사이언스.

[45] 파파도풀로스, E. C., & 칸, S. N. (2004). 이상근 증후군과 지갑 신경염 (Piriformis Syndrome and Wallet Neuritis: A Review). Journal of the American Academy of Orthopaedic Surgeons, 12(4), 259-265.

[46] 쉬프먼, R. N. (2007). 신경가소성: 경험에 따른 뇌의 변화 (Neuroplasticity: Changes in the Brain with Experience). The American Journal of Psychiatry, 164(8), 1152-1155.

[47] 힉스, J. H. (1954). 발의 역학 II: 족저건막과 아치 (The Mechanics of the Foot II: The Plantar Aponeurosis and the Arch). Journal of Anatomy, 88(1), 25.

[48] Church, T. S., Earnest, C. P., & Morss, G. M. (2002). 노르딕워킹 관련 생리 반응의 현장 검증 (Field Testing of Physiological Responses Associated with Nordic Walking). Research Quarterly for Exercise and Sport, 73(3), 296-300.

[49] 케니, M. J., & 실즈, D. R. (1993). 운동 후 저혈압 (Postexercise Hypotension). Hypertension, 22(5), 653-664.

[50] 앵커, S. D. 외 (2016). 근감소증의 ICD-10 코드 도입 (Welcome to the ICD-10 Code for Sarcopenia). Journal of Cachexia, Sarcopenia and Muscle, 7(5), 512.

[51] 말름스트롬, T. K., & 몰리, J. E. (2013). SARC-F: 근감소증 신속 진단 설문지 (SARC-F: A Simple Questionnaire to Rapidly Diagnose Sarcopenia). Journal of the American Medical Directors Association, 14(8), 531-532.

[52] 브린, L., & 필립스, S. M. (2011). 노인의 근육 단백질 대사 (Skeletal Muscle Protein Metabolism in the Elderly). Nutrition & Metabolism, 8(1), 1-14.

[53] 애더턴, P. J., & 스미스, K. (2012). 운동과 영양이 근육 합성에 미치는 영향 (Muscle Protein Synthesis in Response to Nutrition and Exercise). The Journal of Physiology, 590(5), 1049-1057.

[54] 보타, G. 외 (2002). 종아리 근육 펌프 (The Calf Muscle Pump: A Functional and Ultrasound Study). Phlebologie, 55(1), 15-20.

[55] 한, J. 외 (2015). 고유수용감각 운동이 노인 균형·보행에 미치는 영향 (The Effects of a Proprioceptive Exercise Program on the Balance and Gait Abilities of Elderly People). Journal of Physical Therapy Science, 27(11), 3405-3408.

[56] 홀리스, N. R. S., & 골드먼, R. F. (1977). 의복 쾌적성 (Clothing Comfort: Interaction of Thermal, Ventilation, Construction and Assessment Factors). 앤아버 사이언스.

[57] 기스, P. H. 외 (1998). 자외선으로부터의 보호 (Protection against Solar Ultraviolet Radiation). Mutation Research, 422(1), 15-22.

[58] 사우카, M. N. 외 (2007). 운동과 체액 보충 (Exercise and Fluid Replacement). Medicine & Science in Sports & Exercise, 39(2), 377-390.

[59] 밀러, W. R., & 롤닉, S. (2012). 동기강화상담 (Motivational Interviewing: Helping People Change). 뉴욕: Guilford Press.

[60] Leave No Trace Center for Outdoor Ethics. (Official Website). 자연 보호 7원칙 (The 7 Principles).

[61] American Volkssport Association. (Official Website). 폴크스마르슈 소개 (About Volkssporting).

[62] International Four Days Marches Nijmegen. (Official Website). 네이메헌 4일 행진 (History,

Rules, and Scale of the Event).

[63] 크롬프턴, J. L. 외 (2001). 경제적 영향 연구 수행 가이드 (A Guide for Undertaking Economic Impact Studies: The Springfest Example). Journal of Travel Research, 40(1), 79-87.

[64] 보우딘, G. 외 (2011). 이벤트 매니지먼트 (Events Management). 라우틀리지.

[65] TAFISA. (Official Website). 타피사 소개 (About TAFISA).

[66] American Journal of Health Promotion(2019).

[67] 웨스트가스, C. 외 (2019). 반려견 소유와 신체 활동 (Dog Ownership and Physical Activity Levels in a UK Community). Scientific Reports, 9(1), 1-11.

[68] 도런, G. T. (1981). S.M.A.R.T.한 목표 설정법 (There's a S.M.A.R.T. Way to Write Management's Goals and Objectives). Management Review, 70(11), 35-36.

[69] 리즌, J. (1990). 인간의 오류 (Human Error). 케임브리지대학교 출판부.

[70] 아이크너, E. R. (1993). 넥 체크 (The Neck Check). The Physician and Sportsmedicine, 21(2), 126.

[71] 벨라, L. D., & 캐머런-스미스, D. (2010). 알코올, 운동 수행 및 회복 (Alcohol, Athletic Performance and Recovery). Nutrients, 2(8), 781-789.

[72] 뒤부아, B., & 에스쿨리에, J. F. (2020). PEACE & LOVE 연부조직 손상 프로토콜 (Soft-Tissue Injuries Simply Need PEACE and LOVE). British Journal of Sports Medicine, 54(2), 72-73.

[73] 커밍스, R. O. 외 (1991). 생존의 사슬 개념 (Improving Survival from Sudden Cardiac Arrest: The Chain of Survival Concept). Circulation, 83(5), 1832-1847.

[74] American Heart Association. (2020). 2020 미국심장협회 CPR 및 ECC 가이드라인 (2020 American Heart Association Guidelines for CPR and ECC).

[75] 카세, K. 외 (2003). 키네시오 테이핑 요법의 임상적 응용 (Clinical Therapeutic Applications of the Kinesio Taping Method). Ken Ikai Co. Ltd.

[76] 코트먼, C. W., & 베르히톨드, N. C. (2002). 운동: 뇌 건강·가소성 향상을 위한 행동 중재 (Exercise: A Behavioral Intervention to Enhance Brain Health and Plasticity). Trends in Neurosciences, 25(6), 295-301.

[77] 에릭슨, K. I., 보스, M. W., 프라카시, R. S., 바삭, C., 사보, A., 차독, L., ... & 크레이머, A. F. (2011). 운동훈련은 해마 크기를 증가시키고 기억을 향상시킨다 (Exercise Training Increases Size of Hippocampus and Improves Memory). Proceedings of the National Academy of Sciences, 108(7), 3017-3022.

[78] 오페초, M., & 슈워츠, D. L. (2014). 아이디어에 다리를 달아라: 걷기가 창의적 사고에 미치는 긍정적 효과 (Give Your Ideas Some Legs: The Positive Effect of Walking on Creative Thinking). Journal of Experimental Psychology: Learning, Memory, and Cognition, 40(4), 1142.

[79] 구슈코프스카, M. (2004). 운동이 불안·우울·기분에 미치는 영향 (Effects of Exercise on Anxiety, Depression and Mood). Psychiatria Polska, 38(4), 611-620.

[80] 로, J. J., & 애스피널, P. A. (2011). 성인의 도시·농촌 보행이 주는 회복 효과 (The Restorative Benefits of Walking in Urban and Rural Settings in Adults with Good and Poor Mental Health). Health & Place, 17(1), 103-113.

[81] 쇤펠드, B. J., 아라곤, A. A., 윌본, C. D., 크리거, J. W., & 손메즈, G. T. (2014). 공복 대 비공복 유산소운동의 체성분 변화 (Body Composition Changes Associated with Fasted versus Non-Fasted Aerobic Exercise). Journal of the International Society of Sports Nutrition, 11(1), 1-7.

[82] 사우카, M. N., 버크, L. M., 아이크너, E. R., 모건, R. J., 몬테인, S. J., & 스타켄펠드, N. S. (2007). 운동과 체액 보충 (Exercise and Fluid Replacement). Medicine & Science in Sports & Exercise, 39(2), 377-390.

[83] 아이비, J. L. (2004). 운동 후 근육 글리코겐 재충전, 단백질 합성 및 회복의 조절 (Regulation of Muscle Glycogen Repletion, Muscle Protein Synthesis and Repair after Exercise). Journal of Sports Science & Medicine, 3(3), 131.

[84] 앙로틴, Y., 마티, M., & 모바셰리, A. (2012). 콘드로이틴 황산과 글루코사민의 현재 연구 현황 (What is the Current Status of Chondroitin Sulfate and Glucosamine?). Current Rheumatology Reports, 14(4), 361-371.

[85] Holick, M. et al. (2011). New England Journal of Medicine. 비타민 D 부족이 근력·균형·낙상 위험에 미치는 영향 보고.

[86] WHO. World Health Organization Nutritional Guidelines for Ageing (2020). 고령층에서 단백질·수분섭취 부족 시 근력 저하, 피로 증가 언급.

[87] ACSM (American College of Sports Medicine). Exercise & Nutrition Consensus Report,

2018. 극단적 저칼로리 식단은 근손실·대사 저하 위험 제시.

[88] Harvard Medical School - Nutrition Source (2022). 공복 장거리 운동 시 저혈당 위험 보고.

[89] ACSM. Exercise Carbohydrate Intake Guidelines, 2018. 장시간 유산소 중 1~2시간 간격 소량 탄수화물 섭취 권고.

[90] WHO. Physical Activity Guidelines, 2020. 전해질 손실 시 탈수·피로 증가 언급.

[91] FDA. Hydration and Electrolyte Health Notice, 2023. 탈수·전해질 부재 시 근육 경련 및 어지럼증 위험 명시.

[92] ACSM / ISSN (International Society of Sports Nutrition), 2017-2020 종합보고. 카페인 및 보충제 과다 섭취 시 부작용 및 개인차 명시.

[93] Henrotin et al. (2012). Current Rheumatology Reports. 오메가-3, 글루코사민·콘드로이틴 관련 관절 보호 가능성 연구.

[94] FDA. Nutrient & Blood Sugar Advisory, 2023. 공복 고강도 운동 시 저혈당 위험 안내

부록

1. 2026년 5월 좋은 길 걷기 계획
2. 걷기 강습 계획서(2시간)
3. 걷기 강습 계획서(4주)
4. 제○○회 2026년 400km 걷기대회 기본계획
5. 맞춤형 걷기 영양 가이드 요약표
6. 국민행동요령 산행안전
7. 국민행동요령 응급처치
8. 국민행동요령 심폐소생술
9. 국민행동요령 자동심장충격기(AED)

2026년 5월 좋은 길 걷기 계획

일반 계획

○ 일　　시: 2026. 5. 9.(토), 07:00~19:00
○ 장　　소: 충청북도 괴산군 청천면 화양리(화양구곡 일원)
○ 거　　리: 화양구곡 포함 12km(6km 왕복)
○ 인　　원: 45명
○ 버스탑승: ○○공원 주차장(출발시간 07:00)
○ 복　　장: 걷기 편한 복장(경등산복), 워킹화(경등산화), 방풍피복 등

코스 지도

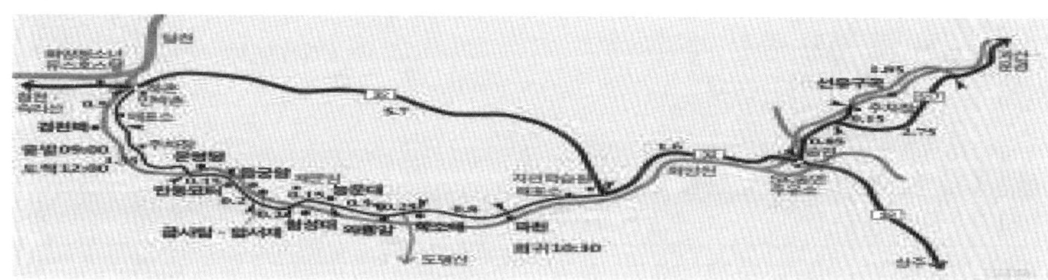

시간 계획

시간	내용	비고
07:00~09:50	이동	○○공원 주차장~화양구곡 주차장
09:50~10:00	준비 운동 / 출발 준비	코스 및 안전 사항 안내
10:00~13:00	걷기	화양구곡길 6km 왕복
13:00~14:00	정리 운동 / 점심 식사	○○식당(041-123-456)
14:00~15:00	인근 재래시장 방문	지역 특산품 구매
15:00~19:00	이동	○○시장 주차장~○○공원 주차장

안전 사항

○ 안전벨트 착용, 비상시 행동 절차 안내, 트레킹 출발 전 준비 운동, 인원 파악 실시
○ 개인별 건강, 컨디션 상태 스스로 체크, 이상 시 진행 대장에게 즉시 통보
○ 트레킹 중·차량 내 음주 금지, 점심 식사 시 과음 금지, 시간 준수 등

비상 연락

회장 ○○○	선두대장 ○○○	후미대장 ○○○	총무 ○○○
010-0000-0000	010-0000-0000	010-0000-0000	010-0000-0000

OOOO 걷기 동호회

걷기 강습 계획서(2시간)

1. 강습 개요
1) 과정명: 내 몸을 살리는 걷기
2) 강　사: ○○○ 걷기 지도자
3) 일　시: 2026. 10. 1.(수) 10:00~12:00
4) 대　상: 지역 내 40~60대 주민 20명
5) 장　소: 지역보건소
6) 복　장: 계절에 적합한 운동복, 워킹화(운동화), 배낭(허리 색) 등

2. 강습 목표
1) 올바른 자세와 걷기의 중요성 인식
2) 올바른 자세와 걷기 숙달
3) 걷기 운동 실천 및 생활 습관 개선
4) 지역사회 건강 문화 확산

3. 강습 내용

시간	세부 내용	방법	장소
10:00~10:10(10)	바른 자세, 바른 걷기 필요성	이론	실내
10:10~10:30(20)	정적 자세, 동적 자세 측정	참여	실내
10:30~10:50(20)	측정 결과 설명	실습	실내
11:00~10:20(20)	바른 자세, 바른 걷기 숙달	실습	실내
11:20~10:50(30)	준비 운동, 본운동(걷기 2km), 정리 운동	실습	실외
11:50~12:00(10)	질의 및 응답	이론	실내

4. 안전 사항
1) 참가자 건강 체크(근골격계 질환 등) 및 안전 교육
2) 응급 약품 준비
3) 참가자 복장 및 휴대 물품 확인
4) 기상 및 코스 안전성 사전 점검

5. 평가 및 피드백
1) 참가자 만족도 조사
2) 개선 사항 기록 및 차기 프로그램 반영 사항 도출
3) 차회 교육 일정 안내 등

걷기 강습 계획서(4주)

1. 강습 개요
1) 과정명: 힐링걷기교실
2) 강　사: ○○○ 걷기 지도자
3) 일　시: 2026. 10. 1.(수)~10. 31.(금) 매주 수, 목요일 13:00~15:00
4) 대　상: 지역 내 40~60대 주민 20명
5) 장　소: 호수공원 일원
6) 복　장: 계절에 적합한 운동복, 워킹화(운동화), 배낭(허리 색) 등

2. 강습 목표
1) 올바른 자세와 걷기 습관 형성
2) 체력 증진 및 생활 습관 개선
3) 스트레스 해소 및 정서적 안정
4) 지역사회 건강 문화 확산

3. 강습 내용

일시	주차별 목표	세부 내용	방법	장소
1주 차	바른 자세, 걷기 이해	보행 분석, 기본자세 연습	실습	실내
2주 차	걷기 운동 습관 형성	바르게 걷기, 보폭 넓혀 걷기	실습	실외
3주 차	다양한 걷기 운동 체험	노르딕 워킹, 맨발 걷기 등	실습	실외
4주 차	걷기 운동 생활화	개인별 걷기 계획 수립 및 발표	실습	실내

4. 안전 사항
1) 참가자 건강 체크 및 안전 교육
2) 응급 약품 준비
3) 참가자 복장 및 휴대 물품 확인
4) 기상 및 코스 안전성 사전 점검

5. 평가 및 피드백
1) 참가자 만족도 조사
2) 개선 사항 기록 및 차기 프로그램 반영 사항 도출
3) 차회 교육 일정 안내 등

제○○회 2026년 400km 걷기대회 기본계획

1 목적 방침

목 적

○ 걷기 운동을 통한 건강증진 및 걷기 문화 확산
○ 안전하고 지속 가능한 걷기 운동 프로그램 개발 및 보급
○ 생활체육으로서 걷기에서 스포츠로의 걷기로 기능과 역할 확장
○ 지속 가능한「운출생운」실천 및 걷기운동 습관 유도
○ 대한민국 주도의 세계적인 걷기 운동 붐 조성과 종주국 지위 구축

방 침

○ ○○○○협회 주최 및 ○○社와 공동으로 주관

○ 대한민국 국민과 전 세계 27개 해외지회 지역민이 참가
○ 자율 선택 걷기 앱 기록을 통한 객관적 검증 체계 구축
○ 비대면·비경쟁적 대회로 하되 성취감 획득 방안 강구
○ 다양한 매체 이용과 충분한 홍보로 세계적인 걷기 대회에 참여 촉진
○ 대회 시행 전후 바른 자세 및 바른 걷기, 준비 운동 및 정리 운동 시행
○ 상해예방, 응급처치, 안전대책 등 비대면 사전교육 실시

2 일반 계획

대회 개요

○ 기　　간: 2026. 9. 1. ~ 2026. 12. 30.(4개월)

○ 장　　소: 참가자 생활권 인근 및 국내외 걷기 좋은 길

○ 대　　상: 걷기 대회 참가를 희망하는 국내외 누구나

○ 내　　용: 비경쟁 걷기 대회로 3개 부문 운영

○ 참 가 비: 없음

○ 주　　최: ○○○○협회

○ 주　　관: ○○○○협회 l ○○社

○ 후　　원: ○○일보, ○○은행, 병원

참가신청

○ 신청기간: 2026. 5. 1. ~ 8. 31.

○ 신청방법: 본회 홈페이지 '대회신청'에서 신청서 작성 및 제출

☐ 평가 방법
○ 제출자료: 매월 말일 해당 월 총걷기 기록(km) 제출(총 4회)
○ 완주판정: 대회 종료일 기준 총기록으로 부문별 완주 여부 판정

☐ 프로그램
○ 부문별 걷기 Challenge(200km부, 400km부, 1,000km부)
○ 아름다운 걷기 패션 사진 콘테스트
○ 걷기 좋은 길 조성관리 지자체상 시상
○ 걷기 문화 확산 기여 퍼포먼스 시상

3 세부 계획

☐ 추진위원

직책		성명	임무
위원장			대회 계획, 시행, 평가 전반 총괄
부위원장			위원장 지원 및 보좌
위원	계획		기본계획, 세부계획, 안전계획 수립 총괄
	운영		대회시행 총괄
	재정		대회예산, 물품 총괄
	기록		참가자 기록종합, 부문별 완주판정 등
	홍보		대회홍보, 참가접수, 후원유치, 대외협력 등
	안전		안전계획, 안전활동, 안전교육 등
행정실무 팀			대회실무, 추진위 행정 지원 등

☐ 걷기 Challenge
○ 마니아(Mania): 200~399km
○ 스트롱(Strong): 400~999km
○ 울트라(Ultra): 1,000km 이상

☐ 아름다운 걷기 패션 사진 콘테스트
○ 걷기 문화 및 걷기 산업 촉진을 위한 이벤트
○ 본인 및 동행인의 걷기 패션을 촬영하여 대회 기간 중 제출(1인 1매)
○ 입상작 시상(최우수상, 우수상, 장려상, 특별상)

☐ 걷기 좋은 길 조성관리 지자체상 시상
○ 걷기 좋은 길 조성과 관리 주최의 지자체에 대한 시상 이벤트
○ 본인이 직접 걸어 본 길 중 걷기 좋은 길 추천(1인 1개 길)
○ 선정 길 조성관리 지자체에 걷기 좋은 길 인증패 및 감사패 수여

☐ 걷기 문화 확산 기여 퍼포먼스 시상
○ 생활체육과 스포츠로의 걷기 문화 확산을 위한 이벤트
○ 걷기 동호회 활동, 플로킹, 바른 걷기 강습 등 걷기가 주제인 이벤트 결과 제출(1인 다수)

○ 입상작 시상(최우수상, 우수상, 장려상, 특별상)

400km 부문 완주 계획 예시
○ 비경쟁 대회로 자신의 체력과 건강 고려 안전 범위에서 도전
○ 주 3회 이상의 반복성, 체력을 고려 낮은 수준부터 점진적으로 거리와 횟수 증가하여 걷기

구분	1주 차	2주 차	3주 차	4주 차	소계
9월	2km×3회	2km×3회	3km×4회	3km×4회	36km
10월	4km×5회	4km×5회	4km×5회	4km×5회	80km
11월	5km×6회	5km×6회	5km×6회	5km×6회	120km
12월	6km×7회	6km×7회	6km×7회	6km×7회	168km
총계	404km(1일 평균 6,000~7,000보 걷기 시 완보 가능)				

추진 일정

구분	7월	8월	9월	10월	11월	12월	1월	비고
기본계획 수립	○							
세부계획 수립	○							
안전계획 수립	○	○						
추진위원 회의	○	○	○	○	○	○	○	월 2회
세부계획 공지		○						
보도매체 홍보		○						
참가신청 접수		○						
후원협찬 유치		○	○	○				
안전교육 시행			○	○	○	○		매월 초
개회사 공지			○					
대회 실행			○	○	○	○		
기록 접수			○	○	○	○		매월 말
기록 종합							○	
시상품 준비					○	○		
완보증 배부							○	
기념품 배부							○	
평가 회의							○	
기타								

참가자 모집
○ 홈페이지 모집
○ 광역시·도걷기협회, 해외지회
○ 후원사 및 업무협약 단체
○ 생활체육 단체

홍보
○ 대회 전용, 관련 기관 및 단체 홈페이지
○ ○○신문사
○ 유관 단체 및 기관 방문 등

4 실행예산

목	세목	금액 (원)			산 출 내 역 (원)
		계	후원금	자체	
총계					
인건비					행정지원 인건비 등
임차비					차량임차 등
물품구입비					상비약품 등
운영비	일반 수용비				대회 전용 홈페이지 제작비 리플릿 제작비 매체 홍보비 현수막 제작비 등
					완주증 온라인 발급체계 제작비 완보기념품비, 인증상패, 상품 등
	공공 요금				상해보험 우편요금 등
예비비					

※ 사용 가능한 예산 규모에 따라 각 항목과 금액을 적절히 조정하여 집행
※ 견적서, 지출품의(결의)서, 영수증(전자세금계산서) 등 예산 관련 증빙서류 존안 철저

5 안전 사항

○ 참가자 안전교육 시행(비경쟁 대회, 안전 우선, 상해 예방, 응급 처치 등)
○ 안전 공제 가입
○ 대회 종료 후 안전평가 회의 시행

6 기대 효과

○ 국민 건강을 위한 걷기 운동 문화 확산
○ 세계적인 걷기 축제 기반 조성
○ 생활체육과 스포츠로의 걷기 종목 기능 확장

맞춤형 걷기 영양 가이드 요약표

구분	권장 식품(예시)	섭취 시기	주의 사항
고령	달걀, 두부, 등 푸른 생선, 연어, 우유, 요거트, 치즈, 녹황색 채소, 견과류, 바나나	• 걷기 후 30~60분 내 단백질 간식 • 아침·점심 단백질 우선 배치 • 햇빛 노출 10~20분(비타민 D)[85]	• 씹기·소화 어려우면 부드러운 단백질(두유·요거트) 활용 • 보충제 사용 시 처방 약과 상호작용 확인 • 수분 섭취 부족 시 근육 경련·어지럼증 위험[86]
체중 조절	닭가슴살, 두부, 콩류, 귀리, 고구마, 현미, 채소, 과일, 아몬드, 그릭요거트	• 걷기 전: 바나나, 고구마 등 탄수화물 • 걷기 후: 단백질과 함께 채소 중심 식사 • 간식: 과일 또는 견과류	• 극단적 저열량 식단은 근손실·피로·대사 감소[87] • 단 음료·과자·튀김류는 칼로리 과다 • 공복 장거리 걷기는 저혈당 위험[88]
장거리 도전	바나나, 감자, 견과류, 에너지바, 초코우유, 말린 과일, 요거트, 스포츠음료, 소금 간식, 빵, 떡	• 출발 전: 바나나, 빵 등 • 걷는 중: 1~2시간 간격 소량 탄수화물[89] • 땀 많을 때: 물과 전해질(스포츠음료, 견과)[90] • 걷기 후: 초코우유·단백질	• 탈수·전해질 부족 시 경련·어지럼증 위험[91] • 카페인·보충제 과다 금지[92] • 위장 약하면 견과류·지방식 과다 금지
관절 부담	연어, 등 푸른 생선, 아마씨, 호두, 올리브오일, 녹황색 채소	• 평소 식사에 꾸준히 포함 • 장거리 걷기 전후 섭취 유지	• 오메가-3 보충제는 개인차[93] • 항응고제 복용 시 전문가 상담
초보 저체력	바나나, 우유(초코), 삶은 달걀, 두유, 빵, 떡, 과일, 요거트	• 운동 전 소량 탄수화물 • 운동 후 단백질 간식	• 공복 운동 시 저혈당 위험[94] • 당분 높은 음료 과다 금지

산행안전

출처 : 국립공원공단 KOREA NATIONAL PARK SERVICE

1. 등산로를 미리 파악하고 통신장비 등 기본 등산장비를 휴대하며 음주, 단독산행을 삼가야 합니다.

2. 산행은 아침 일찍 시작하고 해지기 한 두 시간 전에 마쳐야 합니다.

3. 하루 산행은 8시간 이하로 하며 일행 중 가장 약한 사람을 기준으로 산행합니다.

4. 배낭 무게는 가급적 가볍게 하고 발에 맞는 등산화를 신어야 합니다.

5. 사고를 대비하여 비상식량을 챙기고 산행 중 음식물은 한꺼번에 너무 많이 먹지 말고 조금씩 자주 먹습니다.

6. 등산로가 아닌 곳은 출입하지 않아야 하며, 길을 잘못 들었다고 판단되면 빨리 되돌아가야 합니다.

7. 우천 시 계곡산행은 피해야 하고 폭우로 계곡물이 불어나 급류로 바뀐 때에는 절대 건너지 말아야 합니다.

8. 낙석이 자주 일어나는 경사진 곳과 바위벽 아래를 지날 때에는 낙석에 유의합니다.

9. 산행 중 조난 또는 길을 잃었을 경우에는 계곡을 피하고 능선을 따라 이동합니다.

응급처치

화상

1. 화상부위를 깨끗하고 차가운 수돗물로
   10분-15분 냉각시킵니다.
2. 물집은 터트리지 말고, 화상부위에 붙어 있는
   물질은 떼어내지 않고 병원에서 제거합니다.

※ 상처부위에 얼음을 대지 않습니다.

열사병

1. 환자를 시원한 장소로 옮깁니다.
2. 찬물, 물수건, 선풍기를 이용하여 빠른 시간 내에
   체온을 낮춥니다.
3. 신속히 병원으로 이송합니다.

※ 물과 음식은 함부로 주지 않습니다.

기도폐쇄

1. 환자 뒤에 발을 벌리고 섭니다.
2. 두 손을 환자의 명치와 배꼽 중앙에 놓고
   주먹을 감싸 쥐고 세게 밀어 올립니다.
3. 말을 할 수 있거나 이물질이 나올 때 까지
   반복 실시합니다.

※ 주먹을 밀어 올릴 때 가슴뼈에 닿지 않도록 합니다.

벌에게 쏘였을 때

1. 쏘인 부위에 벌침이 남아있으면 카드로 밀어서
   제거합니다.
2. 상처를 비누와 물로 씻고, 통증이 심한 경우
   얼음주머니로 냉찜질을 합니다.
3. 알레르기 반응이 나타나는 경우
   신속히 병원에 갑니다.

뱀에게 물렸을 때

1. 뱀에게 물린 부위를 심장보다 낮게 위치시킵니다.
2. 물린 부위를 비누와 물로 씻어냅니다.
3. 물린지 15분 이내인 경우, 물린 부위의 10㎝ 위에
   (심장에 가까운 쪽) 폭 2㎝ 이상의 헝겊으로
   느슨하게 묶습니다.

개에게 물렸을 때

1. 출혈이 심하지 않으면 흐르는 물로
   5~10분간 씻습니다.
2. 상처를 비비지 말고, 약간의 피가 흐르도록 하여
   상처 내 세균이 밖으로 흘러 나오게 합니다.
3. 거즈나 깨끗한 수건으로 느슨하게 덮은 후
   병원에 갑니다.

약물(독극물) 중독

약물(독극물)의 종류, 섭취량, 섭취시간 등을
파악하여 신속히 병원에 갑니다.

※ 억지로 구토를 유도하는 방법은 부작용을 유발합니다.

식도에 이물질이 걸렸을 때

1. 삼킨 물질의 모양에 따라 식도에 구멍이 나거나
   출혈이 생길 수 있습니다.
2. 24시간 내에 내시경 수술이 가능한
   병원에 갑니다.

과호흡 증후군

1. 환자가 천천히 심호흡을 하도록 유도합니다.
2. 코로 숨을 들이쉬고, 입을 오므려 천천히
   내쉬게 합니다.
3. 환자가 안정을 취할 수 있도록 합니다.

심폐소생술

환자의 반응 확인

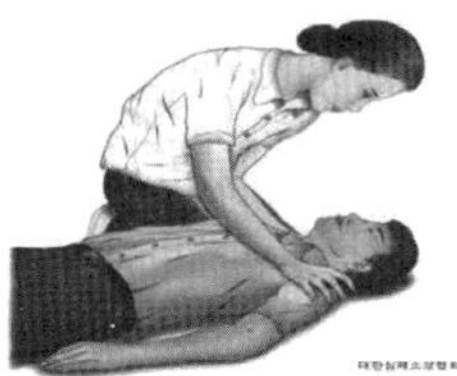

어깨를 가볍게 두드리며
"여보세요, 괜찮으세요?"를 외치면서
환자의 반응을 확인합니다.

119 신고

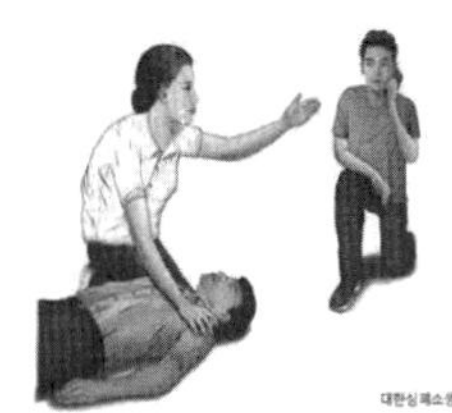

환자의 의식(반응)이 없으면 큰소리로
주변 사람에게 119 신고를 요청하고,
자동심장충격기를 가져오도록 부탁
합니다.

호흡 확인

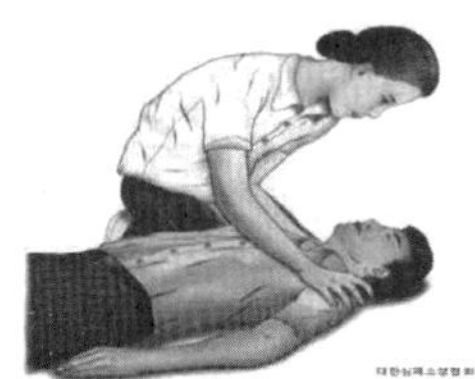

환자의 얼굴과 가슴을 10초 이내로
관찰하여 호흡이 있는지를 확인합니다.
호흡이 없거나 비정상적이라면 즉시
심폐소생술을 준비합니다.

가슴압박 30회 시행

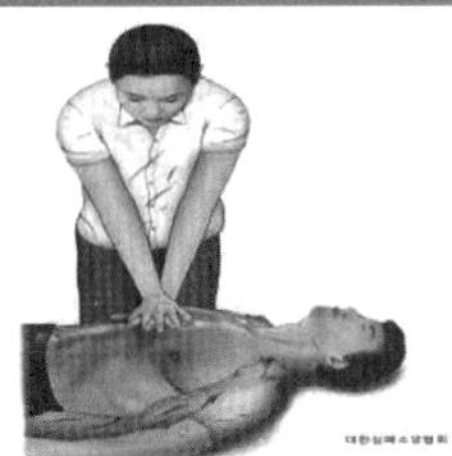

깍지를 낀 두 손의 손바닥으로
환자의 가슴 압박점을 찾아
30회 가슴압박을 실시합니다.
압박깊이는 약 5cm (소아는 4-5cm),
압박속도는 분당 100~120회를 유지
합니다.

기도개방

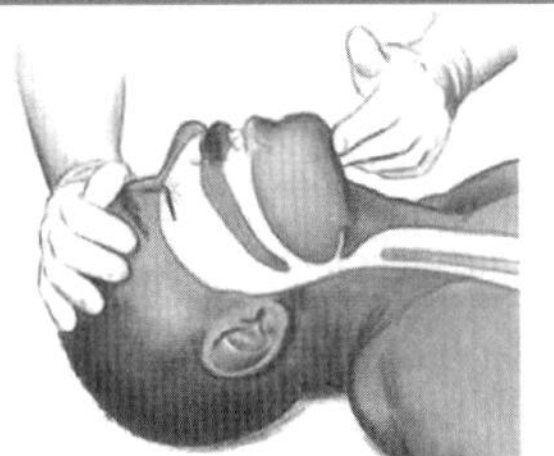

인공호흡을 시행하기 위해서는 먼저
환자의 머리를 젖히고, 턱을 들어
올려서 환자의 기도를 개방합니다.

인공호흡 2회 시행

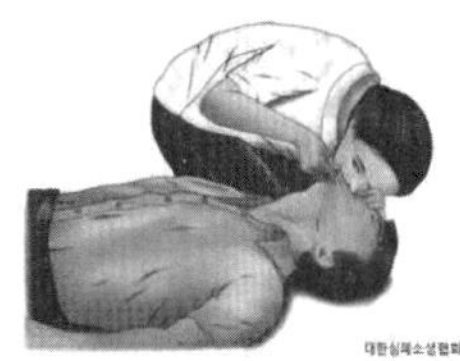

환자의 코를 막은 다음 구조자의
입을 환자의 입에 밀착시킨 후 환자
의 가슴이 올라올 정도로 1초 동안
숨을 불어 넣습니다.
인공호흡 방법을 모르거나, 꺼리는 경
우에는 인공호흡을 제외하고
지속적으로 가슴압박만을 시행합니다.

가슴압박과 인공호흡의 반복

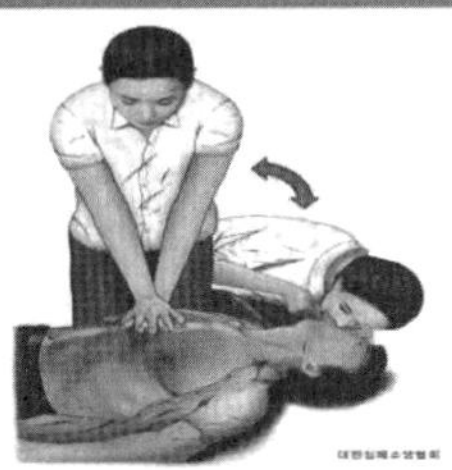

30회의 가슴압박과 2회의 인공호흡을
119구급대원이 도착할 때까지 반복해
서 시행합니다.

회복자세

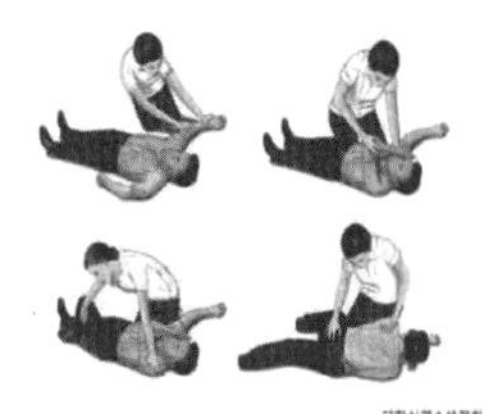

환자의 호흡이 회복되었으면 환자를
옆으로 돌려 눕혀 기도가 막히는 것을
예방합니다.

출처 : 보건복지부 질병관리본부, 대한심폐소생협회

자동심장충격기(AED)

자동심장충격기 켜기

자동심장충격기를 켭니다.
* 자동심장충격기는 반응과 정상적인 호흡이 없는
  심정지 환자에게만 사용합니다.

두 개의 패드 부착

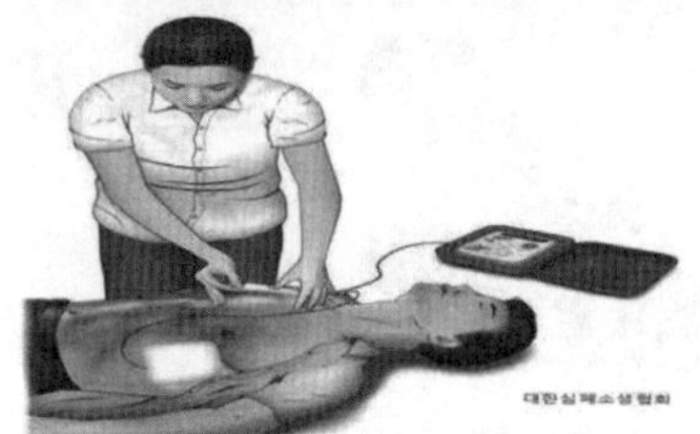

환자의 상의를 벗긴 후에, 두 개의 패드 중 한 패드를
오른쪽 쇄골 아래에 부착하고, 다른 패드는 왼쪽 젖꼭지
아래의 겨드랑이 중앙선에 부착합니다.

심장리듬 분석

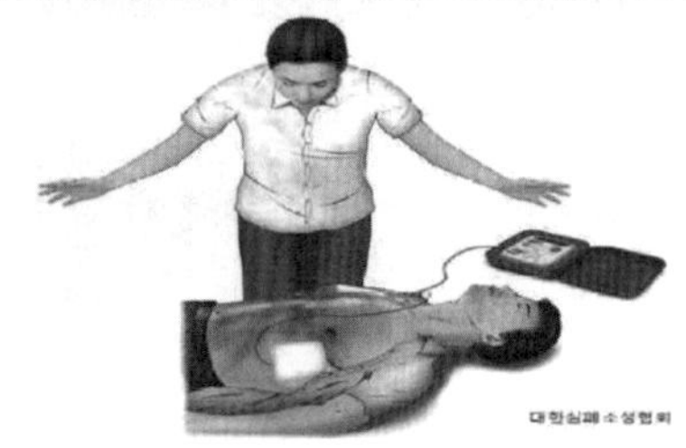

자동심장충격기가 심정지 환자의 심전도를
자동으로 분석하는 동안에는 환자와 접촉하지 않습니다.

심장충격 실시

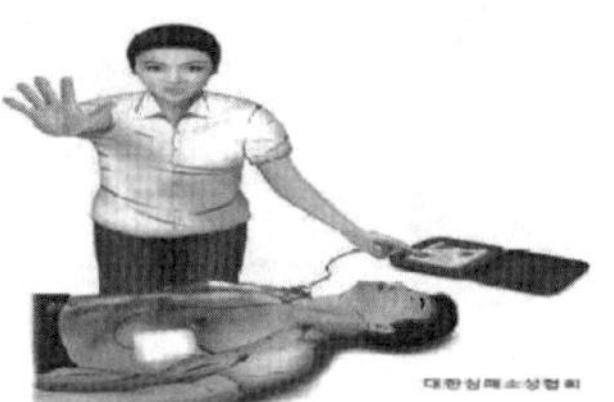

1. 심장충격이 필요하면 "심장충격이 필요합니다"라는
   음성 지시와 함께 심장충격기가 스스로 충전합니다.
2. 충전 완료 후 "심장충격 버튼을 누르세요"라는 음성 지시가
   나오면 모든 사람이 환자와 접촉하지 않도록 한 후에
   심장충격 버튼을 누릅니다.

즉시 심폐소생술 다시 시행

심장충격을 시행한 후에는 즉시 심폐소생술을 시행합니다.
또한, "환자의 상태를 확인하고, 심폐소생술을 계속 하십시오"
라는 지시가 나오면 바로 심폐소생술을 시행합니다.